はしがき（初版

【本書のねらい】

本書は、労働法に関わる事件や相談に携わる方々のために、実務で頻出する用語をピックアップし、それらの用語の解説をするものである。しかし、単なる「用語集」ではない。用語の意味を明らかにするとともに、関係する制度の要件や効果、更には関連する論点の解説をし、参考となる書式や統計データのうちインターネット上で閲覧可能なものまでをも紹介している。

本書は、もちろん、机上に置いて日々の執務の中で適宜参照して頂くことにも、順に通読して頂くことにも堪え得るように構成されているが、それに加えて、次のような利用も想定されている。

例えば、税理士や社会保険労務士の先生方が顧客を訪問した際、本題の他に労働関係の相談がその場で持ちかけられたとする。大半の問題については、それまでに蓄積した知識と経験で対処できるであろうが、内容によっては、言葉としては見聞きしたことはあるけれども正確な説明ができるかどうか自信がないとか、その質問に関連する制度の要件の一部がはっきり思い出せないといったことは、ときどき経験されるのではないだろうか。のみならず、「○○に関する規則の例のようなものはありませんか」とか、「○○制度は、一般的にはどの程度導入されているのですか」といった質問を受けることも、少なくないと思う。

こうした事態に直面したときには、一旦事務所に戻って調査をした上で、後刻回答を補充することになるが、でき得るならばある程度のことは質問を受けたその場で説明しておきたいと考えることもあると思う。そんなときに、鞄から取り出して、該当箇所の記述を参考にし、あるいは、そこで引用されているインターネットのページにアクセスするなどして、当面の対応の用に供して頂けるものを目指して編まれたのが本書である。

【本書の特徴】

以上の目的のため、本書は、①一つ一つの用語の解説に字数を割くのではなく、各用語の解説は短いものとなっても、できる限り多くの用語を取り上げる、②見解の対立など込み入った解説は避け、簡素な説明を旨とするが、用語集や用語辞典よりは詳しい説明をする、③用語の相互リファーを丁寧に行う、④書式やデータなどでインターネットで閲覧可能なものは、それも並行して参照しながら利用できるようにする、という方針の下に執筆されている。

このため、「もう少し突っ込んだ解説を読みたい」とか、「関連する他の論点についても、もっと知りたい」といった気持ちになることもあるかもしれない。そのような場合には、より詳細な専門書をひも解いて頂くほかないが、その点は、先に述べた本書の目的に照らして、読者のご理解をお願いするところである。

【本書の構成】

本書は、次のような構成となっている。

まず、労働法関係の用語を10のセクションに大別して配置した。

次いで、それらの各セクションの中で、重要な用語を見出し語として掲げた。

各見出し語の解説は、「関係法条項」、「概要」、「注意点」、「関連事項」、「代表的裁判例」、「参考ウェブサイト」の全部または一部から構成されている。

「関係法条項」は、その見出し語に関わる法令の条文を示したものである。これによって、何法の、何条の問題であるかを、端的に知ることができるようにした。ただし、関係する法令が特定できないものや、あまりにも多くの法令を掲げなければならなくなる場合には、この欄は省略している。

「概要」は、その見出し語の意義やその見出し語が関わる制度の要件・効果などを解説した。見解の対立がある場合であっても、本書の性格上、結論のみを示している場合もある。

「注意点」は、全ての用語の解説に記されているわけではなく、「概要」で説明した内容を踏まえ、誤解しやすい点や説明の仕方を変えた方が正確な理解につながると思われる事項に関し、必要な範囲内で「概要」とは異なる記述方法で説明を試みたものである。

「関連事項」は、見出し語と関連する用語につき、極簡単に解説を試みたものである。

「代表的裁判例」は、全ての解説に置かれているわけではないが、その見出し語に関わる重要判例の一部を紹介するものである。これによって、実務の運用の根拠を確認できるようにしている。

「参考ウェブサイト」は、必要に応じ、その見出し語や「概要」で述べた事項に関連する、信頼に足るインターネット上のページを紹介するものである。税務研究会の特設ページからもアクセスできるようにしているのでご活用頂きたい。

この他、巻末には事項索引を掲げている。事項索引では、主に見出し語と「関連事項」で取り上げた用語を50音順に配置したので、ある用語がどのセクションに配置されているかが判然としないときに活用頂きたい。また、目次では見出し語だけを掲げているが、事項索引では、関連事項等で取り上げた用語も掲載しているので、目次で目的の用語を見付けられないときには、こちらを参照頂くことによって、掲載箇所を発見できる可能性がある。

最後に、付録として社会保険等に関する資料も登載しているので、適宜参考にして頂きたい。

【最後に】

以上の本書の狙いと特徴ならびにその構成が功を奏し、現場で活用し得る書となっているならば、編・著者として望外の喜びである。

本書の編集・執筆にあたっては、見出し語の選定や分類など、面倒な作業について、当職が勤務する安西法律事務所の同僚である加藤純子弁護士の協力を得た。

また、本書の出版にあたっては、株式会社税務研究会出版事業部の加藤ルミ子氏に、企画から編集、校正作業全般、索引の作成、付録として掲載した資料の収集などの面において、大変お世話になった。

両氏に対し、この場を借りて深く謝意を表したい。

平成28年11月

編・著者

改訂版（第２版）出版にあたって

平成28年12月に初版が出版されてから、２年半が経過した。

この間時代が平成から令和へと移り変わったが、労働法あるいは労働政策の分野においても、いわゆる働き方改革法が成立し、この４月から順次施行されていく他、外国人労働者の就労に係る新たな在留資格の創設などといった動きがあり、また、企業にパワハラ対策を義務付ける女性活躍推進法等の改正法が成立するなど、目まぐるしく重要な変化が生じている。

こういった中で、今回の改訂においては、従前の用語に関し法改正のあった事項についてはアップデートすると共に、「同一労働同一賃金」や「高度プロフェッショナル制度」など、法改正に伴い、読者の方々において、確認したい場面が生じるであろうと思われた用語を中心に、新しく用語を追加した。本書のねらいや構成などは、初版のときと同様であるので、上記をご参照いただきたい。

労働法分野における変化が目まぐるしい中で、本書が少しでも実務に役立つことができればと願っている。

本改訂版の出版にあたっては、株式会社税務研究会出版局の加藤ルミ子氏に、初版に引き続き、構成等につき助言をいただき、また、編集や構成等、様々な面において大変お世話になった。この場を借りて心よりお礼を申し上げたい。

令和元年７月

編・著者

労務インデックス
目次

凡　例

本書で使用している法令等の略称はおおむね下記による。

なお、「関係法条項」欄及び根拠条文欄に掲げる場合並びにカッコで括って示す場合については、条文数は算用数字、項数は丸数字、号数は漢数字で標記している。

使用例：労働基準法施行規則第5条第1項第11号→労基則5①十一

(法令等)＊省略した法律名の五十音順に、法律・政令・省令・告示等の順で表記

安衛法…………………労働安全衛生法
安衛令…………………労働安全衛生法施行令
安衛則…………………労働安全衛生規則
育介法…………………育児休業、介護休業等育児又は家族介護を行う労働者の福祉に関する法律
育介則…………………育児休業、介護休業等育児又は家族介護を行う労働者の福祉に関する法律施行規則
高年法…………………高年齢者等の雇用の安定等に関する法律
高年則…………………高年齢者等の雇用の安定等に関する法律施行規則
個別紛争解決法………個別労働関係紛争の解決の促進に関する法律
雇用均等法……………雇用の分野における男女の均等な機会及び待遇の確保等に関する法律
雇用均等則……………雇用の分野における男女の均等な機会及び待遇の確保等に関する法律施行規則
最賃法…………………最低賃金法
最賃則…………………最低賃金法施行規則
障害者雇用促進法……障害者の雇用の促進等に関する法律
障害者雇用促進令……障害者の雇用の促進等に関する法律施行令
障害者雇用促進則……障害者の雇用の促進等に関する法律施行規則
承継法…………………会社分割に伴う労働契約の承継等に関する法律
承継則…………………会社分割に伴う労働契約の承継等に関する法律施行規則
職安法…………………職業安定法
職安則…………………職業安定法施行規則
女性則…………………女性労働基準規則
じん肺則………………じん肺法施行規則
青少年雇用促進法……青少年の雇用の促進等に関する法律
青少年雇用促進則……青少年の雇用の促進等に関する法律施行規則
徴収法…………………労働保険の保険料の徴収等に関する法律
賃確法…………………賃金の支払の確保等に関する法律
賃確令…………………賃金の支払の確保等に関する法律施行令
賃確則…………………賃金の支払の確保等に関する法律施行規則
入管法…………………出入国管理及び難民認定法
入管則…………………出入国管理及び難民認定法施行規則
パート労働法…………短時間労働者の雇用管理の改善等に関する法律
パート・有期労働法…短時間労働者及び有期雇用労働者の雇用管理の改善等に関する法律(令和２年４月施行)
パート労働則…………短時間労働者の雇用管理の改善等に関する法律施行規則
パート指針……………事業主が講ずべき短時間労働者の雇用管理の改善等に関する措置等についての指針(平成19年10月1日　厚生労働省告示第326号)
派遣法…………………労働者派遣事業の適正な運営の確保及び派遣労働者の保護等に関する法律
派遣令…………………労働者派遣事業の適正な運営の確保及び派遣労働者の保護等に関する法律施行令
派遣則…………………労働者派遣事業の適正な運営の確保及び派遣労働者の保護等に関する法律施行規則
派遣先指針……………派遣先が講ずべき措置に関する指針(平成11年11月17日　労働省告示第138号)
派遣元指針……………派遣元事業主が講ずべき措置に関する指針(平成11年11月17日　労働省告示第137号)

身元保証法…………身元保証ニ関スル法律
有機則………………有機溶剤中毒予防規則
労基法………………労働基準法
労基則………………労働基準法施行規則
労契法………………労働契約法
労災保険法…………労働者災害補償保険法
労審法………………労働審判法
労審則………………労働審判規則
労組法………………労働組合法
労調法………………労働関係調整法
労働施策総合推進法…労働施策の総合的な推進並びに労働者の雇用の安定及び職業生活の充実等に関する法律

(判例集)
判時…………………判例時報
民集…………………最高裁判所民事判例集
労経速………………労働経済判例速報
労判…………………労働判例
労民集………………労働関係民事裁判例集

＊本書は、原則として令和元年7月1日現在の法令等に基づいている。ただし、統計資料等は刊行時までの最新のものを表示している場合がある。

○参考ウェブサイト（WEBマーク）について

「参考ウェブサイト」で紹介したサイトへのアクセスには、もちろん資料名等で検索していただく方法もありますが、紹介している情報へのリンク集を用意しております。

リンク集へは下記URL若しくはQRコードをご利用下さい。

記

＜労務インデックス　参考ウェブサイト　リンク集＞

URL　https://www.zeiken.co.jp/romu/

（注意事項）

リンク先は（株）税務研究会のホームページになります。

ご利用の端末やブラウザによってはページが正しく表示されない場合もございますので、予めご了承ください。

§1

労働契約の当事者

労働者

関係法条項 労基法９、労契法２、労組法３

概要	根拠条文等
◆労働者とは ・労務を提供して、賃金を受け取る者をいい、正社員だけではなく、パートタイマーやアルバイトも含まれる。 ・法律によって「労働者」の範囲が異なることがある（例：「労基法上の労働者」「労組法上の労働者」）。	
◆それぞれの法律における「労働者」の定義 ①　労基法 「職業の種類を問わず、事業に使用される者で、賃金を支払われる者」	労基法９
②　最賃法 労基法に同じ	最賃法２①
③　安衛法 労基法に同じ	安衛法２②
④　労災保険法 労基法に同じ	
⑤　雇用均等法 労基法に同じ	
⑥　労契法 「使用者に使用されて労働し、賃金を支払われる者」 ※使用者の「事業」性の有無という点で差異があるものの、それ以外の要件は労基法と共通	労契法２①
⑦　労組法 「職業の種類を問わず、賃金、給料その他これに準ずる収入によって生活する者」	労組法３

○契約の名称が「雇用契約」ならば、それを締結した者は「労働者」といってよいか？

契約の名称が「労働契約」「雇用契約」であれば「労働者」であり、「委任契約」「請負契約」であれば「労働者」ではないというような、単純な図式ではなく、その実質に則して判断されると言われている。こうした違いを正確に理解することは、法律家でも難しい。

関連事項

1　個人事業者の労働者性

契約形態としては、委任又は請負の形がとられ、労働時間や作業場所の拘束が弱く、報酬も完全出来高制など、労働者とは異なる対価の決め方がされ、雇用保険や労災保険への加入手続きもなされていないといったタイプの者が、労基法上の労働者といえるかどうかは、古くから問題となっていた。

昭和60年の労働省労働基準法研究会報告が、①仕事の依頼への諾否の自由、②業務遂行上の指揮監督、③時間的・場所的拘束性、④代替性、⑤報酬の算定・支払方法を主要な判断要素とし、⑥機械・器具の負担、報酬の額等に現れた事業者性、⑦専属性等を補足的な判断要素として判断することを提唱し、裁判所でも参照されている。

もっとも、例えば、NHKの受信料の集金人が労基法上の労働者に当たるかどうかについて、同一事件で地裁と高裁で判断が分かれるなど(NHK神戸放送局事件　神戸地裁　平26.6.5判決　労判1098号５頁と大阪高裁　平27.9.11判決　労判1130号22頁)、具体的事案における判断は容易ではない。

２　専門的業務従事者の労働者性

医師や弁護士、公認会計士など、専門的資格を有し、自己の裁量によって業務を処理するが、特定の事業主の組織に組み込まれているというケースにおいても、労基法上の労働者性が問題とされることがある。

しかし、高度の専門的資格を有するということのみをもって同法上の労働者性が否定されるものではない。

裁判例においても、大学病院で臨床研修に従事する研修医について、労基法９条及び最賃法２条の「労働者」に当たるとされている(関西医科大学研修医(未払賃金)事件　最高裁第二小法廷　平17.6.3判決　民集59巻５号938頁)。

代表的裁判例

1　労基法上の「『労働者』に当たるか否かは、雇用、請負等の法形式にかかわらず、その実態が使用従属関係の下における労務の提供と評価するにふさわしいものであるかどうかによって判断すべきものであり、…実際の使用従属関係の有無については、業務遂行上の指揮監督関係の存否・内容、支払われる報酬の性格・額、使用者とされる者と労働者とされる者との間における具体的な仕事の依頼、業務指示等に対する諾否の自由の有無、時間的及び場所的拘束性の有無・程度、労務提供の代替性の有無、業務用機材等機械(器具の負担関係、専属性の程度、使用者の服務規律の適用の有無、公租などの公的負担関係、その他諸般の事情を総合的に考慮して判断するのが相当である」(新宿労基署長事件　東京高裁　平14.7.11判決　判時1799号166頁)。

2　労組法所定の労働者に該当するか否かは、「団体交渉によって問題を解決することが適切な関係にあるか否かといった観点から検討されるべきものであり、労働力の提供を強制される立場にある労基法上の労働者に対する種々の保護に関して規定するところの労基法ないしは労契法所定の労働者の該当性の判断の在り方との間で、自ずと差異が生ずることを否定することはでき」ない(ソクハイ(契約更新拒絶)事件　東京高裁平26.5.21判決　労判1123号83頁)。

3　労組法上の「労働者」に当たるかどうかを判断するに際しては、①相手方会社の組織への組み入れ、②相手方会社による契約内容の一方的決定、③報酬の労務対価性、を主たる考慮要素として位置づけ、④諾否の自由、⑤指揮監督、⑥拘束の程度などを補助的に検討する(INAXメンテナンス事件　最高裁第三小法廷　平23.4.12判決　判時2117号139頁)。

使用者

関係法条項 労基法10、労契法２

概　要	根拠条文等
◆使用者とは ・労働者を雇用して事業を行う者 ・労働関係の法律における「使用者」は、それぞれの条文によって、意味が異なる。	
◆それぞれの法律における「使用者」の定義 ①　労基法 「事業主又は事業の経営担当者その他その事業の労働者に関する事項について、事業主のために行為をするすべての者」 ②　労契法 「その使用する労働者に対して賃金を支払う者」 ③　労組法 使用者に関する定義規定なし ※直接の雇用主でなくとも同法における「使用者」に当たるとされることがあるので、注意が必要である。 ④　安衛法 多くの規定で義務主体として「事業者」という概念を用いているが、それは当該事業における経営主体を意味し、個人企業にあってはその事業主個人、会社その他の法人の場合には法人そのものを指す。	労基法10 労契法２② 安衛法２③

○使用者とは社長のみを指すのか？

上記の労基法の定義にある「事業主」とは、当該事業の経営主体、個人企業ではその企業主たる個人を、法人企業の場合は法人それ自体を、「事業の経営担当者」とは、事業一般について権限と責任を負う代表取締役や支配人を、「その他…事業主のために行為をする」者とは、人事や給与など労働条件の決定・管理、あるいは労務遂行の指揮命令などについて、権限と責任を有している者を指す。

したがって、例えば、36協定を締結することなく時間外労働をさせていた会社において、労基法違反の罰則(労基法119①、32)が適用される可能性があるのは、代表者、人事担当役員、人事部長及び人事課長のすべてということになる(会社は、両罰規定(労基法121)によって処罰され得る。)。

関 連 事 項

1　法人格否認の法理と使用者

例えば、子会社が解散した場合に、同社に雇用されていた労働者は、親会社に対し、雇用契約関係を主張し得るケースがあるであろうか。

もちろん、親会社と子会社は別個の法人なのであるから、親会社が解散した子会社の労働者であった者との関係において雇用責任を負うことはないというのが原則である。

しかしながら、法形式上は別個の法人格を有する場合であっても、法人格が全くの形骸にすぎない場合又はそれが法律の適用を回避するために濫用される場合には、特定の法律関係につき、その法人格を否認して衡平な解決を図るべきであるという法人格否認の法理は、労働関係においても適用することができる。

すなわち、法人とは名ばかりであって子会社が親会社の営業の一部門にすぎないような場合あるいは親会社が、子会社の法人格を違法に濫用し、子会社を解散したような場合には、子会社の従業員は、直接親会社に対して、雇用契約上の権利を主張することができるというべきであるとされている（第一交通産業ほか（佐野第一交通）事件　大阪高裁　平19.10.26判決　労判975号50頁）。

ただ、現実に法人格が否認されるとの結論に至るケースは少ない。

２　派遣先と労基法等の使用者

労働者派遣関係は、派遣元と派遣労働者の間に雇用関係がある一方、派遣労働者と派遣先の間には指揮命令関係しか存在せず、雇用関係が成立しているものではないから（下図参照）、派遣労働者の使用者は派遣元である。しかし、派遣労働者が派遣先において就業するという実態に着目し、労基法や安衛法との関係で、いくつかの規定について、派遣先がそれぞれの法律における「使用者」になる場合が定められている（派遣法44以下）。

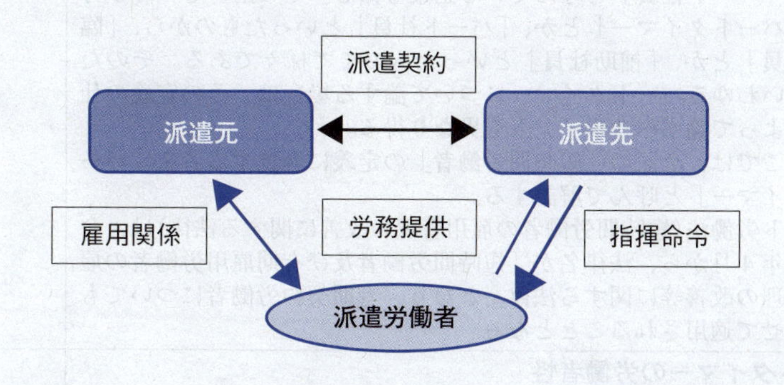

代表的裁判例

労組法７条の「使用者」は、労働契約の締結主体である雇用主がこれに該当するのは当然であるが、雇用主以外の事業主であっても、労働者の基本的な労働条件等について、部分的であれ使用者と同視できる程度に現実的かつ具体的に支配・決定できる地位にあるときは、その限りで使用者にあたる（朝日放送事件　最高裁第三小法廷　平7.2.28判決　民集49巻２号559頁）。

パートタイマー

関係法条項 パート労働法

概　　要	根拠条文等
◆パートタイマーとは 「パートタイマー」という用語は法律にはなく、一般的には、パート労働法上の「短時間労働者」を指すことが多い。 短時間労働者は同法において「１週間の所定労働時間が同一の事業所に雇用される通常の労働者…の１週間の所定労働時間に比し短い労働者」と定義されている。 ※なお、一口に「パートタイマー」といっても、それがどういった雇用形態の社員を指しているのかは、各企業によって様々である。いわゆる正社員よりも労働時間が短い社員を「パートタイマー」と呼んでいる企業もあれば、正社員とほぼ同様の勤務実態にある者を指して「パート社員」と呼んでいる企業もある。その上、その呼び方も「パートタイマー」とか、「パート社員」といったものから、「臨時社員」とか、「補助社員」といったものまで様々である。そのため、いわゆるパートタイマーについて論ずる場合は、その定義の仕方によって論ずべきポイントも異なり得る。 ここでは、上記の「短時間労働者」の定義に合致する者を「パートタイマー」と呼んで解説する。 ※パート労働法(短時間労働者の雇用管理の改善に関する法律)は、令和２年４月から、法律名が「短時間労働者及び有期雇用労働者の雇用管理の改善等に関する法律」となり、有期契約労働者についてもあわせて適用されることとなる。	パート労働法2
◆パートタイマーの労働者性 パートタイマーも労基法や労組法などの労働関係法規の適用を受ける労働者であることに変わりはない。労基法９条は、同法の適用対象たる「労働者」を「職業の種類を問わず、前条の事業又は事務所…に使用される者で、賃金を支払われる者」と定め、労働時間の長短による区別をしていないし、労組法３条における「労働者」の定義も、「職業の種類を問わず、賃金、給料その他これに準ずる収入によつて生活する者」となっており、労働時間の長短を問題としていないからである。安衛法や最低賃金法などが原則的に適用されることについても同様である。	パート指針
◆パートタイマーに対する特有の規制 パート労働法は、いくつかの場面において、基本的にはパートタイマーにも通常の労働者と同様の保護を与えつつ、それを必要に応じて修正し、規制を加重したり、緩和したりしている。主なものを列記すれば、以下のようになる。 ⑴　採用時の労働条件の明示事項の追加 パートタイマーの採用に際しては、労基法において求められる労働条件の明示に加えて、次の４つを、文書の交付又はファクシミリ若しくは電子メールの送信により明示しなければならない。 ①　昇給の有無 ②　退職手当の有無	パート労働法6①、パート労働則2①②

③　賞与の有無 ④　相談窓口 このほか、パートタイマーを雇入れた事業主に対しては、雇用管理の改善措置等について説明する義務も課されている。	パート労働法14①
⑵　パートタイマー用の就業規則作成の際の手続き パートタイマーに係る就業規則を作成・変更する場合には、通常の就業規則の作成・変更の手続きに加え、パートタイマーの過半数を代表する者の意見を聴くように努めるべきことを求めている。	労基法90 パート労働法7
⑶　格差是正のための諸措置 (a)　いわゆる同視パートについての差別的取扱いの禁止(均等待遇の要請) 就業の実態が通常の労働者と同一であるにもかかわらず、賃金などの面において差別的取扱いがなされている例がみられるところから、パート労働法は、職務の内容が当該事業所に雇用される通常の労働者と同一の短時間労働者であって、当該事業所における慣行その他の事情からみて、当該事業主との雇用関係が終了するまでの全期間において、その職務の内容及び配置が当該通常の労働者の職務の内容及び配置の変更の範囲と同一の範囲で変更されると見込まれる者(以下、「同視パート」という。)については、パートタイマーであることを理由として、賃金の決定、教育訓練の実施、福利厚生施設の利用その他の待遇について、差別的取扱いをしてはならないとされる。	パート労働法9
(b)　同視パート以外のパートタイマーについての賃金決定に関する努力義務(均衡待遇の要請) 同視パート以外のパートタイマーについても、通常の労働者との均衡を考慮しつつ、パートタイム労働者の職務の内容、職務の成果、意欲、能力又は経験等を勘案し、その賃金を決定するように努めるべき努力義務が定められている。	パート労働法10
(c)　パートタイマーの待遇についての一般的な規制(不合理な格差の是正) パートタイマーの待遇につき、通常の労働者の待遇との間に差を設けるときは、その差は、職務の内容、職務の内容及び配置の変更の範囲その他の事情から不合理と認められるものであってはならない。 なお、令和2年4月以降の格差是正のための諸措置については、同一労働同一賃金(46頁)参照。	パート労働法8

関　連　事　項

1　パートタイマーの年次有給休暇

→比例付与制度(128頁)参照

2　パートタイマーの解雇

パートタイマーの解雇についても、解雇権濫用法理が適用されることは当然であるし、有期契約であれば、その期間途中の解雇には、「やむを得ない事由」が必要である(労契法16、17①)。

もっとも、整理解雇の場面においては、正社員よりもパートタイマーなどの企業との結び付きが弱い者から整理を考えるべきであると言われている(ただし、同視パートについては考慮を要する。)。

参考ウェブサイト

WEB 厚生労働省　パートタイム労働者の雇用管理の改善のために
パートタイム労働法関連資料　各種様式（就業規則、労働条件明示書等）
＊　パートタイマーを雇用する際に必要となる規定等の参考例が整理されている。

WEB 独立行政法人労働政策研究・研修機構　統計情報Q&A：非正規労働の実態が分かる統計
＊　パートタイマーをはじめとする非正規労働者に関する各種データを探すのに便宜である。

派遣労働者

関係法条項　派遣法

概　　要	根拠条文等
◆派遣労働者とは 労働者派遣の対象となる労働者が「派遣労働者」である。 労働者派遣とは、「自己の雇用する労働者を、当該雇用関係の下に、かつ、他人の指揮命令を受けて、当該他人のために労働に従事させることをいい、当該他人に対し当該労働者を当該他人に雇用させることを約してするものを含まない」ものをいう。	派遣法２一、二
◆労働者派遣に関わる規制 派遣労働者は、雇用主ではない派遣先から指揮命令を受けるという特殊な形態であるため、通常の労働契約に関する規制だけではなく、種々の規制がなされている。 主なものとしては、以下の通り。	
①　一定の業務についての労働者派遣の禁止ないし制限	派遣法４、派遣令２
②　労働者派遣事業の許可制	派遣法５
③　事業所単位の労働者派遣期間の制限→(225頁)	派遣法35の２、40の２
④　個人単位の労働者派遣期間の制限→(225頁)	派遣法35の３、40の３
⑤　海外派遣の事前届出義務	派遣法23④
⑥　日雇派遣を含む30日以内の短期派遣の原則禁止	派遣法35の４
⑦　いわゆる専ら派遣の禁止	派遣法７①一
⑧　グループ内派遣の８割規制	派遣法23の２、派遣則18の３
⑨　労働争議に対する不介入	派遣法24、職安法20①
⑩　派遣先による労働者派遣契約の解除の制限	派遣法27
⑪　スカウト禁止条項の制限	派遣法33
⑫　離職して１年以内の派遣労働者の受入れの原則的禁止	派遣法40の９

◆派遣先が派遣労働者の「使用者」と扱われる特例規定 派遣労働者は、派遣元事業主に雇用された労働者であるから、派遣元との関係では、労基法、安衛法等の労働関係法規が適用されることは言うまでもないが、実態としては派遣先が指揮命令を行うという就業形態に着目して派遣先が労働基準法等の使用者としての責任を負うという特例規定が設けられている。	派遣法44、45等
◆派遣労働者の処遇(いわゆる同一労働同一賃金) 令和2年4月1日(中小企業は令和3年4月1日)～、派遣法が改正され、派遣元には、派遣労働者の派遣先労働者との均衡・均等待遇に関する義務が課される。また、それに伴い派遣先にも派遣元への情報提供義務などが課される。→同一労働同一賃金(46頁)参照	

関連事項

1　労働者派遣と労働者供給の関係

職安法4条6項は、「供給契約に基づいて労働者を他人の指揮命令を受けて労働に従事させる」形態であって派遣法2条1号に規定する労働者派遣に該当しないものを「労働者供給」と定義し、職安法44条は、労働者供給事業及び供給事業者から供給を受けた労働者を指揮命令下に就業させることを原則的に禁止している(罰則は職安法64九)。したがって、供給契約に基づいて労働者を他人の指揮命令を受けて労働に従事させる場合のうち、供給元と労働者との間に雇用契約関係がないもの、及び、供給元と労働者との間に雇用契約関係がある場合であっても、供給先に労働者を雇用させることを約して行われるものは、労働者供給に該当し、「事業」として行うならば、上記禁止規定に触れることとなる。

2　偽装請負

請負ないし業務委託契約の形式をとりながら、注文者ないし業務委託者が、請負人ないし業務受託者の労働者に直接指揮命令している関係を「偽装請負」と呼んでいる。

最高裁は、いわゆる偽装請負関係は、派遣法2条1号が定義する「労働者派遣」関係に該当するとし、職安法4条6項に定義される「労働者供給」に該当するものではないとしている(パナソニックプラズマディスプレイ(パスコ)事件　最高裁二小　平21.12.18判決　民集63巻10号2754頁)。

3　労働契約申込みみなし制度

この問題については、63頁参照。

参考ウェブサイト

WEB 厚生労働省　「平成29年　派遣労働者実態調査の概況(再集計確報版)」

＊　各企業における派遣労働者の就業状況や派遣契約の状況を知ることができる。

有期契約労働者

関係法条項　労契法17～20、労基法14

概　　　要	根拠条文等
◆有期契約労働者とは 期間の定めのある契約により雇用されている労働者のこと。 ※パートタイマー、嘱託社員、契約職員、アルバイト、臨時雇いなどの多くは、有期契約労働者であるが、そのような名称で雇用されている労働者の中にも、期間の定めのない契約により雇用されている労働者も存在するから、それらの雇用形態と有期契約労働者とが完全に一致するわけではない。また、賃金の算出形態ともリンクするものではなく、時給制、月給制又は年俸制のいずれについても、有期契約労働者に適用することが可能である。	
◆有期契約労働者に対する特有の規制 有期契約労働者の保護のためにいくつかの特則が設けられ、あるいは、実情に則した妥当な結論を導くための解釈が展開されている。それらのうち、代表的なものは以下のとおりである。 (1)　期間の制限 有期労働契約における期間は、原則として３年以内でなければならない。 (例外) ①　一定の事業の完了に必要な期間を定めるもの ②　厚生労働大臣が定める基準に該当する高度の専門的知識、技術又は経験(専門的知識等)を有する労働者が当該専門的知識等を必要とする業務に就く場合 ③　満60歳以上の労働者との契約の場合 ※②及び③の場合の契約期間の上限は５年とされる。	労基法14①、「労働基準法第14条第１項第１号の規定に基づき厚生労働大臣が定める基準」平15.10.22厚生労働省告示356号
(2)　契約締結時の労働条件の明示 無期雇用の場合の明示事項に加え、契約期間に関する事項及び契約の更新基準に関する事項を明示しなければならない。	労基法15①、労基則５①一、一の二、②③
(3)　有期契約労働者に対する契約期間途中の解雇 この点については、解雇権濫用法理の項(207頁)参照。 (4)　有期契約労働者の雇止め この点については、雇止めの項(212頁)参照。 (5)　無期労働契約への転換 この点については、66頁参照。	
(6)　期間の定めがあることによる不合理な労働条件の禁止 有期契約労働者と無期契約労働者の労働条件に相違があるときは、その相違は不合理なものであってはならず、不合理かどうかは、①労働者の業務の内容及び当該業務に伴う責任の程度(以下、②において「職務の内容」という。)、②当該職務の内容及び配置の変更の範囲、③その他の事情を考慮して判断するとされている。	労契法20

なお、令和３年４月以降の有期契約労働者と無期契約労働者の労働条件の相違に係る格差是正措置については、同一労働同一賃金(46頁)参照。	
(7)　一般健康診断との関係	
有期契約であっても、１年以上の更新が見込まれるか、１年以上更新された者は、雇入時及び定期健康診断を実施する必要がある(平19.10.1基発第1001016号、職発第1001002号、能発第1001001号、雇児発第1001002号)。	安衛法66①、安衛則43、44①
◆令和２年４月１日(中小企業は令和３年４月１日)以降追加される規制	
現在短時間労働者について定めているパート労働法は、令和２年４月から、法律名が「短時間労働者及び有期雇用労働者の雇用管理の改善等に関する法律」となり、有期契約労働者についてもあわせて適用されることとなる。 その結果、以下の規制が追加される。	
(1)　採用時の労働条件の明示事項の追加	
有期契約労働者の採用に際しては、労基法において求められる労働条件の明示に加えて、次の４つを、文書の交付又はファクシミリ若しくは電子メールの送信により明示しなければならない。 ①　昇給の有無 ②　退職手当の有無 ③　賞与の有無 ④　相談窓口	パート・有期労働法６
このほか、有期契約労働者を雇入れた事業主に対しては、雇用管理の改善措置等について説明する義務も課されている。	パート・有期労働法14①
(2)　有期契約労働者用の就業規則作成の際の手続き	
有期契約労働者に係る就業規則を作成・変更する場合には、通常の就業規則の作成・変更の手続きに加え、有期契約労働者の過半数を代表する者の意見を聴くように努めるべきことを求めている。	
(3)　格差是正のための諸措置 →同一労働同一賃金参照(46頁)	

《注意点》

有期契約労働者も、労基法や労組法等の労働関係法規の適用対象である。例えば、常時10人以上の労働者がいる事業場において、有期契約労働者が存在するならば、彼らに適用される就業規則がなければならないし、有期契約労働者だけが加入している労働組合も、労組法上の労働組合である。

関連事項

１　有期労働契約の締結、更新及び雇止めに関する基準

有期労働契約の締結、更新、雇止めについては、告示が策定されており(「有期労働契約の締結、更新、雇止めに関する基準」(平15.10.22　厚生労働省告示357号))、契約締結時に、更新の有無や更新基準を明らかにすること、一定の条件を満たす有期労働契約を更新しないときは、契約期間満了日の少なくとも30日前までにその予告をすべきことなどが定められている。

２　黙示の更新

有期労働契約の期間が満了した後も、労働者が労務を提供し、使用者がこれに異議を述べないときは、契約が同一の条件をもって黙示に更新されたものと推定される(民法629①)。

この場合の更新後の契約期間については、期間の定めのない契約になるという考え方と、従前の契約と同一の期間になるという考え方とがある。

3　人員整理と有期契約労働者

一般的には、有期契約労働者は、契約を反復更新された後であっても、人員整理の場面では、正社員(無期契約労働者)に劣後するとみられ、臨時員の雇止めに先立って正社員の希望退職を実施することまでが求められるものではないとされる(日立メディコ事件　最高裁一小　昭61.12.4判決　判時1221号134頁)。

障　害　者

関係法条項　障害者雇用促進法

概　　要	根拠条文等
◆障害者とは	
障害者雇用促進法では、「身体障害、知的障害、精神障害(発達障害を含む。…)その他の心身の機能の障害…があるため、長期にわたり、職業生活に相当の制限を受け、又は職業生活を営むことが著しく困難な者」を「障害者」と定義している。	障害者雇用促進法２一
それとは別に、同法では、「身体障害者」「知的障害者」及び「精神障害者」の定義規定も置いているから、同法を読む際には注意が必要である。 さらに、同法において「対象障害者」という用語も使われている。これは、「身体障害者、知的障害者又は精神障害者(精神保健法に基づく精神障害者保健福祉手帳の交付を受けているものに限る。)」を指す概念である。	障害者雇用促進法２二、四、六、37②
◆障害者雇用促進法の２つの柱と対象とされる者の相違	
障害者雇用促進法は、障害者の雇用の促進のために、⑴雇用義務と、⑵差別禁止・合理的配慮義務、の２つの柱を設けている。注意を要するのは、それらの対象が若干異なっていることである。	
⑴　雇用義務 すべての事業主に対し、対象障害者の雇入努力義務を課す。	
①　法定雇用率制度 50人以上の従業員を雇用する企業に対し、一定の雇用率に達するまでの対象障害者の雇用を義務付ける。法定雇用率は、民間企業では2.3%とされている。	障害者雇用促進法43①② 障害者雇用促進令９
なお、重度障害者については、雇用率の計算に当たっては２人分としてカウントされる。	障害者雇用促進法43④、障害者雇用促進令10
②　納付金制度 ①の法定雇用率を達成していない企業については、納付金を納付させることとしている。 <参考：障害者雇用納付金> 原則：常時雇用している労働者数が100人を超える事業主で雇用障害者数が法定雇用率を下回っている場合、法定雇用障害者数に不足する障害者数に応じて１人につき月額50,000円が課される。 (減額特例)常時雇用している労働者数が100人を超え200人以下の事業主の場合、令和２年３月31日までは不足する障害者１人につき月額40,000円に減額される。	障害者雇用促進法53②、54①②、55①②
③　障害者雇用調整金 法定雇用率以上の対象障害者(精神障害者も含む。)を雇用している企業に対しては、②の納付金を原資とする障害者雇用調整金が支給される。	障害者雇用促進法50以下

(2)　差別禁止・合理的配慮義務 具体的には、障害者に対して下記のような配慮が必要とされる。 ①　障害者に対する雇用の分野での差別的取扱いの禁止	
(a)　労働者の募集及び採用について、障害者でない者と均等な機会を与えなければならない。	障害者雇用促進法34
(b)　賃金の決定、教育訓練の実施、福利厚生施設の利用その他の待遇について、障害者であることを理由として、障害者でない者と不当な差別的取扱いをしてはならない。	障害者雇用促進法35
(c)　募集及び採用段階において、障害者からの申出により当該障害者の障害の特性に配慮した必要な措置を講じなければならない(ただし、事業主に対して過重な負担を及ぼすこととなるときは除かれる。)。	障害者雇用促進法36の2
②　合理的配慮の措置の提供義務	
(a)　募集及び採用段階では、障害者からの申出により当該障害者の障害の特性に配慮した必要な措置を講じなければならない(ただし、事業主に対して過重な負担を及ぼすこととなるときは除かれる。)。	障害者雇用促進法36の2
(b)　採用後の段階では、障害者でない労働者との均等な待遇の確保又は障害者である労働者の有する能力の有効な発揮の支障となっている事情を改善するため、障害者である労働者の障害の特性に配慮した職務の円滑な遂行に必要な施設の整備、援助を行う者の配置その他の必要な措置を講じなければならない(ただし、事業主に対して過重な負担を及ぼすこととなるときは除かれる。)。	障害者雇用促進法36の3
※なお、どのような差別が禁止されるのか、どのような措置が求められるのか、どのような場合に「過重な負担」と評価されるのかといったことに関しては、厚生労働省から指針が発せられている(「障害者に対する差別の禁止に関する規定に定める事項に関し、事業主が適切に対処するための指針」(平27.3.25　厚生労働省告示116号)、「雇用の分野における障害者と障害者でない者との均等な機会若しくは待遇の確保又は障害者である労働者の有する能力の有効な発揮の支障となっている事情を改善するために事業主が講ずべき措置に関する指針」(平27.3.25　厚生労働省告示117号)。	

○障害者の確認はどのようにしてするのか？

「対象障害者」に該当するかどうかは、障害者手帳の所持者かどうかで確認することが想定されるが、「障害者」については、障害者手帳の所持者かどうかで確認しきれるものではない。上記定義にあるように、「その他の心身の機能の障害」により「長期にわたり、職業生活に相当の制限を受け、又は職業生活を営むことが著しく困難な者」も含まれているからである。このような者は、結局医師の意見あるいは本人ないし関係者との面談状況等によって確認していくことになろう。

関連事項

1　対象障害者の雇用に消極的な企業に対する措置

対象障害者の雇用について著しく消極的な企業に対しては、厚生労働大臣において、雇入れ計画の作成を命じ、その計画が適正に実施されない場合、特別指導を行い、それでも改善が行われない場合は、その旨を公表することができるとされている(障害者雇用促進法46、47)。実際、平成15年以降、企業名の公表がなされている。

2　特例子会社制度

事業主が身体障害者又は知的障害者の雇用に特別の配慮をした子会社を設立し、一定の要件を満たす場合には、特例としてその子会社に雇用されている労働者を親会社に雇用されているものとみなして、実雇用率を算定できる制度が採用されているほか(障害者雇用促進法44、障害者雇用促進則8の2、8の3)、一定要件を満たす企業グループとして厚生労働大臣の認定を受けたものについては、特例子会社が含まれていなくても、企業グループ全体で実雇用率を通算できる制度も存する(障害者雇用促進法45の2)。

3　障害者雇用促進法における労働局による紛争解決制度

障害者雇用促進法に規定される、障害者に対する差別の禁止(障害者雇用促進法34、35)及び障害者と障害者でない者との均等な機会の確保等を図るための措置(障害者雇用促進法36の2、36の3)に定められる事項に関する障害者である労働者と事業主間の紛争については、都道府県労働局長による助言、指導又は勧告、あるいは、紛争調整委員会による調停(募集及び採用についての紛争は除かれる。)の制度が設けられている(障害者雇用促進法74の5)。

また、事業主に対しては、障害者である労働者からの同法35条又は36条の3に定める事項に関し苦情の申出を受けたときは、それを自主的に処理するようにすべき努力義務が課されている(障害者雇用促進法74の4)。

参考ウェブサイト

WEB 厚生労働省　「障害者雇用率制度」
　＊　障害者雇用率の概要が紹介されている。

WEB 独立行政法人高齢・障害・求職者雇用支援機構「障害者雇用納付金制度の概要」
　＊　障害者雇用納付金制度の概要が紹介されている。

WEB 厚生労働省　「平成30年　障害者雇用状況の集計結果」
　＊　民間及び公的機関における障害者の雇用状況を知ることができる。

未成年の労働者

関係法条項　労基法56以下、年少者労働基準規則

概　　　要	根拠条文等
◆未成年者の定義 民法は、満20歳をもって成年とし、成年に達した者を単独で法律行為をなし得る者と位置付けており、その年齢に達しない者を未成年者という。 未成年者は、原則として、法定代理人(典型は親権者)の同意がなければ法律行為をすることができず、それに反する行為は取り消し得るものとされる。 なお令和4年4月より、成人年齢は満18歳に引き下げられる。	民法4、5①②

◆労働法における未成年者の取扱い

労働関係の法令では、上記民法の原則を前提としつつ、それを一部修正する条文を設け、あるいは、労働法独自の観点から規制を定めて、未成年者の保護を図っている。代表的なものを列挙すると、以下のとおりである。

⑴　労働契約締結の最低年齢	
原則：満15歳に達した日以後の最初の３月31日が終了した後に契約可	労基法56①
例外：一定の業務につき労働基準監督署長の許可を得た場合は13歳又は(更に絞った業務に限定して)13歳未満でも可	労基法56②
⑵　未成年者の労働契約締結と親権者等の関与	
原則：法定代理人の同意の下に労働契約締結可	民法５①
労基法による修正：同意を得て労働契約を締結した場合であっても、親権者若しくは後見人又は行政官庁は、労働契約が未成年者に不利であると認める場合においては、将来に向ってこれを解除することができる。	労基法58②
⑶　親権者ないし後見人の契約締結権の排除	
原則：親権者ないし後見人は、未成年者の同意を得れば、未成年者に代わって契約締結可	民法824、859
労基法による修正：親権者又は後見人が、未成年者に代わって労働契約を締結することを禁止	労基法58①
⑷　年少者の労働時間に関する特例	
ア　満15歳に達した日以後の最初の３月31日が終了した者であって18歳未満の者	
原則：労基法32条以下の規制が適用される。	
労基法による修正：変形労働時間制、フレックスタイム制、36協定に基づく時間外・休日労働、労働時間・休憩に関する特例に関わる条項が適用不可	労基法60①
労基法による修正の例外：一定の要件を満たした場合における１日８時間を超える労働並びに一定の変形労働時間制適用の許容	労基法60③、労基則34の２の４
労基法による修正の適用除外：農業・畜産・水産業や機密事務取扱者など	労基法41
イ　満15歳に達した日以後の最初の３月31日が終了していない満13歳以上の児童	
原則：労基法32条以下の規制が適用される。	
労基法による修正：法定労働時間が、修学時間を通算して１週間につき40時間・１日につき７時間とされ、かつ、アの「労基法による修正」欄記載の制限を受ける。	労基法60②
労基法による修正の例外：なし	
労基法による修正の適用除外：農業・畜産・水産業や機密事務取扱者など	労基法41
⑸　年少者の深夜業に関する特例	
原則：満18歳未満の者を午後10時から午前５時までの間において使用してはならない。	労基法61①
例外：交替制によって使用する満16歳以上の男性など	労基法61①但書、③
原則の適用除外：農林、畜産・水産業、病院・保健衛生業及び電話交	労基法61④

換業務においては年少者の深夜業禁止が適用除外される。	
⑹　年少者の安全衛生に関する規制	
ア　就業制限	
原則：満18歳に満たない者には、一定の危険又は有害な業務をさせてはならない。	労基法62①②
例外：なし	
イ　坑内労働の禁止	労基法63
原則：満18歳未満の者を坑内で労働させてはならない。	
例外：なし	

女性労働者

関係法条項　労基法64の２以下、女性則１

概　　要	根拠条文等
労働関係法令における基本的な規制は男性労働者と同様であるが、母性保護あるいは差別解消の観点から、更にいくつかの規制が設けられている。代表的なものを列挙すると、以下のとおりである。	
⑴　妊娠機能に有害な業務への就業制限	
使用者は、妊娠中の女性及び産後１年を経過しない女性（以下「妊産婦」という。）を、重量物を取り扱う業務、有害ガスを発散する場所における業務その他妊産婦の妊娠、出産、哺育等に有害な業務に就かせてはならない。	労基法64の３①
この制限は、厚生労働省令に定められる一定の業務につき、妊産婦以外の女性にも適用される。	労基法64の３②③、女性則２、３
⑵　坑内労働の制限	
使用者は、妊娠中の女性及び坑内で行われる業務に従事しない旨を使用者に申し出た産後１年を経過しない女性に対しては、坑内で行われるすべての業務をさせてはならない。	労基法64の２一
また、使用者は、上記以外の満18歳以上の女性に対し、坑内で人力により行われる掘削の業務その他の女性に有害な業務として厚生労働省令で定める業務をさせてはならない。	労基法64の２二
⑶　産前産後休業	
使用者は、６週間（多胎妊娠の場合にあっては、14週間）以内に出産する予定の女性が休業を請求した場合においては、その者を就業させてはならない。	労基法65①
また、使用者は、産後８週間を経過しない女性を就業させてはならない。ただし、産後６週間を経過した女性が請求した場合において、その者について医師が支障がないと認めた業務に就かせることは、差し支えない。	労基法65②
⑷　軽易業務への転換	
使用者は、妊娠中の女性が請求した場合においては、他の軽易な業務に転換させなければならない。	労基法65③

⑸　請求による変形労働時間の適用制限 使用者は、妊産婦が請求した場合においては、変形労働時間制によるとしても、法定労働時間を超えて就業させてはならない。	労基法66①
⑹　請求による時間外・休日労働の禁止 使用者は、妊産婦が請求した場合には、時間外・休日労働をさせてはならない。	労基法66②
⑺　請求による深夜業の禁止 使用者は、妊産婦が請求した場合においては、深夜業をさせてはならない。	労基法66③
⑻　妊娠中及び出産後の健康管理に関する措置 事業主は、その雇用する労働者が母子保健法の規定による保健指導または健康診査を受けるために必要な時間を確保することができるようにしなければならず、上記の保健指導又は健康診査に基づく指導事項を守ることができるようにするため、勤務時間の変更、勤務の軽減等必要な措置を講じなければならない。	雇用均等法12、13
⑼　育児時間 使用者は1歳未満の生児を育てる女性が請求したときは、法定の休憩時間のほか、1日2回各々少なくとも30分の育児時間を与えなければならない。	労基法67
⑽　生理日の就業が著しく困難な女性に対する措置 使用者は、生理日の就業が著しく困難な女性が休暇を請求したときは、その者を生理日に就業させてはならない。	労基法68
⑾　婚姻、妊娠、出産等を理由とする不利益取扱いの禁止等 →解雇制限(205頁)、退職(217頁)の項参照。	

外国人労働者

関係法条項　入管法2の2、労働施策総合推進法28、技能実習法

概　　要	根拠条文等
外国人労働者(不法就労者も含む。)についても、労働契約法、労基法、安衛法、最低賃金法及び労災保険法などの労働法規、並びに厚生年金保険法及び雇用保険法などは適用される。	
新たに外国人(外交又は公用の在留資格を有する者及び特別永住者を除く。)を雇い入れた使用者は、所定の事項を確認し、厚生労働大臣(実際には事業所を管轄する公共職業安定所長)に届け出なければならないとされ、外国人が離職した場合には、一定の事項を届け出るべきものとされる。	労働施策総合推進法28① 労働施策総合推進法施行規則1の2
外国人が我が国において就労するためには、所定の在留資格を有することが必要である。就労が認められる在留資格を持たない外国人が就労した場合には、不法就労となって退去強制等の処置が講じられるほか、そのような外国人を雇用した事業主も3年以下の懲役又は300万円以下の罰金ないしそれらの併科の対象となり得る。	労働施策総合推進法28①、労働施策総合推進法施行規則10、12、入管法2の2

在留資格には、活動に伴う資格と身分に伴う資格の２種類がある。このうち、身分に伴う資格である永住者、日本人の配偶者等、永住者の配偶者等、定住者については、就労活動に制限はないが、活動に伴って在留資格が認められる場合は、就労が許されるものと許されないものとがある。 所定の限度で就労が許される在留資格は、「高度専門職」「経営・管理」「法律・会計業務」「医療」「研究」「教育」「技術・人文知識・国際業務」「企業内転勤」「興業」「技能」「技能実習」「介護」であったが、以下の改正がなされた。 (1)　入管法の改正により、平成31年４月から以下の在留資格が創出された。 特定技能１号：不足する人材の確保を図るべき産業上の分野に属する相当程度の知識又は経験を要する技能を要する業務に従事する外国人向けの在留資格。建設業や介護など14業種が定められている。 特定技能２号：同分野に属する熟練した技能を要する業務に従事する外国人向けの在留資格。家族の帯同も認められる。 (2)　法務省告示「出入国管理及び難民認定法第７条第１項第２号の規定に基づき同法別表第１の５の表の下欄に掲げる活動を定める件」の改正により、令和元年５月30日から、在留資格「特定活動」の一つの類型として、日本の大学または大学院を卒業・修了した留学生が大学・大学院において修得した知識、応用的能力等を活用することが見込まれ、日本語能力を生かした業務に従事する場合に当たっては、フルタイムであることなど一定の条件を満たせば、その業務内容を広く認めることとし、結果、従前外国人が就労できなかった業務に従事することが可能となった。	入管法73の２①一

関連事項

1　技能実習制度

我が国は、外国人の単純労働者を受け入れることはしないという方針の下、我が国で開発され培われた技能・技術・知識(以下、「技能等」という。)の開発途上国等への移転を図り、当該開発途上国等の経済発展を担う「人づくり」に寄与することを目的として、技能実習制度が創設された。技能実習法に、技能実習の適正な実施や技能実習生の保護などを定めている。

技能実習制度は、最長５年の期間において、技能実習生が、技能等の習得・習熟を図るために、一定期間の講習を受けた後、実習実施機関との間の雇用関係の下で実践的な技能等の習得を図るという形をとる。技能実習生の受入方式には、企業単独型と団体型とがあり、それぞれ、入国後１年目の技能等を習得するための活動に対応した在留資格、２・３年目の技能等に習熟する活動に対応した在留資格及び４・５年目の技能等に熟達する活動に対応した在留資格とが用意されている。

いずれにせよ、雇用関係に入った後は、我が国の労働関係法規が適用されることは言うまでもない。

2　留学生のアルバイト

留学生のアルバイトは、入管法19条２項の資格外活動の許可を得た範囲で可能になる。

この許可には、その就労時間が１週につき28時間以内(在籍する教育機関が学則で定める長期休業期間にあるときは、１日につき８時間以内)であって、その就労活動場所において、風俗営業等が行われていないことという条件が付される(入管則19⑤一)。

参考ウェブサイト
WEB 厚生労働省　「外国人雇用状況の届出状況(平成30年10月末現在)」 ＊　外国人労働者の就労状況を知ることができる。 公益財団法人国際研修協力機構　「外国人技能実習制度のあらまし」 ＊　外国人技能実習制度の概要が解説されている。

使用人兼務役員

関係法条項 会社法330、労基法９、労契法２①、労組法３

概　　　要	根拠条文等
◆使用人兼務役員とは 　取締役ないし監査役に選任されているとともに、労働者(使用人)としての身分をも有している者のこと。 　株式会社と取締役ないし監査役の関係は、委任に関する規定に従うことになるが(会社法330)、実際には、それら役員の地位にありながら、「取締役営業本部長」、「取締役総務部長」などといった肩書を付与されつつ、上級管理職としての職務をも遂行している場合がみられ、それらの者を使用人兼務役員と呼んでいる(会社法上、監査役は使用人を兼ねることができないとされているが、実際には労働者とみられる関係にある者もいるようである。)。	会社法335②
◆労働法上の取扱い 　役員としての職務遂行に関する範囲では、会社法の関係規定による保護と規制を受け、それに従った報酬が支払われる一方、労働者としての職務遂行に関する範囲では、労働関係法規による保護と規制を受け、労働契約に基づいた賃金が支給されることになる。	

≪注意点≫

　役員と労働者という２つの側面がはっきりと区別されるのであれば、実務上さほど困難な問題を生ずることはないが、労働者が昇進を重ねる中で役員に選任されたようなケースにおいては、労働者としての身分をなお保持しているといえるのかどうかが問題となることがある。この点は、職務遂行に関し使用者の指揮命令を受ける範囲が残っているのかどうか、対価である報酬がどのように決定されているか、退職金に関する清算が完了しているのかどうか、就業規則の懲戒条項などの規定の適用が予定されているのかどうか、といった諸点を検討して判断される。

関　連　事　項

1　労組法における「利益代表者」と役員

　労組法２条１号は、使用者の利益を代表する者の参加を許す組合について、同法上の「労働組合」から除外する旨を規定しており、その利益代表者の一つとして「役員」を掲げている。

　そこで、使用人兼務役員がここにいう「役員」に当たるかどうかが問題となるところ、利益代表者の範囲を定めるに当たっては、実質的、限定的に解釈されるべきであるとされ、取締役の地位にあるとしても、形式的なものにすぎず、一般従業員としての職務の割合がその大半を占めている者(伊藤製菓事件　東京地裁　平12.2.7判決　労判779号20頁)や、勤務時間や勤務日数につき拘束を受け、取締役に就任したとはいえ、単なる従業員とほとんど異ならない立場にあった者(佐賀ゴルフガーデンほか事件　佐賀地裁　平22.3.26判決　労判1005号31頁)は、いずれも利益代表者に当たらないとされる。

2　執行役員

執行役員とは、会社法上の機関ではなく、企業が独自に設ける役職であって、通常は、取締役会で選任され、代表取締役や業務執行取締役の指揮のもと会社の業務執行の一部を担当することとされる。

企業との関係は、委任であることもあれば、雇用であることもある。この制度を取り入れる場合は、委任型なのか雇用型なのかを明確に意識して契約すべきである。契約上明確でない場合は、使用人兼務役員につき労働者性の有無を判断する際に考慮するのと同様の事情から、労働者性があるかどうかを判断することになる。

高年齢者

関係法条項 高年法

概　　要	根拠条文等
◆高年齢者とは 高年法においては、55歳以上の者を「高年齢者」と定義しており、労働法の分野では、特段の断りがなければ、そうしたものを高年齢者と扱うことになる。 なお、同法では、45歳以上の者を「中高年齢者」と定義している。	高年法２①、高年則１ 高年法２②一、高年則２
◆高年齢者に関する施策 (1)　雇用確保措置等 坑内作業の業務を除き、事業主には下記の事項が求められる。 ①　60歳未満の定年の定めは禁止 ②　65歳未満の定年年齢を定めている企業に対しては、60歳から65歳の間についても、下記のいずれかの雇用確保措置の導入を義務付ける(詳細は223頁参照)。 イ　定年の引上げ ロ　継続雇用制度の導入 ハ　定年の廃止 (2)　再就職支援 高年齢者の再就職を容易にするために、国に対し、下記の事項を求めている。 ①　高年齢者等に係る職業指導、職業紹介、職業訓練その他の措置が効果的に関連して実施されるように配慮すること ②　高年齢者等の雇用の機会が確保されるように求人の開拓等を行うとともに、高年齢者等に係る求人及び求職に関する情報を収集し、関係者に提供するように努めること ③　求人者等への指導・援助を行うこと	高年法８、高年則４の２ 高年法９① 高年法12～14

(3)　中高年齢者に対する再就職の援助措置 　事業主に対し、45歳以上65歳未満の高年齢者及び一定の要件を満たす中高年齢者について、再就職の援助措置を講ずるように努めること等を求めている。	高年法15～17、高年則6①
(4)　雇用安定助成金 　上記施策を促進するために雇用安定助成金の制度を設けている。	雇用保険法62①三、雇用保険法施行規則103以下

関連事項

シルバー人材センター

「シルバー人材センター」とは、定年退職者その他の高年齢退職者の希望に応じて、一定の要件を満たす臨時的かつ短期的なもの又はその他の軽易な業務に限って、就業機会を提供すること等を目的として、原則として市町村(特別区を含む。)ごとに1センターを限度に、都道府県知事により指定された一般社団法人又は一般財団法人である(高年法37①)。センターは、地域の家庭や企業、公共団体などから請負又は委任契約により仕事(受託業務)を受注し、会員として登録した高年齢者の中から適任者を選任し、その受託業務を引き受けさせ、職業紹介をし、あるいは、労働者派遣の形式で、適任の高年齢者を派遣する(高年法38)。会員は、発注者から直接報酬を得るのではなく、報酬はセンターに支払われ、センターが会員に分配する。会員は、センターの事業遂行に必要な経費に充てるため会費を納入しなければならない。

かつては会員の業務遂行中の事故などに関し、労災保険の適用対象となるのかどうかが争われることがあったが(一例として、国・西脇労基署長(加西市シルバー人材センター)事件　神戸地裁　平22.9.17判決　労判1015号34頁)、現在では、健康保険法において、一定の例外を除き、労災保険法による保護が受けられないケースであっても、健康保険によってカバーされることとなっている(健康保険法1、53の2)。

§2

労働契約のルール

労働法

概要	根拠条文等
◆労働法とは 我が国に「労働法」という法律はない。労働基準法、労働契約法あるいは労働組合法等、労働者と使用者の関係に関わる法律の総称である。 具体的には、下記の法律等が含まれる。 ・労働基準法 ・最低賃金法 ・労働安全衛生法 ・労働者災害補償保険法 ・労働保険の保険料の徴収等に関する法律 ・賃金の支払の確保等に関する法律 ・労働契約法 ・雇用の分野における男女の均等な機会及び待遇の確保等に関する法律 ・短時間労働者の雇用管理の改善等に関する法律 ・育児休業、介護休業等育児又は家族介護を行う労働者の福祉に関する法律 ・職業安定法 ・労働者派遣事業の適正な運営の確保及び派遣労働者の保護等に関する法律 ・高年齢者等の雇用の安定等に関する法律 ・労働施策総合推進法 ・労働組合法 ・労働関係調整法 ・労働審判法 ・個別労働関係紛争の解決の促進に関する法律	
◆労働法の分類 労働法に分類される法律については、種々のタイプのものがあり、それぞれの法律の性格を理解することが重要である。 (1)　民事的な効力のみを有するもの その法律に違反したとしても、行政指導がなされるわけでもなく、刑事罰が課せられるわけでもなく、関係者間の権利義務関係の根拠となるという効力のみを持つもの。「民事的効力のみを有する法律」などと呼ばれる。 例：労働契約法など ※「労働契約法の条項に違反してしまったのだけれども、処罰されることはあるだろうか」といった問に対して、「あり得る」などと回答すれば、それは誤り。 (2)　民事的な効力のほかに行政指導の根拠となる条項や罰則条項をも含むもの 民事的な効力を持つ条項のほかに、行政指導の根拠となる条項や罰則規定を含む法律 例：労働基準法など	

労基法37条は、残業をした労働者に対しては、割増賃金を支払うべき旨を定めている。もし、残業をしたのに割増賃金が支払われていない労働者がいた場合は、当該労働者は、同条に基づいて、使用者に対し、その支払いを請求することができる。

同時に、同条は行政指導の根拠ともなるから、労働基準監督官は、そのような使用者に対し、割増賃金を支払うよう是正勧告をすることができる。

そしてさらに、労基法119条1号は、同法37条に違反した者に対しては、6か月以下の懲役又は30万円以下の罰金に処する旨定めている。つまり、同法37条違反は、罰則が科される可能性があるということである。

※したがって、「労基法は労働基準監督官が指導をするための法律だから、それに違反したとしても、直ちに労働者から請求を受けることはない」とか、「労基法に違反したとしても、行政指導を受けることはあっても、処罰されることはない」といった理解は、いずれも誤り。

○労働法では行政通達が重要？

行政通達は、行政内部における法令の解釈あるいは運用の基準を定めるものであって、行政当局が策定するものであるから、もちろん法律ではない。

しかし、労働法の分野では行政指導(典型的には労働基準監督官による指導)の根拠となるため、主要な通達は見ておかなければ、判断を間違えることがある。

例えば、いわゆる管理監督者に当たるかどうかは、それについて定めた労基法41条2号だけを見ていたのでは、実際の行政の運用はわからない。行政通達において、同条号の条文にはない「経営者と一体的な立場にある者」という要件が示されているから(昭22.9.13　発基17号、昭63.3.14　基発150号)、その要件を満たしているかどうかを確認する必要がある。

参考ウェブサイト

WEB 厚生労働省　「所管の法令等」

＊　厚生労働省所管の法令や通達を検索でき、労働関係の法令や通達を見ることが可能。

労働契約

関係法条項 労基法13、労契法6

概　要	根拠条文等
◆労働契約とは 労働者が使用者に使用されて労働し、使用者がこれに対して賃金を支払う旨の契約である。	労契法６
◆雇用契約と労働契約の違い 実務上はほぼ同義に捉えられており、その差が問題となることは少ない。	

《注意点》

労働契約も契約である。契約であれば、当事者が合意しているのであるから、その内容はどのようなものであっても、その効力を認めてよいのではないかと思われるかもしれないが、労使間の力関係の差を考慮し、労働者保護の見地から、労働法の世界では、そこに一定の修正が加えられる。つまり、当事者が「それでよい」と言っているとしても、効力を認められない場合がある。

１　労働契約と労基法の関係

労働契約は労基法に反するものであってはならない。
もし反する内容となっているときは、労基法で定める基準にまで引き上げられる（強行的・直律的効力、労基法13）。

仮に、「残業代は支払わない」という内容の労働契約を結んだとしても、それは労基法37条に反する契約であるから、その効力は否定され、使用者は、労基法に従った計算方法によって算出される残業代を支払わなければならない。

２　労働契約と就業規則の関係

就業規則で定める基準に達しない労働条件を定める労働契約は、その部分については、無効。この場合、無効となった部分は就業規則で定める基準によることになる。

例えば、年俸2,000万円で中途採用された管理職が、「自分は家族手当は要らない」と言ったとしても、就業規則中で定める家族手当の支給要件に当てはまるならば、それは支給されなければならない。

３　労働契約と労働協約の関係

労働協約の内容のうち「労働条件その他の労働者の待遇に関する基準」に違反する労働契約はその部分については無効とし、労働協約の定めるところによるとし、また、労働契約に定めがない部分についても、労働協約に定めるところによるとしている（規範的効力、労組法16）。

例えば、夏の賞与として組合員には基本給の２か月分相当額を支払うという内容の労働協約が締結された場合に、自己の過失によって高額の会社の機械を破損させてしまった組合員が、「自分の夏季賞与は基本給の1.5か月分でよい」と言ったとしても、それは労働協約に反する合意であるから、その効力は否定され、基本給の２か月分相当の夏季賞与が支給されなければならない。

なお、労働協約で定められる基準よりも労働者に有利な労働契約の部分は有効なのか、それとも労働協約に定められる基準が優先するのかについては、争いがある（有利原則の肯否の問題）。

関連事項

1　黙示の労働契約

請負契約や業務委託という名称であっても、実態として注文者(業務委託者)から請負人(業務受託者)である当該作業従事者に対し指揮命令がなされているとして、注文者と当該作業従事者間に黙示の労働契約が成立すると主張されることがある。

労働契約も他の私法上の契約と同様に当事者間の明示の合意によって締結されるばかりでなく、黙示の合意によっても成立し得るが、労働契約の本質は使用者が労働者を指揮命令及び監督し、労働者が賃金の支払いを受けて労務を提供することにあるから、黙示の合意により労働契約が成立したかどうかは、明示された契約の形式だけでなく、当該労務供給形態の具体的実態により両者間に事実上の使用従属関係があるかどうか、この使用従属関係から両者間に客観的に推認される黙示の意思の合致があるかどうかによって判断される(マイスタッフ(一橋出版)事件　東京高裁　平18.6.29判決　労判921号５頁)。

2　賠償予定の禁止

使用者は労働契約の不履行について事前に違約金や損害賠償額を予定する契約をしてはならない。(労基法16)

ただし、労働者の故意又は過失行為により使用者に損害を与えた場合に、その実損害の賠償を求めることや、使用者が労働者のために立て替えた金員の返還を請求することは差し支えない(コンドル馬込交通事件　東京地裁　平20.6.4判決　労判973号67頁)。

例：海外留学費用の支給と帰国後の他社就労等による一括返済請求の可否の問題

一般的に言えば、単に留学費用を支給しておいて、帰国後一定期間勤務しない場合には全額を返還させるという約定は、同条に違反して無効であるが、これを労働契約の履行とは別に貸付金とし、一定期間勤務すれば留学費用返還債務を免除するという方法を採った場合であって、しかも、留学先や科目の選択を本人に委ね、留学先において業務に関連するレポートを求めるなどといったことはしないという場合には、同条に反するものではないとされている(長谷工コーポレーション事件　東京地裁　平9.5.26判決　判時1611号147頁など)。

反対に、留学先や選考科目が指定されたり、留学中に同地での業務が命ぜられるようなケースでは、その返還請求が棄却されることもある(新日本証券事件　東京地裁　平10.9.25判決　判時1664号145頁)。

3　前借金相殺の禁止

使用者が、前借金を労働者が労働によって取得する賃金と相殺することによって返済させることは禁止されている(労基法17)。

金銭貸借関係と労働関係が密接に関係し、身分的拘束を伴う前貸の債権と賃金との相殺を禁止したものであり、これに該当する限り「合意に基づく相殺」=「相殺契約」も許されない。

代表的裁判例

(ビル警備員の仮眠時間中の割増賃金支払義務の有無が問題となった事案)

「労働契約において本件仮眠時間中の不活動仮眠時間について時間外勤務手当、深夜業手当を支払うことを定めていないとしても、本件仮眠時間が労基法上の労働時間と評価される以上、被上告人は本件仮眠時間について労基法13、37条に基づいて時間外割増賃金、深夜割増賃金を支払うべき義務がある」(大星ビル管理事件　最高裁一小　平14.2.28判決　民集56巻２号361頁)。

就業規則

関係法条項 労基法89以下、106、労契法7以下

<table>
<tr><th>概　要</th><th>根拠条文等</th></tr>
<tr><td>◆就業規則とは
使用者において作成する各事業場における基本的労働条件や職場規律を定めた規則のことである。このような実質を持つものであれば、「社員規則」「従業員職務規定」など、その名称のいかんを問わない。</td><td></td></tr>
<tr><td>◆就業規則の作成義務
常時10人以上の労働者を使用していれば作成義務があり、当該事業場に労働者の過半数で組織する労働組合がある場合はその労働組合、労働組合がない場合は労働者の過半数を代表する者の意見書を添えて、労働基準監督署長に届け出なければならない。変更の際も同様の手続きが必要である。</td><td>労基法89</td></tr>
<tr><td>◆就業規則の記載事項
必要的記載事項
*必ず記載しなければならない
絶対的必要記載事項
*どんな事業場でも必ず記載しなければならない
相対的必要記載事項
*その事業場で定めを設ける場合は必ず記載しなければならない
任意的記載事項
*使用者が任意に記載できる

(1)　必要的記載事項
一部でも記載を欠くときは、使用者の作成義務違反となる。
○絶対的必要記載事項
①　始業及び終業の時刻、休憩時間、休日、休暇に関する事項
②　賃金(臨時の賃金等を除く。)の決定、計算及び支払の方法、賃金の締切り及び支払の時期並びに昇給に関する事項
③　退職に関する事項(解雇の事由を含む)
○相対的必要記載事項
①　労働者を2組以上に分けて交替に就業させる場合における就業時転換に関する事項
②　退職手当が支給される労働者の範囲、その決定、計算及び支払の方法並びに支払の時期に関する事項
③　臨時の賃金等(退職手当を除く。)及び最低賃金額に関する事項
④　労働者の食費、作業用品その他の負担に関する事項
⑤　安全及び衛生に関する事項
⑥　職業訓練に関する事項
⑦　災害補償及び業務外の傷病扶助に関する事項
⑧　表彰及び制裁の種類及び程度に関する事項
⑨　これらの他、当該事業場の労働者のすべてに適用される事項</td><td>労基法89</td></tr>
</table>

⑵　任意的記載事項 社是・社訓など	
◆就業規則の効力 労働契約の締結時に就業規則に定められていた労働条件は、労働者に対する周知と内容の合理性があれば、労働契約の内容となる。	労契法７本文

○パートやアルバイトには就業規則は不要？

【概要】で述べたとおり、「常時10人以上の労働者を使用する使用者」に就業規則の作成義務が課せられているところ、パートやアルバイトも「労働者」であることに変わりはないから、それらのものも含めて「常時10人以上」の労働者がいるのであれば、その事業場では就業規則が作成されなければならない。

また、常時10人以上の労働者がいる事業場において、パートやアルバイトに適用される就業規則がないということになると、それは労基法違反となる。ただし、これはパートやアルバイト用の就業規則を別途作成することまで求めるものではないので、正社員用の就業規則の中に、パートやアルバイトに適用される条項を織り込むという形でもよい。

関　連　事　項

1　就業規則と法令・労働協約との関係

就業規則の内容は、法令又は当該事業場に適用される労働協約に反してはならず（労基法92①）、同時に、法令又は労働協約に反する就業規則については、労契法上労働条件を規律する効力も否定される（労契法13）。

したがって、例えば、年俸制適用者には残業代は支払わない旨の就業規則を定めたとしても、それは労基法37条に反するものであるから、効力を有しないことになる。

2　就業規則と労働契約との関係

この点については、労働契約の項（26頁）参照。

3　就業規則の不利益変更

就業規則は、使用者が一方的に作成することができるが、就業規則を新たに制定し、又は変更して、労働者にとってその労働条件を不利益に変更することは、当該労働者の同意がない限り原則として許されない（労契法９本文）。

ただ、その変更に必要性があり、かつ、変更内容が相当であって、労働組合等との交渉状況その他の事情に照らして、当該変更が合理的であると認められるときは、不利益を受ける労働者の同意がなくとも有効になり得る（労契法10本文）。

したがって、就業規則の不利益変更の効力については、まず、不利益を受ける労働者が当該変更に同意しているといえるかどうかを確認し、同意していないのであれば、①当該変更によって労働者が受けた実質的不利益の有無及び程度を明らかにし、②次いで変更の必要性及び変更内容の合理性を吟味し、③事案によってはその他の補完事情を考慮するという検討過程を辿ることになる。

そして、変更の「必要性」に関しては、賃金や退職金に関し不利益を与える変更については、「高度の必要性」が要求されるとされており（大曲市農業協同組合事件　最高裁三小　昭63.2.16判決　民集42巻２号60頁）、変更対象となった権利、利益により、「必要性」で足りるものと、「高度の必要性」が要求されるものとに分かれる。

なお、上記にいう労働者の「同意」については、その認定は慎重になされる（後掲山梨県民信用組合事件）。

代表的裁判例

1　労働条件を定型的に定めた就業規則は、一種の社会的規範としての性質を有するだけでなく、それが合理的な労働条件を定めているものであるかぎり、経営主体と労働者との間の労働条件は、その就業規則によるという事実たる慣習が成立しているものとして、その法的規範性が認められるに至っている（民法92）ものということができる（秋北バス事件　最高裁大法廷　昭43.12.25判決　民集22巻13号3459頁）。

2　就業規則に定められた賃金や退職金に関する労働条件の変更に対する労働者の同意の有無については、当該変更を受け入れる旨の労働者の行為の有無だけでなく、当該変更により労働者にもたらされる不利益の内容及び程度、労働者により当該行為がされるに至った経緯及びその態様、当該行為に先立つ労働者への情報提供又は説明の内容等に照らして、当該行為が労働者の自由な意思に基づいてされたものと認めるに足りる合理的な理由が客観的に存在するか否かという観点からも、判断されるべきものである（山梨県民信用組合事件　最高裁二小　平28.2.19判決　民集70巻２号123頁）。

労働慣行

概　　要	根拠条文等
◆労働慣行とは 法令や契約に根拠を持たない職場に形成された実態であり、一定の場合には、法的拘束力を持つと解されているものである。	
◆労働慣行の具体例 裁判例では、退職金規定のない会社において、過去一定の算出方法に基づいて退職金が支給されていたという場合につき、労働慣行として労働契約の内容になっているとしたり(日本段ボール研究所事件　東京地裁　昭51.12.22判決　判時846号109頁、吉野事件　東京地裁　平7.6.12判決　労判676号15頁)、会社が「特に必要と認めた者」についてのみ定年後の再雇用を認める趣旨の就業規則が定められている場合において、労働慣行となるほどの定年退職後の再雇用の事実の集積によって、再雇用の拒否が不当とされたりしている(大栄交通事件　東京高裁　昭50.7.24判決　判時798号89頁)。	
◆労働慣行が法的拘束力を有する条件 労働慣行はある事実が繰り返されているだけで生ずるものではない。すなわち、労働慣行は、①同種行為又は事実が長期間反覆、継続して行われ、②当事者が明示的にこれによることを排斥しておらず、③当該労働条件について、その内容を決定し得る権限を有し、あるいは、その取扱いについて一定の裁量権を有する者が、規範的意識を有するような状況に至っていると認められるときに法的効力を持つとされる(国鉄池袋・蒲田電車区事件　東京地裁　昭63.2.24判決　判時1274号133頁、商大八戸ノ里ドライビングスクール事件　最高裁一小　平7.3.9判決　労判679号30頁)。	

関連事項

労働慣行の不利益変更

労働慣行となっていた労働条件を就業規則により変更する場合は、就業規則により定められている労働条件を就業規則の変更により行う場合と同様に処理するのが、実務の趨勢である。

すなわち、立命館(未払一時金)事件(京都地裁　平24.3.29判決　労判1053号38頁)では、「労使慣行の変更が許される場合とは、その必要性及び内容の両面からみて、それによって労働者が被ることになる不利益の程度を考慮しても、なお当該労使関係における当該変更の法的規範性を是認することができるだけの合理性を有する必要がある。特に、賃金、退職金など労働者にとって重要な権利、労働条件に関し実質的な不利益を及ぼす労使慣行の変更については、当該変更が、そのような不利益を労働者に法的に受忍させることを許容することができるだけの高度の必要性に基づいた合理的な内容のものである場合において、その効力を生ずるものというべきであり、その合理性の有無は、具体的には、労使慣行の変更によって労働者が被る不利益の程度、使用者側の変更の必要性の内容・程度、変更後の内容自体の相当性、代償措置その他関連する他の労働条件の改善状況、労働組合等との交渉の経緯、他の労働組合又は他の従業員の対応、同種事項に関する我が国社会における一般的状況等を総合考慮して判断すべきである。」とされている。

労使協定

関係法条項 労基法36、育介法6等

概　　要	根拠条文等

◆労使協定とは

本来法律によって罰則付きで規制されている事項に関し、労使間で文書を取り交わすことでその規制を緩和するという効果(免罰的効果)が付与されるもの。

労働関係法にみられる主な労使協定は、下表のとおり。

＜労働関係法における主な労使協定一覧＞

法令名	条項	通称	効力	有効期間の定めの要否	行政官庁への届出の要否
労基法	18②	貯蓄金管理協定	使用者による労働者の貯蓄金管理の容認	不要	労基署長への届出必要
	24①但書	賃金控除協定	賃金全額払の例外の許容	不要	不要
	32の2①	1か月単位の変形労働時間制協定	1か月単位の変形労働時間制の導入	必要	労基署長への届出必要 届出必要
	32の3①	フレックスタイム制協定	フレックスタイム制の導入	清算期間が1か月を負えるものは必要	清算期間が1か月を超えるものは労基署長への届出必要
	32の3③	—	フレックスタイム制が適用される完全週休二日制の労働者の清算期間における労働時間の限度の設定	不要	不要
	32の4①	1年単位の変形労働時間制協定	1年単位の変形労働時間制の導入	必要	労基署長への届出必要
	32の5①	1週間単位の変形労働時間制協定	1週間単位の変形労働時間制の導入	不要	労基署長への届出必要
	34②但書	一斉休憩の適用除外協定	一斉休憩の適用除外の容認	不要	不要
	36①	36協定	時間外・休日労働の許容	必要	労基署長への届出必要
	37③	代替休暇協定	月間60時間を超える時間外労働に対する割増賃金の支払いに代わる休暇の付与	不要	不要
	38の2②	事業場外のみなし労働時間協定	事業場外のみなし労働時間を規定	必要	みなし時間が法定労働時間を超えるときは労基署長への届出必要
	38の3①	専門業務型の裁量労働時間協定	専門業務型の裁量労働時間制の導入	不要	労基署長への届出必要
	39④	時間単位の年休協定	時間を単位とした年休の付与	不要	不要
	39⑥	計画年休協定	計画年休の制度の導入	不要	不要
	39⑨	年休日の賃金に関する協定	年休日の賃金を標準報酬日額で支払うことの許容	不要	不要

育介法	6①但書	育児休業の適用除外協定	育児休業を拒み得る対象者の設定	必要	不要
	12②	介護休業の適用除外協定	介護休業の請求を拒み得る対象者の設定	必要	不要
	16の3②	子の看護休暇の適用除外協定	子の監護休暇の請求を拒み得る対象者の設定	必要	不要
	16の6②	介護休暇の適用除外協定	介護休暇の請求を拒み得る対象者の設定	必要	不要
	16の8①本文	育児のための所定外労働の制限措置の適用除外協定	育児のための所定外労働の制限措置の適用対象者から除外される者の設定	必要(＊1)	不要
	16の9	介護のための所定外労働の制限措置の適用除外協定	介護のための所定外労働の制限措置の適用対象者から除外される者の設定	必要(＊1)	不要
	23①但書	育児のための所定労働時間の短縮措置の適用除外協定	育児のための所定労働時間の短縮措置の適用除外者の設定	必要(＊1)	不要
	23③但書	介護のための所定労働時間の短縮等の措置の適用除外協定	介護のための所定労働時間の短縮等の措置の適用除外者の設定	必要(＊1)	不要
育介則	34②	半日単位の看護休暇の時間数の設定協定	半日単位の看護休暇の半日に相当する時間の設定	不要	不要
	40②	半日単位の介護休暇の時間数の設定協定	半日単位の介護休暇の半日に相当する時間の設定	不要	不要
労働時間特措法	7の2①	労働時間等設定改善企業委員会の設置協定	労働時間等設定改善企業委員会の設置	不要	不要
労働者派遣法(＊2)	30の4①	派遣労働者の待遇決定協定	派遣労働者の待遇について、派遣先均衡・均等方式の除外	必要	不要(ただし毎年の事業報告に添付する必要あり)
高年齢者雇用安定法		継続雇用の対象者の選抜基準に関する協定	継続雇用制度を採用した場合の対象者の選抜基準の設定(＊3)	不要	不要

＊1　法令・通達上義務付ける定めはないが、育介法関係の各種適用除外対象者の設定協定に合わせて、有効期間の定めをしておくべきものと解する。
＊2　令和2年4月1日(中小企業は令和3年4月1日)施行。
＊3　これから新たに締結することは認められておらず、高年法附則　(平成24年9月5日法律第78号)3に定める経過措置の適用を受ける企業に限って存在する協定である。
※　変形労働時間制、事業場外労働に関するみなし労働時間制、専門業務型裁量労働制及び1か月を超える清算期間のフレックスタイム制に関する労使協定を労使委員会もしくは労働時間等設定改善委員会の決議で代替した場合には、届出も不要となる。

◆労使協定の効力

労使協定は、労基法その他の法令によって、一定の効果を付与するために締結が求められる場合にのみ締結されて意味がある。法令に定めのない事項について労使協定を締結したとしても、労使協定としての効力は生じない。

また、有効な労使協定が締結された場合は、当該事業場で就労する労働者全員に効力が及ぶ。したがって、少数労組の組合員に対しても、過半数労組が締結した労使協定の効力は及んでいくことになる。

なお、労使協定は、それ自体では免罰的効果しかないのが原則であって、直接労働契約の内容となるものではない。労働契約の内容となるためには、就業規則や労働協約など、別途根拠が必要である(ただし、労基法39条６項の計画年休協定については、直接労使を拘束すると解されている。)。

関連事項

1　労使協定の締結当事者

労使協定の締結当事者は、使用者と①当該事業場の労働者の過半数で組織される労働組合(以下、「過半数労組」という。)があるときはその労働組合、②過半数労組がない場合は過半数代表者)である。

ここでいう「過半数」とは、当該事業場の全労働者の過半数である。

2　過半数労組

過半数労組とは、当該事業場の労働者の過半数が加入している組合のことである。

したがって、複数の労働組合が存し、どちらの組合も過半数組合ではないという場合には、いずれの組合も単独では労使協定の締結当事者とはなり得ない。

※２つの組合のいずれの組合も過半数を占めていないが、２つ合わせれば、過半数を占めるのであれば、両組合連名の協定も有効であるとされている(昭28.1.30　基収398号)。

3　過半数代表者

過半数労組が存在しない場合(労働組合は存在するが、過半数を占めていない場合も含む。)は労働者の過半数を代表する者が、労使協定の締結当事者となる。

過半数代表者は下記の要件を満たすことが必要である(労基則６の２①)。

①　労基法41条２号に規定する監督又は管理の地位にある者でないこと

②　法に規定する協定等をする者を選出することを明らかにして実施される投票、挙手等の方法による手続により選出された者であること

※①に該当する者がいない事業場においては、②に該当する者であれば足りるとされている(労基則６の２②)。

裁判例においても、親睦団体の代表が労働者側となって締結した36協定は無効であるとされている(トーコロ事件　最高裁二小　平13.6.22判決　労判808号11頁)。

なお、過半数代表者に対する不利益取扱いは明文で禁止されている(労基則６の２③)。

4　労使協定の書面性

労使協定は、それを求める各法令において、「書面」によることが規定されている。今日では電子データのやり取りであっても、当事者間の合意内容を明確にすることは可能であるともいえるが、法律上は書面によらなければならないとされている。

5　労使協定と行政官庁への届出

労使協定の中には、36協定のように、労働基準監督署長等の行政官庁への届出が義務付けられる場合がある(労働協約の場合には、こうした届出が義務付けられることはない)。

就業規則については、労働基準監督署長への届出を欠いている場合であっても、労使を拘束する効力に影響はないと解するのが一般的であるが、行政官庁への届出が求められている労使協定については、届出がその効力発生要件とされており、それを欠いた場合には、当該協定の効力は認められない。

兼業・競業禁止　関係法条項　労契法3

概　　　要	根拠条文等
◆**兼業・競業の禁止とは** 兼業とは、労働者が在職のまま他の事業を営み又は他に雇用されることであり、競業とは、労働者が、使用者と同種の事業を営み又はそれに雇用されることであって、それらを禁ずることが兼業・競業の禁止である。	
◆**兼業・競業を制限し得る根拠** 労働契約が信頼関係に基礎を置く継続的契約であることから、労働者は、信義則上、付随義務として使用者の利益を不当に侵害してはならないという義務(誠実義務)を負っており、兼業・競業の避止義務や守秘義務は、その中に含まれる。これらの義務は、就業規則において労働者の遵守事項として規定され、懲戒対象行為として掲げられるのが通常である。	労契法3
◆**ガイドラインについて** 兼業について、働き方改革実行計画を踏まえ、厚生労働省が、平成30年1月、副業・兼業について、企業や労働者が現行の法令のもとでどういう事項に留意すべきかをまとめたガイドライン(副業・兼業の促進に関するガイドライン)を作成し公開している。 同ガイドラインで示された考え方は、副業・兼業は原則認め、例外的な場合のみ禁止できるというものであり、この考え方にそってモデル就業規則の兼業に関する部分も変更されている。	

《注意点》

1　無許可兼業と懲戒処分

無許可兼業の禁止は、本来自由な各労働者の休日の利用など、私的領域の制約につながる可能性があり、いかなる兼業も懲戒処分の対象となるものではなく、その目的と照らし合わせ、兼業先の業務により十分な休息がとれず、労務提供に影響の出る場合や、競業他社であって、会社の情報やノウハウの流出あるいは顧客の簒奪が懸念されるなど、企業秩序を乱す、あるいは乱すおそれが大である場合に、その規制の合理性が認められ、違反に対する懲戒処分の効力も肯定され得る。

2　在職中の競業避止義務違反が認められた例

在職中の競業避止義務についてみると、在職中に競業会社の設立を準備することなどは、雇用契約に基づく付随義務に違反するとされ(協立物産事件　東京地裁　平11.5.28判決　判時1727号108頁)、在職中の幹部社員が同業他社の設立に関与することは、雇用契約上の誠実義務に違反する行為であると認定されている(日本コンベンションサービス(退職金請求)事件　大阪高裁　平10.5.29判決　判時1686号117頁)。

関　連　事　項

1　退職後の競業制限

退職後の競業避止義務については、労使間の個別の特約、あるいは少なくとも就業規則の定めが存する場合に、その制限の地域や期間、代償措置の有無などの観点からみて合理性が認められる範囲でのみ効力を有すると解されている(フォセコ・ジャパン・リミテッド事件　奈良地裁　昭45.10.23判決　判時624号78頁等)。

したがって、退職後の競業避止義務に関する特約もないときは、元の会社の営業秘密を用いたり、その信用を貶めるような不当な営業活動を行ったような特段の事情がない限り、退職者が元の会社と競合する営業を行ったとしても、自由競争の範囲内にあるものとして、不法行為を構成するものではないし(サクセスほか(三佳テック)事件　最高裁一小　平22.3.25判決　民集64巻2号562頁)、退職後に競業又はこれに準ずる行為を行った者には退職金を支払わない旨の条項が存するとしても、禁止される行為の範囲が無制限であるような場合は、労働者の職業選択の自由を不当に制限するものであって、公序良俗に反し無効であるとされている(ソフトウェア開発・ソリトン技研事件　東京地裁　平13.2.23判決　労経速1768号16頁)。

要するに、退職後の競業制限については、その根拠となる特約が必要であるし、特約があるとしても、無限定にその効力が認められるわけではないということである。

2　退職後の競業と使用者の対抗策

退職後の競業制限については、その根拠となる特約の存在が不可欠であり、仮に特約が存する場合であっても、その効力が無限定に認められるものでないことは前述のとおりであるが、その点のハードルをクリアすることができたとしても、元の会社が望むような救済を得られるとは限らない。

元の会社としては、当該退職者の競業行為そのものを差し止めたいと考えるであろうが、それが裁判所によって認められる可能性は低いと言わざるを得ない(認容例としては、前掲フォセコ・ジャパン・リミテッド事件、トーレラザールコミュニケーションズ(業務禁止仮処分)事件　東京地裁　平16.9.22決定　判時1887号149頁、モリクロ(競業避止義務・仮処分)事件　大阪地裁　平21.10.23決定　労判1000号50頁がみられる程度である。)。

それではせめて損害賠償だけでも請求したいと考えるであろうが、その請求を認めさせるためには、その競業行為によって生じた損害ということを立証しなければならず、例えば、元の会社の商品の競争力が低下したからではないかとか、市況の変化による低迷であって、当該退職者の退職後の競業が原因とはいえないのではないかといった反論をつぶすことができなければならない(損害の立証がないとして請求を棄却した事例として、美濃窯業事件　名古屋地裁　昭61.9.29判決　判時1224号66頁がある。)。

ただし、退職金の一部不支給(実際の事案では、すでに支給した退職金の半額についての返還請求)については、その根拠条項が存した事案において、これを肯定した裁判例がある(三晃社事件　最高裁二小　昭52.8.9判決　労経速958号25頁)。

3　引抜行為への対応

従業員を引き抜かれた会社から、引き抜きを行った労働者や退職者あるいは転職先会社に対して、損害賠償請求がなされることがある。

労働者や退職者による転職の勧誘は、それが単なる勧誘の範囲にとどまるならば、法的責任を問われるものではないが、著しく背信的な方法で行われ、社会的相当性を逸脱した場合には、そうした勧誘を行った者は、在職中であれば、雇用契約上の誠実義務違反(債務不履行)又は不法行為に基づき、退職した後であれば、不法行為に基づき、それぞれ損害賠償責任を負う。また、転職先の会社も、単なる転職の勧誘を超えて社会的相当性を逸脱した方法で元の会社の従業員を引き抜いた場合には、その企業は元の会社の雇用契約上の債権を侵害したものとして、不法行為責任を負うとされる(ラクソン事件　東京地裁　平3.2.25判決　判時1399号69頁など)。

ここでいう社会的相当性を逸脱した場合に当たるのは、内密に計画した上、十分な引継期間も置かずに一時期に大量の人員を転職させたり、元の会社に関する虚偽又は不確定な事実を真実であるかのように告げて、元の会社に対する不信感や不安感を醸成させて転職させるといった場合である。

参考ウェブサイト

WEB 独立行政法人労働政策研究・研修機構 「雇用者の副業に関する調査研究(労働政策研究報告書No.41)」(平成17年9月14日掲載)

＊ 若干古い資料になるが兼業に関する一般的な状況を知ることができる。

WEB 厚生労働省 「副業・兼業」

＊ 副業・兼業ガイドラインなど行政のこの点に関する考え方を把握することができる。

秘密保持義務

関係法条項 労契法3

概　　要	根拠条文等
◆秘密保持義務とは 労働者が企業秘密を他者に漏洩してはならないという義務である。 公務員には一般的に守秘義務が規定されているが、民間労働者については、特定の立場にある者を対象とする規定はあるものの、一般的に守秘義務を定める法令は存しない。 しかし、労働者は、労務提供義務に付随する義務として、使用者に対し、その利益を不当に侵害してはならないという忠実義務を負担しており、在職中の秘密保持義務は、その具体的な現れとして肯定されており、その違反に対しては、懲戒処分がなされ、あるいは、解雇事由ともされ得る。	国家公務員法100①、地方公務員法34① 安衛法104、刑法134等
◆退職者の秘密保持義務 退職した労働者が当然に元の会社との関係で秘密保持義務を負うかどうかという点については争いがあるが、少なくとも、その旨の特約を結んでいる場合や就業規則に該当条項が存するならば、退職者はその範囲で秘密保持義務を負うと考えてよいであろう。 ただ、それらの特約や就業規則の条項があれば無制限にその効力が認められるというわけではなく、その秘密の性質・範囲、価値、当事者(労働者)の退職前の地位に照らし、合理性が認められる範囲で効力が肯定される(ダイオーズサービシーズ事件　東京地裁　平14.8.30判決　労判838号32頁、アイメックス事件　東京地裁　平17.9.27判決　労判909号56頁)。ただ、守秘の対象は特定されている必要があることはいうまでもない(前掲ダイオーズサービシーズ事件判決では、「貴社の業務に関わる重要な機密事項、特に『顧客の名簿及び取引内容に関わる事項』…については一切他に漏らさないこと」との文言での特定性を認めている。)。	

関連事項

1　秘密保持義務違反に対する懲戒処分の有効性

守秘義務違反による懲戒処分の可否は、秘密情報を図利又は加害目的で開示又は使用したと評価できるか否かにかかっている。

まず、問題となるのは、開示又は目的外使用された情報が、はたして守秘義務の対象となる秘密情報に当たるのかという点である。例えば、西尾家具工芸社事件(大阪地裁　平14.7.5判決労判833号36頁）においては、会社の決算関係の書類（事業別損益計算書）や資金繰表について、それらの書類は株主や民間機関に対して開示されており、第三者もその内容を十分知り得る可能性のある性質のものであることが認められるとして、それらを他の従業員に配布したことや、その結果外部に流出する事態を招いたことをもって、懲戒事由たる機密保持義務違反に当たるとはいえないとしている。

次に、たとえ秘密情報が社外に持ち出された場合であっても、第三者に開示されたと評価し得るのか、評価し得るとしても、懲戒処分の対象とすることが妥当なのかという見地からも検討がなされる。例えば、証券会社の労働者が、訪問場所や顧客名が記載された営業日誌の写しを取って自宅に持ち帰り、顧客への訪問計画を立てるために利用したことは、第三者に開示する意思があったとは認められないから、懲戒事由たる会社又は取引先の機密を「漏らし、又は漏らそうとしたとき」に該当するとはいえないとされている（日産センチュリー証券事件　東京地裁　平19.3.9判決　労判938号14頁）。また、社員が、社内でいじめや差別的な処遇があるとして相談をしていた弁護士に対し、人事情報や顧客情報といった秘密情報を手渡した事案においては、不当な目的に基づく交付とはいえないこと、弁護士は弁護士法上守秘義務を負っていることなどをあわせ考えると、秘密保持義務に違反したとはいえない等と判示されている（メリルリンチ・インベストメント・マネージャーズ事件　東京地裁　平15.9.17判決　労判858号57頁）。

さらに、秘密情報の開示行為があったと評価される場合であっても、内部告発や公益通報との関係が問題とされるケースがある。考え方の枠組みとしては、第１に、労働者の告発等が、公益通報者保護法の対象としている「公益通報」に該当する場合には、同法の関係規定により、そうした通報を行ったことを理由とする懲戒処分は許されない。第２に、同法の「公益通報」に該当しない告発等であっても、一定の条件を満たす告発等であれば、懲戒事由に該当しない、若しくは懲戒権の濫用として、当該告発等を理由とする懲戒処分は無効となることがある（大阪いずみ市民生協事件　大阪地堺支部　平15.6.18判決　労判855号22頁）。

以上の諸点の考察を経た上で、使用者の秘密情報を、自己の利益を図る目的又は使用者を害する目的で、第三者に開示したケースにおいては、守秘義務違反を理由とする懲戒処分の効力も是認される（前掲古河鉱業事件）。

２　不正競争防止法における使用者の営業秘密の保護

不正競争防止法における「営業秘密」とは、「秘密として管理されている生産方法、販売方法その他の事業活動に有用な技術上又は営業上の情報であって、公然と知られていないもの」である（不正競争防止法２⑥）。

そして、同法は、営業秘密の保有者からその営業秘密を示された者が、不正の利益を得る目的又は保有者に損害を加える目的で、その営業秘密を使用し、又は開示する行為、及び、かかる不正開示行為であることなどを知って、若しくは重大な過失により知らないで営業秘密を取得し、又はその取得した営業秘密を使用し、若しくは開示する行為を、「不正競争」と定義している（不正競争防止法２①七、八）。

さらに、不正競争防止法３条１項は、不正競争によって営業上の利益を侵害され、又は侵害されるおそれがある者に対し、差止請求権を付与し、同法４条本文は、故意又は過失により不正競争を行って他人の営業上の利益を侵害した者の損害賠償義務を定めているとともに、損害の推定規定も設けられている（不正競争防止法５）。

問題は、秘密管理性である。経済産業省から発せられている「営業秘密管理指針」においては、「秘密管理性要件が満たされるためには、営業秘密保有企業の秘密管理意思が秘密管理措置によって従業員等に対して明確に示され、当該秘密管理意思に対する従業員等の認識可能性が確保される必要がある」とされている（営業秘密管理指針２．⑵）。

３　情報管理義務

例えば、社内におけるセクハラやパワハラの申告窓口あるいは調査担当者となる者などは、その職務に関連して知り得た情報については、細心の注意を払って管理すべきことは当然であり、かかる情報管理義務に違反してそうした情報を流出させたときは、懲戒処分の対象とされ得る（骨髄移植推進財団事件　東京地裁　平21.6.12判決　判時2066号135頁）。

参考ウェブサイト

WEB 経済産業省　「営業秘密管理指針」（平15.1.30制定、平27.1.28全部改訂）（PDF）
＊　不正競争防止法における営業秘密の管理に関し、主要な点を整理している。

職務専念義務

関係法条項　労契法３、15、16

概　　要	根拠条文等
◆職務専念義務とは 　労働者は、使用者の指示命令に従って誠実に労務を提供しなければならないとする義務が、職務専念義務と呼ばれるものである。	
◆職務専念義務の根拠 　公務員については、かかる義務が法定されているが、民間労働者に関しては、明文の規定はない。 　しかし、裁判所は、電電公社の職員に関する事件ではあるが、労働者は、「職務上の注意力のすべてを職務遂行のために用い職務にのみ従事すべき義務」を負担しているとの前提に立っており（目黒電報電話局事件　最高裁三小　昭52.12.13判決　民集31巻７号974頁）、民間の労働者も、同様の義務を負っているものと解しているといえよう。 　多くの会社では、服務規律の中に、職務に専念すべき旨の定めが置かれているが、そうした定めが存しない場合であっても、労働者は、労働契約の基本的義務として、労働時間中は職務に専念し、他の私的活動は差し控えるべき義務を負っているといえる。	国家公務員法101、地方公務員法35

≪注意点≫

職務専念義務違反を問題とし得る場合

　職務専念義務違反は、職務遂行に具体的な影響を与えない場合であっても認定されるのか、それとも、具体的な影響が生じてはじめてその違反を問題とすることができるのかという問題がある。

　例えば、高級ホテルの従業員で組織する労働組合の一部の組合員が、就業時間中「要求貫徹」と記したリボンを着用して業務に従事したが、業務自体は通常通り支障なく遂行されたとしよう。そして、それに対して、ホテルの利用者等から特段クレームはよせられなかったし、もちろん宿泊客の減少につながった事実もなかったとする。こうした事案で、リボンを着用した組合員に職務専念義務違反があったといえるか。

　争いはあるが、裁判所は、職務専念義務違反があると考えているようである（大成観光事件　最高裁三小　昭57.4.13判決　民集36巻４号659頁参照）。

関連事項

勤務時間中の会社のネットワークシステムの利用と懲戒処分

　会社のネットワークシステムを利用した私用メールの送受信行為などは、使用者の設備の目的外使用であるし、それが勤務時間中になされるならば、職務専念義務にも違反する行為となる。しかし、そうした行為につき課された懲戒処分の効力を判断する際には、当該事案における規制の根拠規定の有無並びに目的外利用の頻度や態様を前提に、社会通念に照らして是認されるものかどうかという観点から検討されている。

例えば、グレイワールドワイド事件（東京地裁　平15.9.22判決　労判870号83頁）では、就業時間中に、1日当たり2通程度の私用メールを送受信していたケースについて、職務専念義務に違反しているということはできず、懲戒処分をすることは許されないとされている一方、K工業技術専門学校（私用メール）事件（福岡高裁　平17.9.14判決　労判903号68頁）では、私立専門学校の教員が、学校のパソコン及びアドレスからいわゆる出会い系サイト関連に宛てたものと判断される私用メールの送受信を5年間に800件程度繰り返し、しかも約半数は勤務時間中に送受信されていたという事案において、懲戒解雇の効力が肯定されている。

公益通報者の保護

関係法条項 公益通報者保護法

概　要	根拠条文等
◆公益通報者の保護とは 「公益通報」とは、①労働者等が、②不正の目的でなく、③労務提供先等について、④通報対象事実が生じ、又は、まさに生じようとしていることを、⑤通報先に通報することである。公益通報者保護法は、労働者等が「公益通報」をなした場合に、その労働者等に対してなされる解雇を無効とし、あるいは不利益取扱いを禁止するなどして、通報者の保護を図ろうとしている。	公益通報者保護法2～5
◆公益通報者保護法の保護を受けるための要件 「通報対象事実」とは、(i)公益通報者保護法に定められた一定の法律に規定される罪の犯罪行為を構成する事実、又は、(ii)それらの法律に基づく処分に違反することが罪となる場合におけるその処分の理由となる事実、である。 通報者が同法による保護を受けるためには、(i)事業者内部、(ii)通報対象事実について処分又は勧告等をする権限を有する行政機関、(iii)通報対象事実の発生又はこれによる被害の拡大を防止するために必要であると認められる者、といった通報先の違いによって、それぞれ要件が異なっている。	

関連事項

1　公益通報に該当しない内部告発者の保護

労働者が、企業内の違法・不正行為を外部に告発することが「内部告発」であるが、そのうち、公益通報者保護法の要件を満たさないものの保護の要否が問題となる。

裁判例を概観すると、そうした内部告発であっても、一切保護を受けないというわけではなく、①告発内容が真実であるか、少なくとも真実と信ずるにつき相当の理由があるか、②告発の目的が公益を図るなど正当といえるか、③外部に告発する前に内部での解決を試みたか、④通報先が適切な範囲に限定されているか、等の諸事情を総合的に考慮し、保護の要否を判断しているといえよう（首都高速道路公団事件　東京地裁　平9.5.22判決　労判718号17頁、大阪いずみ市民生協事件　大阪地堺支部　平15.6.18判決　労判855号22頁、トナミ運輸事件　富山地裁　平17.2.23判決　判時1889号16頁、アワーズ（アドベンチャーワールド）事件　大阪地裁　平

17.4.27判決　労判897号26頁等）。そうした観点から保護を受けるべきものと判断されるならば、その者に対する懲戒処分や解雇処分は無効とされ、また、使用者に対する損害賠償請求も肯定され得る。

2　労働関係法規における労働者の申告権

職場に労働基準法や労働安全衛生法その他の法令に違反する事実があるときには、労働者はその事実を都道府県労働局長や労働基準監督署長、その他の行政監督機関に申告して是正のための措置をとるように求める「労働者の申告権」が保障されており、この申告権の保障を担保するため、使用者に対し、労働者が上記申告をしたことを理由として解雇等の不利益扱いをすることが禁止されている（労基法104②、安衛法97②、最賃法34②、賃確法14②、派遣法49の3②等）。

したがって、告発対象が上記各法律違反の事実に限られ、申告対象も限定されているものの、これらの法規によって、労働者が内部告発をした場合の保護が図られているとみることができる。

参考ウェブサイト

WEB 消費者庁「公益通報者保護法と制度の概要」
＊　公益通報者保護法の内容を簡単に解説。

就労請求権

関係法条項 民法623、413、536②

概　　要	根拠条文等
◆就労請求権とは 労働者が使用者に対し、現実に労働させるよう要求する権利のことである。労働法の世界では、就労請求権が認められるのかどうかに関し、古くから争いがある。	
◆就労請求権の有無が議論される理由 例えば、退職勧奨を拒否した労働者に対し、「給料は支払うから暫くの間は出社しなくてもいい」と命じたとする。 労働者としては、給料が支払われるのであるから、それで十分であり、なにも実際に働かせるよう要求する権利まで認める必要はないではないかという考え方に立てば、就労請求権は否定されることになる。これに対し、労働をすることは、それを通じて自己実現を図る手段であると考える立場に立てば、就労請求権自体を肯定することができるということになる。 裁判例は、例外的な場合を除き、就労請求権は認められないという立場である（読売新聞社事件　東京高裁　昭33.8.2決定　労民集9巻5号831頁）。	

関連事項

1　就労請求権が認められる場合

原則的に就労請求権を否定する裁判例の立場でも、特別の合理的な理由が存するといえる例外的な場合には、就労請求権が認められることがある。特殊な技能や専門知識を有する職種又は職業に従事する労働者であって、就労を続けていなければ技能や技術が劣化していくようなケースである（調理人につき就労請求権を肯定した事例として、レストランスイス事件　名古屋地裁　昭45.9.7判決　労判110号42頁）。

2　自宅待機の限界

就労請求権が原則として認められないという裁判例の立場に従うときは、賃金を全額支払い続けるのであれば、いかなる場合でも、何時まででも就労させなくともよいという帰結になる。

しかし、労働組合員に対し、組合活動をさせないために就労を拒否するとか、退職勧奨を拒否した者に対し、退職に追い込むために就労を拒否するといったケースでは、いくら賃金を全額支払っていても、そうした行為が、不当労働行為と判断されたり、嫌がらせ行為であるとして損害賠償が命ぜられたりする可能性がある。

3　キャリア権

近年、労働者にとって、その職業キャリア全体において、適切な職業能力の維持ないし向上の機会を持つことを「キャリア権」として保障すべきとする見解が主張されているが、いまだ法文化されてはおらず、最高裁においても採用された概念ではない。

ただ、法文に明記された概念ではないといっても、労働者のキャリア形成を著しく阻害するような処遇が、不法行為とされ、慰謝料等の損害賠償の対象となることはあり得る（学校法人兵庫医科大学事件　大阪高裁平22.12.17判決　労判1024号37頁〈大学病院の医師を長期間臨床担当からはずした行為につき、不法行為の成立を認め、使用者及び上司に対し、200万円の慰謝料の支払を命じた事例〉）。

代表的裁判例

労働契約においては、労働者は使用者の指揮命令に従って一定の労務を提供する義務を負担し、使用者はこれに対して一定の賃金を支払う義務を負担するのが、その最も基本的な法律関係であるから、労働者の就労請求権について労働契約等に特別の定めがある場合又は業務の性質上労働者が労務の提供について特別の合理的な利益を有する場合を除いて、一般的には労働者は就労請求権を有するものではないと解するのを相当とする（読売新聞社事件　東京高裁　昭33.8.2決定　労民集9巻5号831頁）。

公民権の行使

関係法条項　労基法7

概　　要	根拠条文等
◆公民権の行使とは 労基法は、労働者が労働時間の途中に、①公民権を行使すること及び②公の職務を執行するために必要な時間を請求した場合、これを与えるべきことを定めているが、同時に、使用者は労働者のこれらの権利の行使に妨げがない限り、その時刻を変更することができるともしている。 ここにいう「公民権」とは、選挙権、被選挙権等のことであるが、民事訴訟の原告・被告となることは原則として含まれない。	労基法7

「公の職務の執行」とは、衆議院議員その他の議員、労働委員会の委員、検察審査員、裁判員としての職務遂行、訴訟法上の証人としての出廷等である(昭63.3.14　基発第150号、平17.9.30　基発第0930006号)。

選挙で当選した場合、議員として活動すれば、労働者としての労働契約上の労務提供義務を一部履行できないことが考えられるが、そのことを理由とする普通解雇については、その効力が肯定される可能性がある一方(社会保険新報社事件　東京高裁　昭58.4.26判決　労経速1154号22頁)、制裁としての懲戒解雇等の処分を行うことは許されない(十和田観光事件　最高裁二小　昭38.6.21判決　民集17巻5号754頁)。

なお、本条は、公民権行使の時間を有給とすることまでは要請しておらず、有給とするか無給とするかは、当事者間の取決めによることになる(全日本手をつなぐ育成会事件　東京地裁　平23.7.26判決　労判1035号105頁)。

関連事項

公務(就任)休職

【概要】で述べたとおり、使用者は、労働者が「公の職務」に就任することを拒むことはできないが、労働者が公職に就任したため長期にわたって継続的又は断続的に職務を離れることになり、当該従業員を働かせても労働契約上の債務の本旨に従った履行が期待できず、その結果、業務の正常な運営が妨げられることになる場合には、当該労働者(公職就任者)を休職扱いとする制度を設け、それを適用することも許されると解されている(森下製薬事件　大津地裁　昭58.7.18判決　労判417号70頁)。

問題は、具体的にどの程度の時間、「公職」に時間をとられる結果、使用者に対する労務提供ができなくなった(あるいは見込まれる)場合に、「当該従業員を働かせても労働契約上の債務の本旨に従った履行が期待できず、業務の正常な運営が妨げられることになる」と評価されるのかという点である。

これについては、会社の業態や規模、当該労働者の地位や担当業務、欠務時の代替要員確保の難易、当該労働者の契約形態などの種々の事情を考慮して判断されることになる。前掲森下製薬事件では、町議会議員に就任したことにより4年の任期中に160日間にわたって断続的に担当職務を離れざるを得ないという事実を認定し、会社の業務はその正常な運営を妨げられることになると評価しており、実務上参考になる。

公務(就任)休職制度の適用の仕方としては、議会開会中の30日あるいは40日といった連続した特定の期間に限るという方法もあるし、断続的な欠務による不安定な労務提供ではそれを受ける意味がないという場合であれば、議員在任中を通して同休職を発令するという方法も考えられる。後者の場合には、断続的な欠務による不安定な労務提供ではそれを受ける意味がないということを、使用者側において立証しなければならない。

職務発明

関係法条項 特許法第35条

概要	根拠条文等
◆職務発明とは 従業者等が行う、その性質上、使用者等の業務範囲に属し、かつ、その発明をするに至った行為がその使用者等における従業者等の現在または過去の職務に属する発明のこと。	特許法35①
◆職務発明の帰属等 (1) 職務発明について、従業者等が特許を受けたとき、又は、特許を受ける権利を承継した者がその発明について特許を受けたときは、使用者等は、その特許権について通常実施権を有する。	特許法35①
(2) 契約、勤務規則その他の定め(勤務規則等)においてあらかじめ使用者に特許を受ける権利を取得させることを定めたときには、職務発明につき、その特許を受ける権利は、その発生した時から使用者等に帰属する(原始帰属)。 (3) 勤務規則等において、あらかじめ、職務発明につき、(いったん従業者等が取得した)特許を受ける権利を使用者等に取得させる、特許権を承継させる、あるいは、使用者等のため専用実施権を設定する旨を定めることもできる。	特許法35③
◆相当の利益 上記(職務発明の帰属等)(2)や(3)の場合、職務発明を行った従業者等は、相当の金銭その他の経済上の利益(相当の利益)を受ける権利を有する。 そのルールとして以下が定められている。	特許法35④
(1) 相当の利益を勤務規則等において定める場合には、①相当の利益の内容を決定するための基準の策定に際して使用者等と従業員等との間で行われる協議の状況、②策定された当該基準の開示の状況、③相当の利益の内容の決定について行われる従業員等からの意見の聴取の状況、などを考慮して、その基準の定めるところにより相当の利益を与えることが不合理であると認められるものであってはならない。	特許法35⑤
※この考慮すべき事項については、「特許法第35条第６項に基づく発明を奨励するための相当の金銭その他の経済上の利益について定める場合に考慮すべき使用者等と従業者等との間で行われる協議の状況等に関する指針」(平28.4.22経済産業省告示第131号。以下、「特許法第35条第６項の指針」)において、具体的に示されている。	特許法35⑥
(2) 相当の利益について定めがない場合、又は、あらかじめ定めた基準により相当の利益を与えることが不合理であると認められる場合には、相当の利益の内容は、その発明により使用者等が受けるべき利益の額、その発明に関連して使用者等が行う負担、貢献及び従業者等の処遇その他の事情を考慮して定めなければならない。 (3) 特許法第35条第６項の指針においては、あらかじめ定められた相当の利益の不合理性の判断は、同項に例示される手続の状況が適正か否かがまず検討され、それらの手続が適正であると認められる限りは、使用者等と従業者等があらかじめ定めた勤務規則の定めが尊重されることが原則であるという考え方が明示されている。	特許法35⑦

《注意点》

1 「従業者等」と「使用者等」

「使用者等」は「使用者、法人、国又は地方公共団体」、「従業者等」は、「従業者、法人の役員、国家公務員又は地方公務員」とそれぞれ特許法上定義されている(特許法第35条①)。

使用者等につき、労働契約が存在しない場合でも、発明に至る職務を与え、発明に対する人的・物的・経済的資源の提供を行う者と解されており、派遣先や出向先が使用者等に該当することもある。

2 「その他の経済的利益」について

相当な利益として、金銭以外のものについては、例えば、

① 使用者等負担による留学の機会の付与
② ストックオプションの付与
③ 金銭的処遇の向上を伴う昇進又は昇格
④ 法令及び就業規則所定の日数・期間を超える有給休暇の付与
⑤ 職務発明に係る特許権についての専用実施権の設定又は通常実施権の許諾

等が考えられる。

これらに限られるものではないが、経済的価値を有すると評価できるものであること、及び、従業者等が職務発明をしたことを理由としていることが必要である。

関連事項

職務著作制度

法人等の業務に従事する者が創作した著作物の著作者人格権及び著作権の帰属に関するルールのこと。

わが国の著作権法は、「法人その他使用者……の発意に基づきその法人等の業務に従事する者が職務上作成する著作物……で、その法人等が自己の著作の名義の下に公表するものの著作者は、その作成の時における契約、勤務規則その他に別段の定めがない限り、その法人等とする」と規定しており(15①)、例えば、出版社の社員がその業務として同社の企画した雑誌の記事を執筆したとしても、その記事が同社名義で公表されている限り、著作者人格権も著作権も同社が取得し、その社員は何らの権利も取得しないという制度を採用している(勤務規則等に「別段の定め」があれば、このルールは修正され得るが、実際に「別段の定め」がなされる例は少ない。)。

職務発明制度とは、権利の帰属や創作者の請求権の有無などの考え方が根本的に異なっていることに注意を要する。

なお、上記の「業務に従事する者」には、労働者はもちろん、役員や派遣労働者も含まれると解す立場が有力である。

参考ウェブサイト

WEB 特許庁 「職務発明制度について」
＊ 職務発明制度に関する概要がわかる。

同一労働同一賃金

関係法条項 労働契約法20　パートタイム労働法８以下

概　要	根拠条文等
◆同一労働同一賃金とは 一般に同一の労働をしている労働者間の賃金その他処遇が同一のものであるべきとする考え方を指すが、我が国の法令中に定めがあるわけではなく、法制度においては、正規雇用労働者(無期契約フルタイム労働者)と非正規雇用労働者(有期契約労働者、パートタイム労働者、派遣労働者)の間の均等・均衡待遇に関する規制をさす。	
◆～令和２年３月31日の関連する法制 ⑴　有期契約労働者と無期契約労働者間 有期契約労働者と無期契約労働者の労働条件に相違があるときは、その相違は不合理なものでああってはならず、不合理かどうかは、①労働者の業務の内容及び当該業務に伴う責任の程度(以下、②において「職務の内容」という。)、②当該職務の内容及び配置の変更の範囲、③その他の事情を考慮して判断するとされている。 ⑵　パートタイム労働者と「通常の労働者」間→(パートタイマー７頁参照) ⓐ　いわゆる同視パートについての差別的取扱いの禁止(均等待遇) ⓑ　同視パート以外のパートタイマーについての賃金決定に関する努力義務(均等待遇の要請) ⓒ　パートタイマーの待遇についての一般的な規制(不合理な格差の是正)	
◆令和２年４月１日(中小企業は令和３年４月１日)～の関連する法制 ⑴　有期契約労働者・パートタイム労働者 短時間労働者の雇用管理の改善に関する法律(いわゆる「パートタイム労働法」)が、短時間労働者及び有期雇用労働者の雇用管理の改善等に関する法律(「パート・有期労働法」)となり、通常の労働者と有期契約労働者・パートタイム労働者間の基本給や賞与などあらゆる待遇の均等・均衡につき、以下の事項が定められる。	
ⓐ　均衡待遇 ①職務の内容、②職務の内容・配置の変更範囲、③その他の事情の内容を考慮して、不合理な待遇差を禁止 この判断に当たっては、基本給・賞与・役職手当等個々の待遇毎に、当該待遇の性質・目的に照らして適切と認められる事情を考慮する。	パート・有期労働法８
ⓑ　均等待遇 通常の労働者と①職務の内容、②職務の内容配置の変更範囲が同じ有期契約労働者・パートタイム労働者(同視有期・パート)については、差別的取扱いを禁止	パート・有期労働法９
ⓒ　均衡待遇の要請 同視有期・パート以外の有期契約労働者・パートタイム労働者につき、職務の内容、職務の成果、意欲、能力又は経験その他の就業の実態に関する事項を勘案し、その賃金を決定するよう努める。 ※比較対象となる「通常の労働者」とは、同一の事業主に雇用される無期雇用フルタイム労働者を指す。	パート・有期労働法10

⑵ 派遣労働者 ⒜ 派遣先均等・均衡方式 ・均等待遇 派遣先の通常の労働者と派遣労働者間の①職務内容、②職務内容・配置の変更範囲が同じ場合には、差別的取扱いを禁止 ・均衡待遇 派遣先の通常の労働者と派遣労働者間の①職務内容、②職務内容・配置の変更範囲、③その他の事情の相違を考慮して不合理な待遇差を禁止 ・派遣先に雇用される通常の労働者との均衡を考慮しつつ、職務の内容、職務の成果、意欲、能力又は経験その他の就業の実態に関する事項を勘案し、その賃金を決定するよう努める。 同義務を履行するため、派遣先は派遣元に対し、比較対象労働者の待遇情報を提供(比較対象労働者の待遇に変更があった場合を含む)する義務を負う。 ⒝ 労使協定方式 過半数労働組合又は過半数代表者と派遣元事業主との間で、同種の業務に従事し得る一般的な労働者の平均的な賃金の額と同等以上の賃金額(※)となる賃金の決定方法など一定の事項を定めた労使協定を書面で締結した場合には、①派遣先が、派遣労働者と同種の業務に従事する派遣先の労働者に対して、業務の遂行に必要な能力を付与するために実施する教育訓練、②派遣先が派遣先の労働者に対して利用の機会を与える給食施設、休憩室及び更衣室以外の待遇については、労使協定に基づき待遇が決定 ※最新の統計に基づく職種ごとの賃金が通知により示される。 ただし、労使協定が適切な内容で定められていない場合や労使協定で定めた事項を遵守していない場合には、派遣先均等・均衡方式が適用される。	派遣法26⑦⑩
◆同一労働同一賃金ガイドライン(短時間・有期雇用労働者及び派遣労働者に対する不合理な待遇の禁止等に関する指針) 正社員(無期雇用フルタイム労働者)と非正規雇用労働者(パートタイム労働者・有期雇用労働者・派遣労働者)との間で、待遇差が存在する場合に、いかなる待遇差が不合理なものであり、いかなる待遇差は不合理なものでないのか、原則となる考え方と具体例を示したもの。	
◆説明義務 有期契約労働者、パートタイム労働者及び派遣労働者から求めがあった場合、通常の労働者との間の待遇差の内容・理由等を説明する義務がある。	

《注意点》

1 不合理性の判断に当たって比較する待遇

最高裁は、正社員と非正規社員との間の労働条件の相違が不合理なものであるかどうかは、個々の労働条件ごとに判断するという手法を示し、例えば、賃金全体を比較して判断するといった手法は採用していない。すなわち、後掲ハマキョウレックス事件判決では、無事故手当・作業手当・給食手当・通勤手当・皆勤手当の支給の有無における相違は不合理である一方、住宅手当については、相違の不合理性を否定し、後掲長澤運輸事件判決では、精勤手当・超勤手当の支給の有無に関する相違は不合理であるとする一方、住宅手当・家族手当・役付手当・賞与の支給に関する相違は不合理ではないとする。

2　定年後再雇用者に対する正社員とは異なる賃金体系の不合理性

後掲長澤運輸事件判決は、高年齢者雇用安定法上の継続雇用制度によって再雇用された有期契約労働者と無期契約労働者(正社員)について、職務の内容並びに職務の内容及び配置の変更の範囲が共通であるにもかかわらず、正社員に対し、基本給、能率給及び職務給を支給しているが、再雇用者に対しては、基本賃金及び歩合給を支給し、能率給及び職務給を支給していないという相違は不合理ではないとした。ただし、その結論は、労務の成果にかかわらず支給される固定的な賃金である基本賃金の額が定年退職時の基本給の水準を上回っていること、歩合給係数を能率給の係数より高く設定していること、各労働者ごとの再雇用前後のそれぞれの賃金制度に基づく月例賃金総額の差は最も多い者で12%程度であること、再雇用者は一定の要件を満たせば老齢厚生年金の支給を受けることができること、労働組合との交渉の結果、再雇用者には老齢厚生年金の報酬比例部分が支給されるまでの間調整給が支給されること、などの事情を認定したうえでのものである点に留意する必要がある。

○無期雇用フルタイム労働者間の均衡・均等待遇を定めたものはあるか。

例えば同じ無期雇用でフルタイムで働く労働者間において、総合職と一般職などといった区分により処遇が異なることがある。上述のとおり、パートタイム・有期雇用労働法の保護の対象となっているのは、有期雇用労働者か、パートタイム労働者(無期・有期を問わない。)であり、無期雇用・フルタイム労働者間の処遇差については、同法により規制されず、一般的な当該処遇差を定めた就業規則の合理性の判断によるところとなる。

代表的裁判例

1　労契法20条は、有期契約労働者と無期契約労働者との間で労働条件に相違があり得ることを前提に、職務の内容、当該職務の内容及び配置の変更の範囲その他の事情を考慮して、その相違が不合理と認められるものであってはならないとするものであり、司法上の効力を有する強行規定であって、同条に違反する労働条件は無効となり、不法行為を構成し得るが、同条の文理などに照らせば、有期契約労働者と無期契約労働者との労働条件の相違が同条に違反する場合であっても、同条の効力により当該有期契約労働者の労働条件が比較の対象である無期契約労働者の労働条件と同一のものとなるものではないと解するのが相当である(ハマキョウレックス事件　最高裁二小　平30.6.1判決　民集72巻2号88頁)

2　有期契約労働者が定年退職後に再雇用された者であることは、当該有期契約労働者と無期契約労働者との労働条件の相違が不合理と認められるものであるか否かの判断において、労契法20条にいう「その他の事情」として考慮されることとなる事情に当たると解するのが相当である(長沢運輸事件　最高裁二小　平30.6.1判決　民集72巻2号202頁)。

参考ウェブサイト

WEB 厚生労働省　「同一労働同一賃金特集ページ」

＊　同一労働同一賃金ガイドラインをはじめ、上記法規制の概要や関係するリーフレット等が掲載されている。

§3

募集・採用

募　集

関係法条項 職安法４⑤、５の３、36、39、40等

概　要	根拠条文等
◆募集とは 労働者を雇用しようとする者が、自ら又は他人に委託して、労働者となろうとする者に対し、その被用者となることを勧誘すること。	職安法４⑤
◆募集に関する法規制 ⑴　職安法による規制	
・労働者の募集を、被用者以外の者に報酬を与えて行わせる場合には、厚生労働大臣の許可を要する（報酬についてもあらかじめ大臣の認可が、無報酬の場合でも届出が必要である。）。	職安法36
・この認可を受けた場合と自らの被用者で労働者の募集に従事する者に対し、賃金、給与その他これに準ずるものを支払う場合を除き、募集に従事する者に対し、報酬を与えてはならない。	職安法40
・募集に応じた労働者から、その募集に関し、報酬を受けてはならない。	職安法39
・募集に当たっては、従事すべき業務の内容、労働契約の期間、就業の場所、始・終業時刻、時間外労働の有無、休憩時間及び休日に関する事項、賃金、及び、健康保険・厚生年金・労災保険・雇用保険の適用関係等を求職者に対し明示しなければならず、当該募集に応じようとする労働者に誤解を生じさせることのないように平易な表現を用いる等その的確な表示に努めなければならない。	職安法５の３、職安則４の２ 職安法42
・当初明示した労働条件が変更される場合には、変更内容について明示しなければならない。	
⑵　雇用均等法による規制 ・労働者の募集及び採用につき、その性別にかかわりなく均等な機会を与えなければならない（労働者に対する性別を理由とする差別の禁止等に関する規定に定める事項に関し、事業主が適切に対処するための指針　平成18年厚生労働省告示第614号）。	雇用均等法５
・間接差別の制限（→53頁）。	雇用均等法７
⑶　労働施策総合推進法による規制 労働者の募集及び採用について、その年齢にかかわりなく均等な機会を与えなければならない。	労働施策総合推進法９
⑷　障害者雇用促進法による規制 障害者の雇用義務、差別禁止・合理的配慮義務などが定められている（→13頁）。	
⑸　青少年雇用促進法による規制 ・企業（求人者）に「青少年の雇用の促進等に関する法律第11条の労働に関する法律の規定等を定める政令」所定の労働関係法令の違反があり（例えば時間外手当の未払いの労基法違反など）、かつ、その違反が繰り返し行われている、あるいは送検され公表されているなどといった一定の場合には、ハローワークは当該企業からの新卒者に係る求人の申込みを受理しないことができる。	青少年雇用促進法11、青少年雇用促進則３

・新卒者の募集に当たっては、「青少年雇用情報」(例えば直近事業年度に採用した新卒者の数や、そのうち離職した者の数、平均所定外労働時間等)を提供するように努めなければならず、また、応募しようとする新卒者から求めがあれば提供することが義務付けられている。 ・同法の指針(青少年の雇用機会の確保及び職場への定着に関して事業主、職業紹介事業者等その他の関係者が適切に対処するための指針(平成27年厚生労働省告示第406号))においては、例えば、新卒者が応募する可能性のある募集においては、いわゆる固定残業代についてその計算方法や固定残業時間を超える時間外労働等についての割増賃金は追加で支払う旨を明示すべきことや、既卒者が卒業後3年間新規卒業者の採用枠に応募できるよう努力すべきことなどが定められている。	青少年雇用促進法14

○募集方法に制限はあるのか?

かつては募集方法や募集地域に関して制限があったが、今日では、ホームページや雑誌等の刊行物への掲載による方法(文書募集)や直接口頭等で学生に働きかける方法(直接募集)、ハローワークを通じて行う方法、職業紹介事業者を利用して行う方法(委託募集)などがあり、どの方法をとるかは原則的に自由である(ただし、中学生や高校生の新卒採用に係る募集・採用活動に関しては、全国高等学校校長会、主要経済団体、文部科学省、厚生労働省の協議により、募集方法に制限あり)。

関 連 事 項

募集条件と労働条件

採用過程において、募集は労働契約の誘引であるとされ、その時点では労働契約は成立していない。したがって、募集時に募集要項に記載していた労働条件は、その時点で予定される見込みの労働条件にすぎず、雇入れ時、すなわち、労働契約成立時点で労基法15条に基づき労働条件として明示された内容が最終的な労働条件となるから、仮に募集要項記載の労働条件が誤っていたとしても、それが直ちに労使間の労働条件になるものではなく、採用時の労働条件が募集要項の労働条件を下回るものになったとしても(もっとも、既に明示した労働条件等と異なることになった場合には、速やかに当該明示を受けた求職者に知らせるべきことが、行政指導されている。)、直ちに無効になるわけではない。

ただし、例外的に、採用時の労働条件が募集時の労働条件を下回ることが、信義則違反によって、認められない場合がある(八州事件　東京高裁　昭58.12.19判決　労判421号33頁)。

採用の自由

関係法条項 憲法22、29

概　　要	根拠条文等
◆採用の自由とは いかなる基準に基づいて採用選考を行うか、また、採用人数やどの労働者を採用するかは、原則として使用者が自由に決定できる。これを「採用の自由」と表現している。一般に、憲法29条・22条の財産権の保障及び営業の自由の保障には、採用の自由も含まれていると解されている。	
◆採用の自由に対する制約 ・障害者雇用促進法に基づく対象障害者の雇用義務（→13頁） ・派遣法の労働契約申込みみなし制度により、実質的に労働契約の締結が強制される場合 ・入管法においては、外国人（日本の国籍を有しない者）を採用する場合には、同法所定の在留資格を有する者でなければならない。	障害者雇用促進法37以下 派遣法40の６ 入管法２の２

○採用選考過程で情報を収集することに制限はあるのか？

使用者には、採用選考に当たっての調査権も幅広く認められている（後掲三菱樹脂事件）。

ただし、職安法５条の４第１項に、労働者の募集に際し、個人情報を収集等するに当たっては、本人の同意がない限り、その業務の目的の達成に必要な範囲内でのみ収集しなければならない旨定めがあり、同条に基づく「職業紹介事業者、労働者の募集を行う者、募集受託者、労働者供給事業者等が均等待遇、労働条件等の明示、求職者等の個人情報の取扱い、職業紹介事業者の責務、募集内容の的確な表示等に関して適切に対処するための指針（平11労働省告示141号）」においては、①業務の目的の範囲内で求職者等の個人情報を収集すること、②特別な職業上の必要性が存在することその他業務の目的の達成に必要不可欠であって、収集目的を示して本人から収集する場合を除き、(i)人種、民族、社会的身分、門地、本籍、出生地その他社会的差別の原因となるおそれのある事項(ii)思想及び信条(iii)労働組合への加入状況の情報を収集してはならない旨が定められている（指針　第４　１）。

関連事項

採用選考時の健康情報の収集

近時のプライバシー・個人情報に対する意識の高まりの中、特に求職者の健康に係る情報等の収集可能範囲が問題となっている。

厚生労働省は、一般的な健康診断結果を採否の資料とすることについても、「応募者の適性と能力に基づいた採否決定ではなく、就職差別につながるおそれがある」として、慎重な対応を求めている（厚生労働省発出「採用のためのチェックポイント」参照）。

裁判例においても、例えば、Ｂ型肝炎ウイルス感染検査について、就労予定の業務などに照らして、特段の事情がない限り、採用に当たって、応募者に対し、Ｂ型肝炎ウイルス感染の有無についての情報を取得するための調査を行ってはならず、必要性が存在しても、本人に目的や必要性を告知し、同意を得た上でなければ実施してはならないと判示されている（Ｂ金融公庫（Ｂ型肝炎ウイルス感染検査）事件　東京地裁　平15.6.20判決　労判854号５頁）。

病歴などといったセンシティブ情報は、たとえ採用選考を目的としたものであっても無条件に収集できるわけではなく、労務提供との関係で調査の必要性が存在する検査項目に限定し、また、本人の同意を得た上で合理的な手段によって収集することが必要となっている。

代表的裁判例

企業者は、経済活動の一環としてする契約締結の自由を有し、自己の営業のために労働者を雇用するにあたり、いかなる者を雇い入れるか、いかなる条件でこれを雇うかについて、法律その他による特別の制限がない限り、原則として自由にこれを決定することができる(三菱樹脂事件　最高裁大法廷　昭48.12.12判決　民集27巻11号1536頁)。

間接差別

関係法条項 雇用均等法７、雇用均等則２

概　　要	根拠条文等
◆間接差別とは 外見上は性別とは関係のない規定や基準、慣行等が、他の性の構成員と比較して、一方の性の構成員に相当程度の不利益を与え、しかもその基準等が職務と関連性がない等、合理性・正当性が認められないものを指す。	

《注意点》

１　間接差別は法律に列挙した場合にだけ問題となる

わが国の雇用の分野では、間接差別に関する規制は、2006年(平成18)年の雇用均等法改正によってはじめて導入されたものである(雇用均等法７)。その概念や範囲が複雑であることから、現場に混乱が生じないよう、間接差別に該当する場合は雇用均等則で限定的に列挙されている。すなわち、①労働者の募集又は採用に関する措置であって、労働者の身長、体重又は体力に関する事由を要件とするもの、②労働者の募集若しくは採用、昇進又は職種の変更に関する措置であって、労働者の住居の移転をともなう配置転換に応じることができることを要件とするもの、③労働者の昇進に関する措置であって、労働者が勤務する事業場とは異なる事業場に配置転換された経験があることを要件とするもの、の３つに限られている(雇用均等則２)。

上記３つの場面以外は、「間接差別に当たるから許されない」などという主張をすることはできないのである。

２　差別意図の有無は問題とされない

上述のとおり、間接差別が問題とされる場面は上記３つの場面に限られる反面、差別意図の有無は問わない。つまり、上記３つのケースに当てはまるならば、「差別する気はなかった」という抗弁を出してみても意味はない。

３　合理性・正当性がある場合

間接差別が法違反となるのは、上記３つの場面であって、そうした基準等を適用することにつき合理性がない場合である。どのような場合に合理性が認められるのかという点については、厚生労働省から発せられている指針(「労働者に対する性別を理由とする差別の禁止等に関する規定に定める事項に関し、事業主が適切に対処するための指針」平成18年厚労省告示614号)において、「合理的な理由がないと認められる例」が記載されているので、それを参考に判断していくことになろう。

4　間接差別を行った場合の効果

雇用均等法７条に反する措置が行われている場合には、罰則規定はないが、厚生労働大臣または都道府県労働局長による助言、指導又は勧告の対象となり（雇用均等法29）、その勧告にも従わなかった場合には、その旨を公表することができるとされている（雇用均等法30）。

○間接差別という概念がなぜ必要となるのか？

男性の定年年齢を65歳とし、女性の定年年齢を60歳とするような、性に基づく取扱いの違いに着目する直接差別が原則として許されないことは、特段説明を要しないであろう。

しかし、例えば、身長175センチメートル以上の者だけを採用するという基準を立てたとしよう。これは性の違いを基礎とする採用基準ではないが、わが国の現実を前提とすれば、女性が採用される可能性は著しく低くなる。

このようなケースを考えると、性別に関係のない基準等であっても、場合によっては差別をしたのと同じ結果をもたらすことがあることから、間接差別に対する規制も必要であると考えられるに至ったものである。

ポジティブ・アクション

関係法条項 雇用均等法8

概要	根拠条文等
◆ポジティブ・アクションとは 例えば、総合職における女性の数が著しく少ない企業が、総合職の女性の数を一定数にするまで総合職は女性を優先的に採用するといった措置をとるような措置が、「ポジティブ・アクション」と呼ばれるものである。 通常は、このように特定の性別のみを対象とした募集の方法は雇用均等法5条違反となるが、雇用の分野における男女の均等な機会及び待遇の確保の支障となっている事情を改善することを目的として女性労働者に関して行う措置を講ずることは同法8条により認められており、こうした措置がとられた場合には、5条違反とはみなされない。	

《注意点》

1　「支障となっている事情」の意味

雇用均等法8条にいう「支障となっている事情」とは、固定的な男女の役割分担意識に根ざすこれまでの企業における制度や慣行が原因となって、雇用の場において男女労働者の間に事実上の格差が生じていることをいうものであり、そうした事情の存否については、女性労働者が男性労働者と比較して相当程度少ない状況にあるか否かにより判断することが適当であるとされる。「相当程度少ない」とは、我が国における全労働者に占める女性労働者の割合を考慮して、4割を下回っていることをいうとされている(平18.10.11　雇児発1011002号)。

この4割を下回っているかどうかの判断は、募集・採用については、雇用管理区分ごとに判断するものとされているから(前掲通達)、総合職に占める女性の割合が4割未満の企業が、その割合を向上させるために女性を優先的に募集・採用することは、均等法5条に違反することにはならないということである。

2　ポジティブ・アクションを請求する権利の有無

ポジティブ・アクションは、このような措置をとったとしても法に違反するものではないということをうたうのみであって、事業主に対して、支障となっている事情を改善することを目的として女性労働者に関する措置を講ずることを義務付けるものではない。そのため、特定の女性労働者が、ポジティブ・アクションの措置をとって自らを総合職として採用するよう、事業主に対し請求することができるわけではない。

○ポジティブ・アクションは「逆差別」ではないのか？

ポジティブ・アクションは、平等原理とは両立し難いものであり、いわゆる「逆差別」ではないのかという疑問が生ずるのも当然である。

しかし、実質的な平等を実現するための暫定的な措置であれば正当化されるとの理解の下に設けられているものである。

参考ウェブサイト

WEB 独立行政法人労働政策研究・研修機構　「男女正社員のキャリアと両立支援に関する調査結果」(JILPT 調査シリーズ No.106　平成25年3月)

＊　企業におけるポジティブ・アクションの実施状況等を知ることができる。

内定 関係法条項 ―

概要	根拠条文等
◆内定とは 法令に定義規定があるわけではなく、一般に、採用決定により、就労の始期を両者で合意した日とし、一定の解約権が留保されている労働契約が成立した状態を指す。	
◆内定の取消 採用内定の取消は労働契約の解約となる。 この解約は留保されている解約権の行使が適法である場合に有効となるところ、「採用内定の取消事由は、採用内定当時知ることができず、また知ることが期待できないような事実であつて、これを理由として採用内定を取消すことが解約権留保の趣旨、目的に照らして客観的に合理的と認められ社会通念上相当として是認することができるものに限られると解するのが相当」とされている(後掲大日本印刷事件)。	

関連事項

1　内定取消と解雇予告制度

内定段階は既に労働契約が成立しているという考え方からすれば、内定取消についても労基法20条に定める解雇予告手続(30日前の予告若しくは予告手当の支払)に服するのかが問題となる。

見解は分かれているが、労基法21条が「試の使用期間中の者」は、14日を超えて使用されるに至るまでは解雇予告手続きは不要と定めていることからすれば、いまだ就労を開始するにも至っていない内定中の者については、解雇予告制度は適用されないと考える。

2　内定取消の報告義務

いわゆる新卒採用において内定を取り消した場合には、職安則35条２項２号により、公共職業安定所長及び学校長に対し、その旨の通知を行う義務がある。そして取消が２年以上連続して行われた場合や、取消対象者に十分に理由を説明していない場合等(平21.1.19厚労告５号)には、厚生労働大臣は企業からの報告内容を公表できる(職安則17の４)。

3　内々定

採用内定より前の段階で、使用者から将来的に採用内定を行うことを予定している旨の意思表明がなされることがあり、この意思表明を「採用内々定」と呼ぶことがある。

一般的にはこの採用内々定段階では、その後に採用内定の手続きがとられることが前提となっており、使用者が確定的な採用の意思表示をしたと解することはできないから、労働契約が成立したとは認め難いと考えられている(新日本製鐵事件　東京高裁　平16.1.22判決　労経速1876号24頁)が、労働契約が成立していないことを前提としながらも、労働契約締結過程における信義則違反があったとして、採用内々定を取り消した使用者に対し、損害賠償の支払いが命じられた例もある(コーセーアールイー(第２)事件　福岡高裁　平23.3.10判決　労判1020号82頁)。

代表的裁判例

本件採用内定通知のほかには労働契約締結のための特段の意思表示をすることが予定されていなかったことを考慮するとき、企業からの募集(申込みの誘引)に対し、応募者が応募したのは、労働契約の申込みであり、これに対する企業からの採用内定通知は、その申込みに対する承諾であって、応募者の本件誓約書の提出とあいまって、これにより、応募者と企業との間に、応募者の就労の始期を大学卒業直後とし、それまでの間、本件誓約書記載の５項目の採用内定取消事由に基づく解約権を留保した労働契約が成立したと解するのを相当とする(大日本印刷事件　最高裁二小　昭54.7.20判決　民集33巻５号582頁)。

身元保証契約

関係法条項　身元保証法

概　　要	根拠条文等
◆身元保証契約とは 労働者の親族等と会社との間で、労働者の行為により会社が損害を被った場合に、その損害を当該親族等が賠償する旨を定める契約のことである。	
◆身元保証人の責任範囲の限定 身元保証に関しては、身元保証人において過度の負担とならぬよう、「身元保証に関する法律」により、以下のような制約がなされている。 (1)　期間	
身元保証契約の期間は、５年を超えることができず、５年を超える期間の契約をしても、その期間は５年に短縮される。	身元保証法２
期間の定めがない場合には、その期間は原則として、身元保証契約成立の日より３年間である。 ５年経過した時点で、身元保証契約を更新することは禁じられていないが、自動更新条項は法の趣旨に反するとして無効とされる可能性が高い(したがって、再度結び直す必要がある。)。 (2)　使用者の通知義務及び身元保証人の解除権	身元保証法１
身元保証契約締結後、例えば従前一切金銭を取り扱わない部署にいた労働者が、多額の金銭を取扱う部署の管理職に異動するなどした場合、会社に損害を与える可能性や与えた場合に想定される金額が大きく変わることもあり得る。このため、身元保証人のリスクも、当初身元保証契約締結時に予定していたものより大きなものとなることが想定されるから、 ①　労働者に業務上不適任又は不誠実な行為があり、これにより、身元保証人の責任が生じるおそれがあることがわかったとき ②　労働者の任務や任地を変更したため、身元保証人の責任が加重される、又は、監督を困難にするとき については、身元保証人に対し、通知を行う義務がある。	身元保証法３

そして、通知を受けた身元保証人は、このような事情の変更を踏まえ、身元保証を継続できないと考える場合には、将来に向かって身元保証契約を解除することができる。 ⑶　損害賠償責任の限定 身元保証人の損害賠償責任については、裁判所は、当該労働者の監督に関する使用者の過失の有無、身元保証契約をするに至った事情、労働者の任務や身上の変化など一切の事情を斟酌して、その金額を定めることができ（身元保証法５）、裁判例においても身元保証人の負担する賠償の範囲が限定されたものが多く（例として、ワールド証券事件（東京地裁平4.3.23判決　労判618号42頁）では、４割に限定）、身元保証人に対し、損害額全額を請求することはできないと判断される可能性が高いことを認識しておく必要がある。	身元保証法４

○身元保証契約は、会社と労働者の契約ではないのか？

会社が労働者を採用するに際しては、労働者に対し、身元保証人を立てるよう要求し、これに応じて、労働者が身元保証人の承諾を取り付けるのが通常であるが、身元保証も保証契約の一種であるから、他の保証契約と同様、債権者と保証人との契約であって、会社と身元保証人の間の契約である。

労働条件明示義務

関係法条項　労基法15、労基則５、パート労働法６

概　　要	根拠条文等
◆労働条件明示義務とは 労基法及びパートタイム労働法により義務づけられている、使用者が労働者を雇用する際に労働条件を明示する義務のこと。	
◆労基法に定める労働条件明示義務 ⑴　明示すべき時期 雇入時（労働契約締結時）とされており、有期労働契約において、契約期間満了後、契約を更新する場合にも明示が必要である。 ⑵　明示すべき労働条件の項目 ①　労働契約の期間に関する事項 ②　就業の場所及び従事すべき業務に関する事項 ③　始業及び終業の時刻、所定労働時間を超える労働の有無、休憩時間、休日、休暇並びに労働者を二組以上に分けて就業させる場合における就業時転換に関する事項 ④　賃金（退職手当及び⑦の賃金を除く。）の決定、計算及び支払の方法、賃金の締切り及び支払の時期並びに昇給に関する事項 ⑤　退職に関する事項（解雇の事由を含む。） ⑥　退職手当の定めが適用される労働者の範囲、退職手当の決定、計算及び支払の方法並びに退職手当の支払の時期に関する事項	労基法15、労基則５

⑦　臨時に支払われる賃金（退職手当を除く。）、賞与及び労基則８条各号に掲げる賃金並びに最低賃金額に関する事項
⑧　労働者に負担させるべき食費、作業用品その他に関する事項
⑨　安全及び衛生に関する事項
⑩　職業訓練に関する事項
⑪　災害補償及び業務外の傷病扶助に関する事項
⑫　表彰及び制裁に関する事項
⑬　休職に関する事項
⑭　期間の定めのある労働契約を更新する場合の基準

(3)　明示方法

上記①～⑤（昇給に関する事項を除く。）及び⑭については、書面での明示義務があるが、その他は口頭でもよい。

また、書面での明示については、労働者が希望したときには、①ファックス、②電子メール等（ラインなどSNSメッセージ機能やショートメールなども含まれる。）によることもできる。

○労働条件明示義務を怠ると労働契約は成立しないのか？

労働条件明示義務に違反した場合には、罰則（30万円以下の罰金）が科せられる可能性があるが（労基法120一、15①③）、労働契約の成立自体に影響はない。

関　連　事　項

パートタイマーの採用に際しての労働条件の明示

パートタイマーの採用に際しては、【概要】で述べた労基法に基づく労働条件の明示に加え、一定の事項を書面で明示することが求められている（→６頁）。

有期契約労働者の採用に際しての労働条件の明示

有期契約労働者の採用に際しては、【概要】で述べた労働条件の明示に加え、今後パート・有期労働法６条により、一定の事項を書面で明示することが求められている（→11頁）。

参考ウェブサイト

WEB　厚生労働省　「労働条件通知書（主要様式ダウンロードコーナー）」
＊　労働条件明示の書式例が掲げられている。

試用期間

概要	根拠条文等
◆試用期間とは 一般に正社員を採用するに当たって、入社後一定の期間を設け、雇入れ時に十分に得られない情報を収集し、その人が長年にわたって会社で勤務していく適性があるかどうかを見極め、適性があると判断されれば正社員とするために設けられる期間のことを意味する。	
◆試用期間に関する制限 試用期間を設けるかどうか、設けるとしてどの程度の期間を設定するか、本採用拒否事由としてどのようなものを掲げるかなどにつき定めた法令はなく、労使で決定し得るところであり、実際には就業規則の定めに従って処理されている。 一部には、試用期間は新規学卒者を対象とするものであって、中途採用者について設定することも可能である。	
◆試用期間の法的性質 最高裁は、試用期間は、使用者の解約権を留保した労働契約であると解し、試用期間中の本採用拒否は、留保解約権の行使であって、雇い入れ後の解雇に当たるとしている（後掲三菱樹脂事件）。	
◆留保解約権の行使が認められる場合 試用期間中又は満了時における本採用拒否の効力に関して問題となる留保解約権の行使の有効性は、採用後、採用時に知ることができない、又は知ることが期待できなかったような事実が判明し、引き続き雇用しておくのが適当でないと判断することが、解約権留保の趣旨・目的に照らし、客観的合理性、相当性があると認められるかどうかによることとなる。 主な理由としては、経歴詐称、能力不足、疾病等が挙げられる。	

関連事項

試用目的の有期契約

試用期間は、そのような期間の定めのある契約を別途締結するというものではなく、期間の定めのない契約あるいは有期契約の開始当初に設けられる労働条件や解約条件につき特約が付されている期間であって、労働契約としては一つの契約の中の一部である。

ところが、有期契約を結んでいる場合に、その期間全体が試用期間であると評価される場合がある。例えば、とりあえず６か月の契約を結び、その期間中に社員としての適性が認められるならば、その契約終了後に無期契約を結ぶことが合意されているようなケースでは、最初の６か月の契約は試用期間であると評価され得ることになる。

裁判例の中でも、「使用者が労働者を新規に採用するに当たり、その雇用契約に期間を設けた場合において、その設けた趣旨・目的が労働者の適性を評価・判断するためのものであるときは、右期間の満了により右雇用契約が当然に終了する旨の明確な合意が当事者間に成立しているなどの特段の事情が認められる場合を除き、右期間は契約の存続期間ではなく、試用期間であると解するのが相当である」としたものがある（神戸弘陵学園事件　最高裁三小　平2.6.5判決民集44巻４号668頁)。

このように判断される事案では、最初の有期契約終了時に、「契約期間が満了したのだから、契約は更新されないのは当然であるし、そのことにつき特段理由は必要としないはずだ」と主張しても、「試用期間の趣旨に照らして、留保解約権行使として客観的、合理的理由があり、社会通念上相当として是認できなければ、契約が終了したとは認められない」と判断されることになる。

代表的裁判例

試用期間中の労働者に対する本件本採用の拒否は、留保解約権の行使、すなわち雇入れ後における解雇にあたるが、その留保解約権に基づく解雇は、これを通常の解雇と全く同一に論ずることはできず、前者については、後者の場合よりも広い範囲における解雇の自由が認められてしかるべきものといわなければならない。前記留保解約権の行使は、上述した解約権留保の趣旨、目的に照らして、客観的に合理的な理由が存し社会通念上相当として是認されうる場合にのみ許されるものと解するのが相当である。換言すれば、企業者が、採用決定後における調査の結果により、又は試用中の勤務状態等により、当初知ることができず、また知ることが期待できないような事実を知るに至つた場合において、そのような事実に照らしその者を引き続き当該企業に雇用しておくのが適当でないと判断することが、上記解約権留保の趣旨、目的に徴して、客観的に相当であると認められる場合には、さきに留保した解約権を行使することができるが、その程度に至らない場合には、これを行使することはできないと解すべきである(三菱樹脂事件　最高裁大法廷　昭48.12.12判決　民集27巻11号1536頁)。

紹介予定派遣

関係法条項 派遣法２、26

概　　　要	根拠条文等
◆紹介予定派遣とは 労働者派遣（この意義については、「派遣労働者」の項（８頁）参照）のうち、派遣元が労働者派遣の役務の提供の開始前又は開始後に、当該派遣労働者を当該派遣先に職業紹介するあるいはそれを行うことを予定する労働者派遣のこと。	派遣法２四
・派遣元は職安法に従った許可を取得し、あるいは届出をしていることが前提 ・派遣元と派遣先の間で締結される労働者派遣契約に当該紹介予定派遣に関する事項を記載しなければならない。	派遣法26①九
※なお、派遣法の平成27年改正では、労働者派遣契約中に、紛争防止措置の一つとして、派遣先が、労働者派遣の終了後に当該労働者派遣に係る派遣労働者を雇用する場合に、派遣元に支払う手数料等を記載することを認めた（むろん、手数料を請求し得る派遣元は、職業紹介の許可等を有し、適法に有料職業紹介をなし得る者に限られる。）。しかし、これは労働者派遣を一般的に紹介予定派遣化する趣旨ではない。	派遣法26①十、派遣則22四
◆派遣先が職業紹介を断る際の理由の明示 紹介予定派遣を受け入れた派遣先は、職業紹介を受ける義務を負うものではないが、職業紹介を受けることを希望しなかった場合又は職業紹介を受けた派遣労働者を雇用しなかった場合には、派遣元の求めに応じ、それぞれその理由を派遣元に対して書面、ファクシミリ又は電子メールにより明示しなければならないとされ（派遣先指針）、派遣元は、派遣労働者が希望した場合には、こうした明示を派遣先に求めなければならず、明示された理由を、同様の方法で当該派遣労働者に伝えなければならない。	派遣元指針
◆職業紹介を行う時期 この制度における職業紹介は、なにも労働者派遣期間が終了した段階で行わなければならないというものではなく、労働者派遣期間中においても許容されており、派遣就業開始前及び派遣就業期間中の求人条件の明示や派遣就業期間中の求人・求職の意思等の確認及び採用内定は、いずれも可能である。	
◆派遣労働者の特定行為の制限の解除 紹介予定派遣の場合は、通常の労働者派遣であれば派遣先に課せられている、労働者派遣契約締結に際しての派遣労働者の特定行為の禁止（法文上は努力義務、派遣先指針において義務）に関する規定の適用はない。したがって、派遣就業開始前の面接、履歴書の送付等も可能である。	派遣法26⑥、労働者派遣業務取扱要領第１　４

◆**紹介予定派遣における派遣期間と採用後の試用期間の制限** 紹介予定派遣における派遣期間は、６か月に制限される。 紹介予定派遣は、一種の試用期間としての機能を持つことから、この制度を通じて雇い入れた労働者については、試用期間を設けないよう指導されている。	派遣元指針、派遣先指針 労働者派遣業務取扱要領 第８　17(7)

○紹介予定派遣契約が成立すると、その時点で当該派遣労働者は、将来派遣先に雇われることが確定するのか？

紹介予定派遣は、あくまで職業紹介(労働契約の成立のあっせん)がなされる可能性があるにとどまるので、実際に職業紹介がなされるかどうか、紹介がなされたとして、当該派遣労働者が採用されるかどうかは保障されていない。言い換えれば、派遣労働者も派遣先も、職業紹介を希望しないこともできるし、紹介を受けても労働契約を締結しないという選択もできる。

参考ウェブサイト

WEB　厚生労働省　「平成29年度　労働者派遣事業報告書の集計結果」　表10（紹介予定派遣の状況）
＊　紹介予定派遣の利用状況がわかる。

労働契約申込みみなし制度

関係法条項　派遣法40の６以下

概　　要	根拠条文等
◆**労働契約申込みみなし制度とは** 派遣先又は請負の発注者(以下、「派遣先等」)が一定の行為を行った場合、派遣先等が派遣労働者又は下請先に雇用されている労働者(以下、「派遣労働者等」)に労働契約の申込みをしたものと見なされる制度のこと。 派遣労働者等が承諾すれば、派遣先等と派遣労働者等の間で労働契約が成立する。	派遣法40の６
◆**労働契約申込みみなし制度が発動する要件** 上述のように、この制度は、派遣先等の意思に関係なく労働契約の成立を申し込んだものと扱うという強力な制度であるから、それが適用される場面は限定されている。 (1)　労働契約を申し込んだと見なされる派遣先等の行為類型 派遣先等が違法行為を犯せばすべての場面でこの制度が適用されるわけではなく、以下に掲げる違法行為を犯した場合に限られる。 ①　派遣労働者を禁止業務(港湾運送業務、建設業務、警備業務、医療関連業務)に従事させた場合(派遣法４③違反) ②　無許可・無届の派遣元から労働者派遣の役務の提供を受ける場合(派遣法24の２違反)	

③　派遣受入期間制限を超えて労働者派遣の役務の提供を受けた場合（派遣法40の２①、40の３違反） ④　派遣法の規定の適用を免れる目的で、請負等の名目で労働者派遣契約を締結せずに労働者派遣の役務の提供を受けること（いわゆる偽装請負） ⑵　承諾可能期間 この制度は、労働契約の申込みをみなす制度であるから、派遣労働者等が承諾をしなければ労働契約は成立しない。それでは、いつまででも派遣労働者は承諾できるのかというと、上記の違法行為の終了した日から１年を経過する日までは撤回できず、一方でその間に派遣労働者等の承諾・不承諾の意思表示がなかった場合には、効力を失うとされているから、違法行為が終了してから１年以内が承諾期間ということになる。	派遣法40の6 ②③

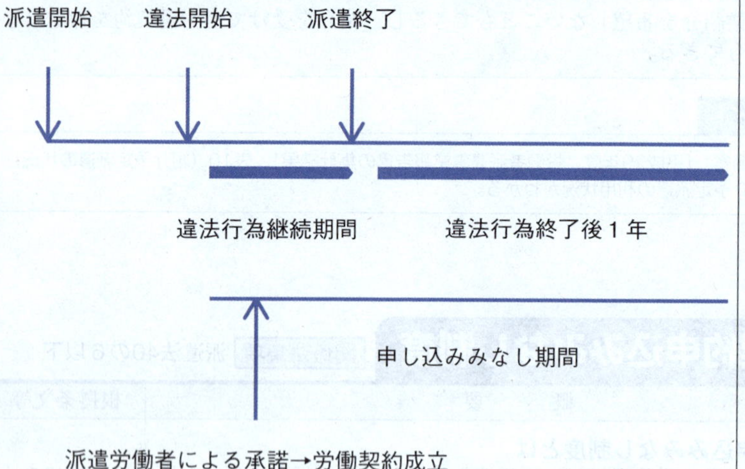

⑶　善意・無過失
派遣先等が上記⑴の違法行為をした場合であっても、派遣先等がその行為が違法であることを知らず、かつ、知らなかったことに過失がないときには、労働契約を申し込んだものとはみなされない。

◆成立する労働契約の内容
この制度に基づいて労働契約が成立した場合の労働条件は、派遣元ないし発注者と当該派遣労働者との間の労働条件と同一となる。

○派遣先等が派遣労働者等を雇用する意図をまったく有していなくとも労働契約の申込みをしたものと扱われるのか？
この制度は、派遣先等の労働契約の成立に対する言動や意思に着目して労働契約の申込みをしたものと扱うというものではない。派遣先等が、前述したような一定の行為をした場合に、労働契約の申込みをしたものと取り扱ってしまうという制度である。
したがって、派遣先等が、「自分たちは、派遣労働者等に対して直接雇用を期待させるような発言はした覚えはない」と言ってみても、効果的な反論にはならない。

関連事項

1　労働契約申込みみなし制度と行政指導

労働契約成立の有無については、民事的効力の問題となるため、争いになれば最終的には司法判断に委ねられることとなるが、厚生労働大臣(同大臣の委任を受けた都道府県労働局長)は、派遣先又は派遣労働者からの求めに応じて、派遣先等の行為が申込みみなし制度の対象となる違法行為であるか否かにつき、必要な助言を行うことができ、また、申込みみなし制度により労働契約が成立していると判断されるにもかかわらず、派遣先等が派遣労働者を就労させない場合には、派遣労働者の就労に関し必要な助言・指導・勧告を行うことができる。さらに、この勧告に派遣先等が従わない場合には、公表することができるとされている(派遣法40の8)。

なお、労働契約申込みみなし制度に係る行政解釈については、厚生労働省職業安定局長により通達(平27.9.30　職発0930第13号)が発出されており、その解釈のあらましを知ることができる。

2　労働契約申込みみなし制度が発動する偽装請負と脱法目的

前述のように、偽装請負の場合も、労働契約申込みみなし制度が発動し得る一つのケースであるが、これについては、派遣法等の「規定の適用を免れる目的」で偽装請負が行われた場合に限定されている。例えば、派遣元が労働者派遣事業の許可を取り消されたことを知り、従来労働者派遣契約で行っていたものを請負に切り替えて、従前と同様に指揮命令を続けるといったケースが該当するであろう。

「脱法目的で偽装請負をやりました」などと認める派遣先等はほとんど考えられないから、脱法目的の有無は周辺事情から推察するほかないが、上の例などを参考にすると、相当悪質な事情がある場合に、脱法目的の存在が推定されるという運用にならざるを得ないであろう。

3　労働契約申込みみなし制度と成立する労働契約の期間

派遣元ないし請負人と派遣労働者等との契約が有期契約であった場合、その契約期間中に労働契約申込みがあったとみなされる事情が生じ、その派遣労働者等の承諾によって派遣先ないし発注者との間に労働契約が成立するとき、そこで成立する労働契約の期間が問題となる。

行政解釈(前掲通達)では、当該派遣労働者等と派遣先等との間に成立する労働契約は、当該派遣労働者等と派遣元ないし請負人との間の契約内容と同一なのであるから、契約の期間も同一であり、結局、派遣元ないし請負人との間の契約の残期間になるとしている。すなわち、当該派遣労働者と派遣元ないし請負人との間の労働契約が3か月契約であって、その契約の初日から2か月が経過するときに労働契約申込みみなし制度による契約の申込みがあったとみなされ、当該派遣労働者等が承諾の意思を表示したとすると、派遣先等との間に労働契約が成立するものの、その契約期間は、派遣元ないし請負人との契約の初日から起算して3か月とならざるを得ないため、結局、結果的に派遣先等との間の契約期間は1か月になるということである。

参考ウェブサイト

WEB 厚生労働省「労働契約申込みみなし制度の概要」(PDF)
　＊ 労働契約申込みみなし制度につき、要点が解説されている。

無期転換権

関係法条項　労契法18

概　　要	根拠条文等
◆無期転換権とは 同一の使用者との間で更新された２以上の有期労働契約の契約期間を通算した期間が５年を超え、有期契約労働者から現に締結している有期労働契約の契約期間が満了する日までの間に、無期労働契約の締結の申込みがあった場合に、当該使用者と労働者の間に無期労働契約が成立することを「無期転換」といい、労働者がそのような申込みをして無期契約に転換させる権利を「無期転換権」という。 【契約期間が３年の場合の例】 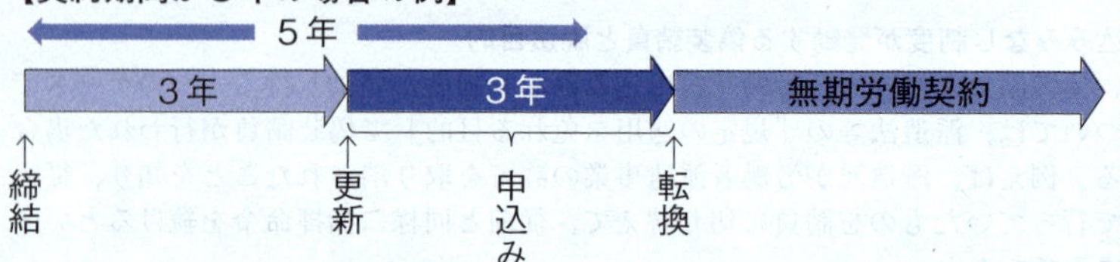 	労契法18
◆無期転換の要件 無期労働契約への転換に当たっては、以下の要件を満たす必要がある。 ①　同一の使用者との間で更新された２以上の有期労働契約の契約期間を通算した期間が５年を超えること このカウントに当たっては、平成25年４月１日以降に開始する有期労働契約が対象となっているため、平成25年４月１日以降に締結され、また、更新された有期労働契約を通算して５年を超えることとなった時点から行使が可能である。 もし、有期労働契約と有期労働契約の間に、空白期間（同一使用者の下で働いていない期間）が６か月以上あるときは、その空白期間より前の有期労働契約は５年のカウントに含めない（いわゆるクーリング期間）。 ②　現に締結している有期労働契約の契約期間が満了する日までの間に、無期労働契約の締結の申込みをすること	
◆成立する無期労働契約の内容 上記無期転換の要件を満たす労働者が、無期労働契約の締結の申込みをしたときには、使用者は当該申込みを承諾したものとみなされるので、当該労働者と使用者との間に、現に継続している有期労働契約の期間が満了した翌日から無期労働契約が成立する。 成立した無期労働契約の労働条件は、別段の定めがない限り、契約期間を除き、それまで締結されていた有期労働契約の労働条件と同一となる。当然のことながら、無期転換者であっても、正社員と同一の労働条件になるものではない。 一方、「別段の定め」をおけば、無期転換した後の労働条件を有期契約時代のものから変更することもできる。例えば、有期契約時代は月給20万円で、地域限定者であったが、無期契約に転換した後は、月給30万	

円で全国転勤対象者となるというような契約にしたいのであれば、使用者は、無期転換した後の労働者に適用される就業規則を策定して、上記の条件を定めておけばよい。

◆例外

①「研究開発システムの改革の推進等による研究開発能力の強化及び研究開発等の効率的推進等に関する法律」15条の２に定める研究者や技術者の場合には、労契法18条で「５年」とされているところが「10年」とされることになるから、通算10年を超えたときに初めて無期転換権が発生する。

②「専門的知識等を有する有期雇用労働者等に関する特別措置法」に基づき、(a)５年を超える一定の期間内に完了することが予定されている業務に従事する、厚生労働省が定める基準に該当する高度な専門的知識等を有する有期雇用労働者、及び、(b)いわゆる定年後再雇用の有期雇用労働者は、厚生労働省により、法定の内容を盛り込んだ計画書の認定を受ければ、(a)については、一定の期間内に完了することが予定されている業務の期間（最大で10年間）、(b)については同計画に基づき引き続き雇用されている期間、無期転換権は発生しない。

○使用者の意図や過去の言動とは関係なく無期契約に転換されてしまうのか？

労契法18条の要件を満たした労働者から申込みがあった場合は、使用者の意思や過去の言動とは関係なく、有期契約であったものが無期契約に転換されることになる。使用者が、「自分は無期契約に切り替えることを期待させるような発言はしたことがない」と言ってみても、それは無期転換の効果発生を妨げる理由とはなり得ない。それが「承諾」したものと「みなす」という文言の意味である。

関連事項

1　無期転換後の労働条件と不利益変更

上述のように、「別段の定め」をすることにより、無期転換後は有期契約時代とは異なる労働条件を設定することも可能であるが、このような別段の定めについて、例えば、従前は配転を命じられなかったにもかかわらず、無期労働契約に転換すると配転を命じられるようになることは、労働条件の不利益変更であり、労契法10条の要件を満たさない限りは無効となる、という考え方も、新たな無期雇用契約を締結することになるから、従前の労働契約と比較した不利益変更の問題にはならないという考え方とが主張されている。現時点ではこの点に論及した裁判例は見当たらず、裁判所が今後いずれの立場をとるのかを注目しておく必要がある。

2　無期転換を防止するための雇止め

無期転換権を発生させないようにするために、有期契約の通算期間の限度を５年とすることは、これから新たに最初の有期契約を結ぶ労働者との関係では、特段禁止されるものではない。

問題は、これまでそうした限定を付することなく更新を繰り返してきた労働者との関係で、「契約を更新する場合であっても、平成25年４月１日以降に締結した契約の通算期間が５年を超えることはない」という制限を設けることができるかである。

そうした内容を含む契約につき労働者の同意が得られるならば、そのような制限も有効に成立する。しかし、そうした新たな制限を設けることに反対した労働者との関係では、その制限が有効に成立するとは言い切れない。したがって、かかる制限付きの労働契約に合意しない労働者について、「条件が折り合わないから、契約は更新しない(雇止めする)」という対応をとった場合には、その雇止めは無効と判断される可能性がある。

3　無期転換権の放棄

労契法18条に基づく無期転換権の放棄が認められるかについては、公序良俗に反し無効であるとする考え方(平24.8.10基発0810第2号)と、真に任意に放棄されたものまでも、その効力を否定する理由はないとする考え方とがある。この点についても、いまだ論及した裁判例は見当たらず、今後の判断が注目される。

参考ウェブサイト

WEB 厚生労働省　「有期契約労働者の円滑な無期転換のためのハンドブック」(PDF)

＊　無期転換制度の要点が掲載されている。

WEB 独立行政法人労働政策研究・研修機構　「改正労働契約法とその特例への対応状況等に関するアンケート調査」結果(平成29年5月23日)(PDF)

＊　各企業が無期転換問題にどう対応しようとしているのかを知ることができる。

WEB 厚生労働省　大学等及び研究開発法人の研究者、教員等に対する労働契約法の特例について
厚生労働省　高度専門職・継続雇用の高齢者に関する無期転換ルールの特例について

＊　無期転換権に関する上記例外についての解説がなされている。

§4

賃金・退職金

賃　　金　関係法条項 労基法11

概　　要	根拠条文等
◆賃金とは 労働の対象として、使用者が労働者に対して支払うもの。 名称ではなく実態で判断されるが、例えば下記のものは賃金に該当しない。 ・顧客が労働者に直接支払うチップ(昭23.2.3　基発164号) ・企業年金基金(使用者とは別の法人から支給される年金)	労基法11

≪注意点≫

労基法上の「賃金」に該当するかどうかが問題となるものがあるので、それぞれの判断のポイントを押さえておくことが重要である。

1　任意・恩恵的な給付

祝祭日、会社の創立記念日又は労働者の個人的吉凶禍福に対して支給されるものは、賃金ではない(昭22.12.9　基発452号)。

しかし、「労働者の個人的吉凶禍福に対して支給されるもの」といっても、それが結婚祝金、死亡弔慰金等として就業規則等に基づき支給されるものであれば賃金となる(昭22.9.13　発基17号)。

2　実物給与

実物給与一般については「労働者より代金を徴収するものは、原則として賃金ではないが、その徴収金額が実際費用の３分の１以下であるときは、徴収金額と実際費用の３分の１との差額部分については、これを賃金とみなすこと。」(昭22.12.9　基発452号)とされている。

3　給与所得税、社会保険料等の負担

給与所得税や社会保険料の労働者個人負担部分等、本来、労働者が負担しなければならないことになっているものについて、これを使用者が負担する場合は、賃金とみなされている(昭63.3.14　基発150号)。

4　実費弁償

交通費、宿泊費等、その実費を弁償するためのものは、賃金とは考えられていない。

また、労働者所有の器具等を使用する場合に、損料として支払うものは器具の使用料であり、賃金ではなく、労働者のマイカーを業務に使用する場合に、ガソリン代等距離や時間に応じて一定の金額を支払う場合は、賃金ではない。従業員が私有の携帯電話を相当頻度業務に使用している場合に、携帯電話料として会社が支払うものも賃金ではないと解される。

5　通勤手当

労務提供の場所に通勤することは、労働者の責任であり、そのこと自体は業務ではない。また、通勤に要する費用は、労務の提供という労働者の債務を履行するために必要な費用であって、民法では、弁済の費用は原則として債務者の負担とされているから(民法485本文)、これは労働者自身が負担するのが民法の建前である。

したがって、法律上は通勤にかかる費用を使用者が負担すべき義務を負うものではないが、それを支給するときは、その支給基準が就業規則等で明確にされているならば、それは業務に要する費用の実費弁償ではなく、「賃金」に該当する(通勤定期券の現物支給の場合であっても、このことに変わりはない。)。

○賃金と給料は違うのか？

賃金の定義を定める労基法11条では、「賃金、給料、手当、賞与その他名称の如何を問わず」と書かれているから、労働関係法においては、「賃金」と「給料」あるいは「給与」とに違いはない。

賃金支払の５原則

関係法条項 労基法24、労基則８

<table>
<tr><th>概　要</th><th>根拠条文等</th></tr>
<tr><td>◆賃金支払に関する５原則とは
労基法24条に定められている賃金の支払に関する規定をこのように呼んでおり、具体的には下記の５つを指す。
①　通貨払の原則
②　直接払の原則
③　全額払の原則
④　毎月１回以上支払の原則
⑤　一定期日払の原則</td><td>労基法24</td></tr>
<tr><td>◆通貨払の原則の意義と例外
通貨払の原則とは、賃金は、通貨で支払われなければならないという原則。
※「通貨」とは、貨幣及び日本銀行券のことをいう。
通貨以外のもので支払ができる（現物給与が認められる）のは労働協約によって定められた場合のみ（法文上は「法令又は労働協約に定めがある場合」であるが、そのような定めをした法令は存在しない。）。
このため、労働組合が存しない企業においては、現物給与の支払はできず、労働組合との間において労働協約が締結できた場合であっても、その効力が及ぶのは原則として当該労働組合の組合員についてのみである。
<現物給与の例>
・通勤手当として通勤定期券を支給する
・賞与の一部を自社商品などで支払う
・退職金の一部を自社株で支払う
なお、この件に関連し、かつては賃金の銀行振込の可否が問題とされたが、今日では、下記の条件を満たす場合は認められている。
①　本人の同意を得ている
②　本人の指定する金融機関への振込である
③　本人名義の口座への振込である</td><td>通貨の単位及び貨幣の発行等に関する法律２③

労規則７の２①</td></tr>
<tr><td>◆直接払の原則の意義と例外
直接払の原則とは、賃金は直接労働者に支払われなければならないという原則。
労働者の親権者や配偶者に対してであっても、支払うことはできない。</td><td></td></tr>
</table>

仮に、使用者が労働者以外の者の請求に応じて支払った場合であっても、労働者本人から支払請求がなされた場合には、当該労働者に支払わなければならない。 　また、賃金債権の譲渡がなされ、その譲受人から賃金の支払請求がなされた場合であっても応ずることはできない。 ＜例外＞ 　国税徴収法や民事執行法に基づいて賃金債権が差し押さえられ、その手続により差押えをした者に対して支払をすることは差し支えない(この原則違反とはならない)。	
◆全額払の原則の意義と例外 　全額払の原則とは、賃金は、その全額が支払われなければならないという原則。 　例えば労働者に対する貸付金との相殺や親睦会費等の天引きであっても、使用者が勝手に控除することは許されない。 　この全額払の原則があるために、労働者の賃金債権に対しては、使用者において、使用者が労働者に対して有する債権と相殺することも許されない(日本勧業経済会事件　最高裁大法廷　昭36.5.31判決　民集15巻5号1482頁、関西精機事件　最高裁二小　昭31.11.2判決　民集10巻11号1413頁)。 ＜例外＞ 　賃金から控除することができるのは下記に限られる。 　①　各種税金や社会保険料など法令に別段の定めがあるもの 　②　控除に関する労使協定を結び、その中に具体的に掲げたもの 　※親睦会やクラブ活動費用などは②の労使協定を結ぶことで控除が可能になる。 ＜例外的に賃金との相殺が認められるケース＞ 　次の2つの場合については、賃金との相殺も許されるものと解されている。 　①　計算違いなど事務処理上のミスで賃金を過払いした場合に、その過払金を翌月の賃金から控除して取り戻すようなケース 　②　労働者が真に自由な意思によって相殺に合意した場合(日新製鋼事件　最高裁二小　平2.11.26判決　民集44巻8号1085頁参照)。	労基法24①但書後段
◆毎月1回以上支払の原則の意義と例外 　毎月1回以上支払の原則とは、賃金は毎月1回以上支払われなければならないという原則。 　毎月少なくとも1回は賃金を支払うことを求めるものであり、年俸契約の場合も、通常は12分割(ないしそれ以上に分割)してその1(又はそれ以上の額)を支払うことになる。 ＜例外＞ 　・臨時に支払われる賃金及び賞与 　・1か月を超える期間の出勤成績によって支給される精勤手当 　・1か月を超える一定期間の継続勤務に対して支給される勤続手当 　・1か月を超える期間にわたる事由によって算定される奨励加給又は能率手当	労基法24②但書、労基則8

◆**一定期日払の原則**

一定期日払の原則とは、賃金は一定の期日を定めて支払われなければならないという原則。

ただし、下記のようなケースは違反とはされず、認められる。

・所定支払日が休日に当たる場合に、その支払日を繰上げることを定める

・就業規則そのものを改正し、支払日を変更する

例：「毎月10日」の支払日を「毎月20日」とするなど

なお、労働者が本人、その家族等の出産、疾病、災害等の非常の場合の費用として賃金を請求した場合に使用者は既往の労働に対する賃金を支払わなければならない。

労基法25、労基則9

○**賃金支払の５原則に違反するとどうなるのか**

賃金支払の５原則に違反した場合、その使用者に対しては、行政指導(労働基準監督官による是正勧告)がなされ、それでも是正されなければ、30万円以下の罰金という罰則が科せられる可能性がある(労基法120一)。

関　連　事　項

賃金債権の放棄

賃金との相殺に関連して、賃金債権の放棄は可能なのかという論点がある。

この点、裁判例は、退職金債権放棄の事案において、労働者が退職に際し自ら退職金債権を放棄する意思表示をした場合に、全額払いの原則によってその意思表示を否定することはできないとし、賃金債権放棄が有効になり得ることを認め、ただ続けて、もっとも、放棄の意思表示の効力を認めるためには、それが労働者の自由な意思に基づくものであることが明確でなければならないとしている(シンガー・ソーイング・メシーン・カムパニー事件　最高裁二小　昭48.1.19判決　民集27巻１号27頁)。この判決にいう労働者の「自由な意思」は、いかなる場合に認められるのかということが問題となるが、少なくとも、自分のかけた損害より少ない額で解決がなされるとか、刑事上の告訴を免れるというように、労働者の側にも利益がある場合が含まれると解される。

代表的裁判例

1　労基法24条１項は、労働者の賃金債権に対しては、使用者は、使用者が労働者に対して有する債権をもって相殺することを許されないとの趣旨を包含するものと解するのが相当である(日本勧業経済会事件　最高裁大法廷　昭36.5.31判決　民集15巻５号1482頁)。

2　賃金計算における過誤、違算等により、賃金の過払が生ずることのあることは避けがたいところであり、このような場合、これを精算ないし調整するため、後に支払わるべき賃金から控除できるとすることは、賃金の清算調整の実を失わない程度に合理的に接着しており、その金額が労働者の生活をおびやかすおそれのない範囲であれば、それは労基法の「全額払の原則」に違反するものではない(福島県教組事件　最高裁一小　昭44.12.18判決　民集23巻12号2495頁、群馬県教組事件　最高裁二小　昭45.10.30判決　民集24巻11号1693頁)。

賃金の支払形態

関係法条項 労基法27

概　要	根拠条文等
◆支払形態の種類 賃金の支払形態、つまり賃金をどのような計算単位で支払うかについては、労基法その他の法令において定められているわけではなく、様々な制度がある。 ＜代表的な支払形態＞ ・時間給制…賃金を時間単位で定める ・日給制…賃金を日単位で定める ・月給制…賃金を月単位で定める （このうち、遅刻・欠勤の場合にも減額しない制度を「完全月給制」と呼ぶこともある。） ・年俸制…年単位で定める ・出来高払制…労務提供の結果である出来高（生産量、販売実績等仕事の成果）に応じて定める。	

≪注意点≫

1　完全出来高給制の禁止

労基法27条は、「出来高払制その他請負制で使用する労働者については、使用者は、労働時間に応じ一定額の賃金の保障をしなければならない。」と定めており、保障給を設けない完全出来高払制は同条違反となる。そして、その保障給の目処としては、60%程度とされている（昭22.9.13　発基17号、昭63.3.14　基発150号）。

2　完全月給制と全期間欠勤

完全月給制は、欠勤、遅刻・早退等の場合にも賃金の控除を行わない制度であるが、その制度下では、月の全期間欠勤した場合にも欠勤控除を行うことはできず、賃金全額を支払わなければならない。

3　年俸制と毎月払の原則

年俸制そのものにつき定義や要件を定めた法令はないが、毎月１回以上定期払の原則を遵守する必要があることから（労基法24②）、取り決められた年俸額を12等分ないし17等分し、その１を毎月支払うこととし、その余については一般の賞与月に支払うこととしているケースが多い。

関連事項

1　ノーワーク・ノーペイの原則

民法624条１項は、「労働者は、その約した労働を終わった後でなければ、報酬を請求することができない。」と定めているから、労働者は、労務の提供が完了した後でなければ賃金を請求できない。これは、一般に、「ノーワーク・ノーペイの原則」などと呼ばれている。

もちろん、ノーワーク・ノーペイの原則を労働者に有利に変更することは自由であり、欠勤・遅刻・早退等の場合においても、欠勤控除等を行わない、いわゆる完全月給制は、この原則の例外である。

2　不完全な労務提供と賃金請求権

労務の提供は、労働契約で定められたとおりに誠実に履行されなければならないのであって、それに反する労務の提供がなされたとしても、賃金請求権は発生しない。

もっとも、病気や障害などによりそれまでの業務を完全には遂行できないとしても、実際には配置可能な業務がある場合には、労務の提供があったものとして、賃金請求権は失われないとされている(片山組事件　最高裁一小　平10.4.9判決　判時1639号130頁)。

3　使用者の受領拒絶と労働者の賃金請求権

労働契約に基づく労働者の労務を遂行すべき債務の履行につき、使用者の責めに帰すべき事由によって不能となったときは、労働者は、現実には労務を遂行していないが、賃金の支払を請求することができる(民法536②)。

ただ、その前提として、労働者が客観的に就労する意思と能力とを有していることが前提となることはいうまでもない(ペンション経営研究所事件　東京地裁　平9.8.26判決　労判734号75頁、ユニ・フレックス事件　東京地裁　平10.6.5判決　労判748号117頁)。

最低賃金

関係法条項　最賃法

概　要	根拠条文等
◆最低賃金とは 国によって決められた賃金の最低額のこと。 本来、賃金の額は労働契約によって決まるものであるが、労働市場の状況によっては、著しく低廉な賃金額が出現しかねない。そこで、国が賃金の最低額を定めて、それを使用者に守らせる仕組みを整え、労働者の保護を図ろうとするものである。	
◆最低賃金の決定方式 最低賃金の決定方式には、「地域別最低賃金」と「特定最低賃金」の２つの制度がある。	
⑴　地域別最低賃金 一定の地域ごとの最低賃金のことであって、その額は、当該地域における労働者の生計費及び賃金並びに通常の事業の賃金支払能力を考慮し(生計費については、「労働者が健康で文化的な最低限度の生活を営むことができるよう、生活保護に係る施策との整合性に配慮する」とされる。)、最低賃金審議会の意見を聴いて、厚生労働大臣又は都道府県労働局長が決定する。	最賃法９、10
⑵　特定最低賃金 一定の事業又は職業について、労働者又は使用者の代表が申出をしたときに、厚生労働大臣又は都道府県労働局長が決定するもの	最賃法15
特定最低賃金の額は、当該特定最低賃金の適用を受ける使用者の事業場の所在地を含む地域について決定された地域別最低賃金において定める最低賃金額を上回るものでなければならない。	最賃法16
現在では、最低賃金額は、時間によって定められる。	最賃法３

≪注意点≫

1　最低賃金額以上であることを要求される賃金

最低賃金額以上であることを要求される賃金は、１月を超えない期間ごとに支払われる、通常の労働時間又は労働日の労働に対して支払われる賃金である。したがって、臨時に支払われる賃金や１か月の期間を超えるごとに支払われる賞与などは、最低賃金額以上であることを求められるものではない(最賃法４③、最賃則１)。

２　派遣労働者の最低賃金

派遣労働者については、派遣先事業に適用される最低賃金が適用される(最賃法13、18)。

○労働者が最低賃金額でもかまわないといえば、それを下回る賃金額も許されるのか？

使用者は、最低賃金の適用を受ける労働者に対し、その最低賃金額以上の賃金を支払わなければならず(最賃法４①)、最低賃金を下回る賃金額の定めをした労働契約は、その部分について無効とされ、無効となった部分は最低賃金と同様の定めをしたものとみなされる(最賃法４②)。

したがって、例えば、最低賃金額が時給800円とされている地域において、労働者が、「自分は時給700円でかまわないから、雇ってほしい」と言っている場合であっても、その労働者の時給は800円となる。

また、地域別最低賃金に違反した者は、50万円以下の罰金に処せられる可能性もある(最賃法40。両罰規定は42。これに対し、特定最低賃金の場合は、これに違反しても最賃法上の罰則はない。)。

参考ウェブサイト

WEB 厚生労働省「地域別最低賃金の全国一覧」(平成30年度)
WEB 厚生労働省「特定最低賃金の全国一覧」(平成30年12月17日現在)
＊　いずれも最低賃金の額を知ることができる。

平均賃金

関係法条項　労基法12

概　要	根拠条文等
◆平均賃金とは 労基法が一定の場合に用いることとしている独特の概念。 同法で決められた算出方法に従って導き出される賃金をいう。	
◆「平均賃金」という概念を使用する場面(主なもの) ・解雇予告手当 ・休業手当 ・年次有給休暇 ・災害補償 ・減給の制裁の制限	 労基法20 労基法26 労基法39⑦ 労基法76～82 労基法91

◆平均賃金の計算方法 原則的な算式は下記の通り（ただし、最低保障額あり）。 （算式） $$平均賃金=\frac{事由発生日以前3か月間の賃金総額}{事由発生日以前3か月間の暦日数}$$ （算式の賃金総額から除外されるもの） ① 臨時に支払われた賃金 ② ３か月を超える期間ごとに支払われる賃金 ③ 労働協約の定めによらないで通貨以外のもので支払われた賃金 ※それ以外の全ての賃金、例えば残業手当や年休手当等も算入される。 （計算例） ７月１日にその日をもって労働者を解雇することとなったが、30日以上の予告期間がなく、平均賃金の30日分以上の解雇予告手当を支払わなければならないため、平均賃金の算出が必要となった。 ・当該労働者の直近３か月の給与額は下記の通り ４月　33万円 ５月　28万円 ６月　30万円 （３か月間の暦日数は91日） $$平均賃金=\frac{事由発生日以前3か月間の賃金総額}{事由発生日以前3か月間の暦日数}$$ $$=\frac{33万円+28万円+30万円}{91日}$$ ＝１万円 ∴解雇予告手当として30万円以上の額を支払わなければならない。	労基法12
≪注意点≫ **１　賃金締切日との関係** 「算定すべき事由の発生した日以前３か月間」に賃金締切日がある場合は「直前の賃金締切日から起算する」とされている（労基法12②）。 また、雇入後３か月に満たない者の計算対象期間は、雇入後の期間とされている（労基法12⑥）。 **２　算定期間から除かれるもの** ① 業務上の傷病による療養のための休業期間（労基法12③一） ② 産前産後の女性が、労基法65条の規定により休業した期間（労基法12③二） ③ 使用者の責に帰すべき事由によって休業した期間（労基法12③三） ④ 育児介護休業法の育児休業、介護休業期間（労基法12③四） ⑤ 試みの使用期間（労基法12③五） ⑥ 組合専従期間（昭25.1.18　基収129号） ⑦ 争議行為のための休業期間（昭29.3.31　28基収4240号） **３　「算定すべき事由の発生した日」の意義** 「算定すべき事由の発生した日」とは、 ・解雇予告手当の場合…解雇を通告した日（昭39.6.12　基収2316号）	

・休業手当の場合…当該休業日
・年次有給休暇の手当の場合…当該年休日
・労災補償の場合…「死傷の原因たる事故発生の日又は診断によつて疾病の発生が確定した日」（労基則48）
・減給の制裁の限度を導く場合…減給の制裁の意思表示が相手方に到達した日（昭30.7.19　基収5875号）

4　端数処理

「賃金の総額」を「その期間の総日数」で除して得た金額に、銭位未満の端数が生じた場合には、その端数は切り捨てる（昭22.11.5　基発232号）。

そして実際に、例えば解雇予告手当の額を計算するときには、特約がある場合はその特約により端数が整理され、特約がない場合は１円未満の端数は四捨五入して計算する（通貨の単位及び貨幣の発行等に関する法律３）。

○平均賃金は、対象期間中の賃金の相加平均ではないのか？

平均賃金は、上述のように、労基法12条に記載されている算出方法に従って計算されるものであって、労働者の何か月かの賃金の総支給額を合算して、それをその月数で除して１か月当たりの賃金の平均額を導く、「賃金の平均」とは異なる概念である。つまり、労基法の話をする中では、「平均賃金」と「賃金の平均」は違う概念であることにくれぐれも注意が必要である。

割増賃金

関係法条項　労基法37、労基則19以下

概　　要	根拠条文等
◆割増賃金とは 使用者が、労働者に時間外労働、休日労働又は深夜労働をさせた場合に支払わなければならない賃金をいう。	労基法37①、④、労働基準法第37条第１項の時間外及び休日の割増賃金に係る率の最低限度を定める政令

＜時間外労働に対する割増率＞

月間60時間まで	２割５分以上
月間60時間を超える時間	５割以上

休日労働に対する割増率	３割５分以上
深夜労働に対する割増率	２割５分以上

※中小企業（その資本金の額又は出資の総額が３億円（小売業又はサービス業を主たる事業とする事業主については5,000万円、卸売業を主たる事業とする事業主については１億円）以下である事業主及びその常時使用する労働者の数が300人（小売業を主たる事業とする事業主については50人、卸売業又はサービス業を主たる事業とする事業主については100人）以下である企業）については、月間60時間を超える時間外労働に対する５割以上の割増率は令和５年４月１日から適用される）。（根拠条文等：労基法138）

◆罰則 割増賃金を支払わなければならない場合にその支払を怠った使用者に対しては、行政指導（労働基準監督官による是正勧告）がなされることとなり、それにも従わなければ、６か月以下の懲役又は30万円以下の罰金という罰則が科される可能性があるほか、付加金の支払を命ぜられる対象ともなり得る。	労基法119一、114

《注意点》

１　月間45時間を超え60時間までの時間外労働に対する割増賃金の割増率

労基法36条１項の協定で定める労働時間の延長の限度等に関する基準においては、月間45時間を超え、60時間までの時間外労働に対する割増賃金の割増率につき、２割５分を超える率とするように努めることが求められているが、これは努力義務であって、法的な拘束力はない。

２　時間外労働、休日労働、深夜労働が重複した場合の割増率

・１か月60時間以内の時間外労働と深夜労働が重なる場合は、その重なる部分についての割増率は５割以上

・１か月60時間を超える時間外労働と深夜労働が重なる場合は、その重なる部分についての割増率は７割５分以上

・休日労働と深夜労働が重なる場合は、その重なる部分についての割増率は６割以上

※時間外労働と休日労働の重複については、特段規定はなく、休日における労働については、それが何時間であろうと、単に「休日の労働時間数」と捉えればよく、この場合には３割５分の割増賃金を支払えばよい。

３　割増賃金の計算基礎から除外される賃金

時間外、休日及び深夜労働に対する割増賃金の算定基礎から除外される賃金は法令に限定的に列挙されており、下記の７種である。これらのいずれかに該当しない賃金は全て割増賃金の計算基礎に算入しなければならない（労基法37⑤、労基則21）。

①　家族手当
②　通勤手当
③　別居手当
④　子女教育手当
⑤　住宅手当
⑥　臨時に支払われた賃金
⑦　１か月を超える期間ごとに支払われる賃金

４　１時間当たりの賃金の計算方法

割増賃金を算出するに当たっては、割増率及び割増賃金の算定基礎に含まれる賃金が決まっているだけでは足りず、１時間当たりの賃金の計算方法が確定していなければならない。その計算方法は、労基則19条に定められている。

５　代替休暇の付与による一部の時間外割増賃金の支払免除

平成20年の労基法改正により、１か月につき60時間を超える時間外労働に対しては、５割以上の率で計算される割増賃金が支払われなければならないこととなったが、やむを得ず１か月につき60時間を超えて時間外労働に従事した労働者に対して休息の機会を与えることを目的として、労使協定に基づき、当該労働者の選択により、上記割増賃金率の引上げ分の率による割増賃金の支払いに代えて有給の休暇を付与することができる制度が設けられている（労基法37③、労基則19の２）。

こうした代替休暇制度を設けるか否かは、各企業に任されており、それを導入しなくとも差し支えない。

○法内残業にも割増賃金の支払は必要か？

労基法が定める割増賃金の対象となるのは、法定残業である。したがって、例えば、1日の所定労働時間が7時間と定められている企業において、1日8時間労働した場合は、7時間から8時間までの1時間の労働は、いわゆる「法内残業」であるから、同法の割増賃金の支給義務が生ずる対象ではない。もちろん、その場合にも、就業規則（給与規程）において、一定の割増賃金を支払う旨定めることは自由であり、かかる定めがある企業では、それに従った支払がなされなければならない。

関連事項

1　みなし残業代

割増賃金は、労基法で定められた計算方法により算出される金額を上回っているのであれば、必ずしも労基法に従った計算方法で算出する必要はないし、常に「時間外割増賃金」であるとか、「時間外手当」という名目の下に支払わなければならないというものでもない。

しかし、その場合には、それらの手当が時間外、休日又は深夜の割増賃金としての性格を持つことを就業規則や労働契約上明記し、労基法所定の計算方法に従って計算される割増賃金の額に足りないときは、その差額を支払うこととされていなければならない。言い換えれば、通常の労働時間に対する部分と割増賃金に相当する部分とが区別されず、両者を含めて一定額を支給するとされている場合には、労基法所定の割増賃金を支払ったものとは認められない（高知県観光事件　最高裁二小　平6.6.13判決　判時1502号149頁、テックジャパン事件　最高裁一小　平24.3.8判決　判時2160号135頁）との判断がなされている。これらの流れの中では、労基法に従って計算した割増賃金の額が固定残業代を超えるときは、その支払いをする合意があることが定額残業代の有効要件のひとつとして挙げられていたが、近時必ずしも同要件を必要としないように解される判例も出てきており（日本ケミカル事件（最一小　平30.7.19判決）、今後の動向に留意が必要である。

2　管理監督者と割増賃金

労基法41条2号の管理監督者に該当する者は、時間外労働、休日労働が発生せず、割増賃金の問題は生じない。

しかし、深夜労働と深夜割増賃金は発生する（ことぶき事件　最高裁二小　平21.12.18判決　判時2068号159頁）。

3　年俸制適用者と割増賃金

年俸制適用者であっても、法定労働時間を超えて労働した者に対しては、労基法37条1項に基づいて時間外割増賃金が支払われなければならない。「残業代は年俸に含まれている」という点につき、当該労働者が同意していたとしても、労基法の強行的直律的効力（労基法13）により、使用者としては、現実に時間外労働がなされたのであれば、それに対応する時間外割増賃金を支払わなければならない。

これに対し、年俸制適用者であって、割増賃金の支給対象者であっても、年俸の中に、一定の時間の時間外労働あるいは一定の休日数に対する割増賃金であることが明示されて年俸が取り決められている場合は、その時間あるいは休日数に達するまでの時間外労働あるいは休日労働に対する割増賃金の支払は不要である。

年俸制適用者の割増賃金の問題に関連して、「年俸額を17等分し、その2を6月に、その3を12月に賞与として支給する」といった定めをしている場合は、当該賞与は支給額が確定しているものであるから、「臨時に支払われる賃金」にも「一箇月を超える期間ごとに支払われる賃金」にも該当せず、割増賃金の算定基礎から除外することは許されないことに注意する必要がある(平12.3.8基収78号、ロア・アドバタイジング事件　東京地裁　平24.7.27判決　労判1059号26頁)。

参考ウェブサイト

WEB 厚生労働省　モデル就業規則第６章(賃金に関する就業規則の例)
　＊　給与に関する就業規則の条項の参考となる。

WEB 厚生労働省　「割増賃金の基礎となる賃金とは？」
　＊　割増賃金を算出するにあたって、どの賃金を算入すべきかを簡単に解説。

休業手当

関係法条項 労基法26

概　　要	根拠条文等
◆休業手当とは 会社都合で休業する場合、使用者はその休業期間中、労働者に対して平均賃金の60％以上の手当を支払わなければならないとされており、その労働者に支払うべき手当をいう。	労基法26

≪注意点≫

一部休業との関係

「休業」とは、事業場の全部又は一部が閉鎖される場合ばかりでなく、特定の労働者について、労務提供を拒否することも含まれる。

使用者の責めに帰すべき休業が１日の所定労働時間の一部である場合は、その日全体としてみて、平均賃金の６割が支払われる必要がある。したがって、休業していない時間の労働に対して現実に支払われる賃金額が、平均賃金額の６割を下回っているときは、差額が休業手当として支払われなければならない(昭27.8.7　基収3445号)。

○会社側の都合による休業の場合でも、労働者が理解してくれるのであれば、１円も払う必要はないのではないか？

民法の世界では、労働者が同意してくれるのであれば、会社側の事情による休業の場合には、賃金を全く支払わないということも許されるが、労基法においては、使用者に「責めに帰すべき事由」があるのであれば、最低限休業手当の支払は必要である。

労基法26条にいう「使用者の責に帰すべき事由」とは、使用者の経営管理上の責任範囲に属する事由で、天災地変等のように不可抗力を主張し得ない場合である。そのため、資材の欠乏又は事業場設備の欠陥による操業停止等、使用者の支配圏内で生じた問題については、「使用者の責に帰すべき事由」であるとされている(昭23.6.11　基収1998号、ノースウエスト航空事件　最高裁二小　昭62.7.17判決　民集41巻５号1283頁)。

賞　与

概　要	根拠条文等
◆賞与(一時金・ボーナス)とは 法令に定義規定があるわけではないが、従業員が一定期間勤務したことに対して支給される月例給とは別の包括的な対価のこと。	
◆就業規則への記載 賞与に関する事項は、就業規則の相対的必要記載事項である(なお、パートタイマーの労働条件明示との関係については、6頁参照。)。したがって、賞与を支給することとするのであれば、それに関する定めを就業規則(給与規程)に置かなければならない。	労基法89④

○賞与は必ず支払わなければならないのか？

賞与も、それが使用者の全くの自由裁量に委ねられた任意恩恵的な給付である場合を除き、労基法上の「賃金」の一種であることはいうまでもないが（労基法11)、賞与自体の支給が法律上義務付けられているものではない。

したがって、賞与を請求し得るかどうかは、第1次的には労働契約の内容によって決まるものであって、結局は就業規則や労働契約書の条項の解釈にかかっている。

就業規則における賞与の支給に関する規定の仕方としては、①「賞与は年2回支給する」といったものと、②「賞与は毎年6月及び12月に会社の業績及び各従業員の成績を考慮して支給することがある」といったものとがある。

このうち、①のパターンに属する規定を前提とすると、使用者は毎年2回の賞与の支給義務を負うことになり、業績不振の年であっても、原則として賞与は必ず支給しなければならないが、②のパターンの規定の場合には、賞与が支給されるかどうかは、会社の業績と本人の成績にかかっているのであって、常に使用者に賞与の支給義務があるわけではない。

代表的裁判例

（期末勤勉手当につき)「その都度理事会が定める金額を支給する」との定めがあるにとどまる場合には、同手当の請求権は、「理事会が支給すべき金額を定めることにより初めて具体的権利として発生するものというべきである」(福岡雙葉学園事件　最高裁三小　平19.12.18判決　労判951号5頁)。

関 連 事 項

1　賞与の支給日在籍要件

通常、賞与は、前年の10月から本年の3月までの実績を基礎として算出されるものを6月に支給し、4月から9月までの実績を基礎として算出されるものを12月に支給するというように、評価対象期間と実際の支給日との間にタイム・ラグが存在する。

このため、評価対象期間については全部勤務したが、実際の賞与の支給日までに退職するというケースも生ずるのであって、このような者に対する賞与の支給義務の有無が問題となる。

基本的には、賞与に関する就業規則(給与規程)の定め方にかかっているといってよいであろう。最高裁も、従来から賞与をその支給日に在籍する者に対して支給していたという慣行が存する会社が、就業規則を改正してその慣行を明文の形にしたというケースにおいて、当該改定後の就業規則を適用して、支給日に在籍しなかった者の賞与の支払請求に応じなかった扱いを是認している(大和銀行事件　最高裁一小　昭57.10.7判決　判時1061号118頁)。もっとも、年俸制適用者につき、年俸額の16分の４を支給する旨が明確に約されているといった場合において、賞与の対象期間は就労したが、支給日に在籍しなくなった者に対しては、その支給が命ぜられることがあり得る(日本ルセル事件　東京高裁　昭49.8.27判決　判時761号107頁)。

２　賞与と労働慣行

例えば、従来は、毎年２回、しかも若干の変動はあったものの、夏季は月給の２か月分前後に相当する額が、冬季は月給の３か月分前後に相当する額が、それぞれ賞与として支給されてきたといった場合、使用者は、その支給実績に拘束されるのであろうか。

賞与の支給に関し、労働慣行が成立していると認められるような状況に至っているのであれば(労働慣行の成立要件については、31頁参照)、それに基づいて賞与の支給義務が生ずるが、労使双方が規範意識をもつに至っているとまで認定されるケースはさほど多くない。

その上、仮に労働慣行が成立しているとみられるケースであっても、過去はそれだけの賞与を支給し得る業績であったということにすぎず、過去に賞与が支給されてきた時代の会社の業績と今期の業績とに差があるような場合にまで、過去と同様の計算方式により算出される賞与を支給すべきことにはならないのが通常である。

３　賞与と不利益取扱い

賞与の金額を算定するに当たって、欠勤控除を行うか否か、あるいはこれを行う場合にどのような評価を行うか等については、あくまでも支給条件の定め方次第ということであり、特に不合理な支給条件でない限り違法・無効ということにはならない。

したがって、賞与支給の要件として、たとえば90％以上の出勤率を要求するという取扱いも可能であるが、問題は、そこでいう「出勤率」の算定に当たって、労働者が法律で認められた権利・利益としての不就労日を欠勤扱いにし、これを理由に不利益な取扱いをすることができるかである。裁判所が示している判断基準は、権利等の行使を抑制し、労基法等がそのような権利等を保障した趣旨を実質的に失わせるものと認められる場合には許されないというものであり、産前産後休業や育児介護休業法に基づく勤務時間短縮措置による育児時間につき、出勤率算定にあたって欠勤扱いとし、その結果上記90％の出勤率を達成することができず、賞与が支給されなくなるような場合には、かかる出勤率の算定方法は公序に反する無効な措置となるとしている(東朋学園事件　最高裁一小　平15.12.4判決　判時1847号141頁)。もっとも、同事件では、産前産後休業の日数分や勤務時間短縮措置の短縮時間分を減額の対象となる欠勤として扱うこと自体は、直ちに公序に反するとまではしておらず、休業した日数に比例して減額するなど合理的な範囲にとどまる限り、それらの休業等を欠勤扱いとすることは許容されている。

４　賞与と懲戒処分

懲戒処分を受けた者について、賞与を減額あるいは不支給とすることと、減給の制裁の限度との関係も問題となるが、これについては、158頁参照。

退　職　金

関係法条項　労基法89、15、労基則５、パート労働法６、パート労働則２

概　要	根拠条文等
◆退職金とは 退職した労働者に支払われる金員であって、退職手当、退職一時金、退職給付などとよばれることもある。 我が国においては、従業員が一定期間以上勤続し、その後退職する場合には、退職金が支給されるのが通例であるが、その支給が法律によって義務付けられているものではない。 ただ、退職金の支給に関して就業規則の定めがない場合であっても、その支給についての労働慣行の成立が認められる場合には、使用者に支給義務が生ずることがあり得る。 退職金については、自己都合退職か、会社都合退職か、懲戒解雇か、諭旨解雇かといった離職のあり方によって、その支給の有無や支給率が異なっているのが通常である（懲戒解雇や諭旨解雇の際の退職金不支給措置の有効性については、212頁参照）。	
◆就業規則等への記載 退職金制度を設ける場合は、就業規則の記載事項とされる。 また、労働契約締結時の労働条件明示の対象ともされる（パートタイマーの労働条件明示との関係については、６頁参照。）。	労基法89三の二 労基法15①、労基則５①四の二

○退職金は賃金の後払的性格を持つのであるから、必ず支払われなければならないのではないか？

退職金の性格については、①賃金後払的性格、②功労報償的性格、③退職後の生活保障的性格といったものが説かれているものの、これらは退職金の経済的性格をいうものであって、法的権利・義務を発生させる根拠となるものではない。

したがって、退職金に賃金の後払的性格があるからといって、何の根拠規定もなく、労働慣行もないのに、退職金を請求することができるということにはならない。

関 連 事 項

１　無断退職者と退職金

無断退職者や突然退職者に対しては、退職金規程の条項に基づき、退職金を不支給ないし減額することは可能であろうか。

一般的には、このような規定は、労働契約の不履行に対して退職金をもって損害の賠償をさせることに等しいから、労基法16条～24条に反し許されないと解せられる。

２　退職後の懲戒解雇事由の発覚と退職金の返還

多くの企業においては、退職金の不支給事由として「懲戒解雇されたとき」という規定が設けられているが、これでは退職後に懲戒解雇事由が発覚した場合に、退職金を不支給とし、あるいは支給済みの退職金の返還を求めることはできない。なぜなら、「懲戒解雇」していないからである。

そこで、こうしたケースに対応するために、「懲戒解雇又は懲戒解雇事由に相当する行為があった場合には、退職金は支給せず、支払済みの退職金がある場合においては、これを返還しなければならない」といった定めを設けることが考えられる。

3　退職後の競業行為と退職金の不支給

この問題については、35、36頁参照。

4　死亡退職金

死亡退職金は、それに関する規定において受給権者と指定された者に請求権が存するのであって、相続財産を構成しないと解される場合が多い。

すなわち、死亡退職金は、当該退職金規定の文言からみて「専ら職員の収入に依拠していた遺族の生活保障を目的とし、民法とは別の立場で受給権者を定めたもので、受給権者たる遺族は、相続人としてではなく、右規程の定めにより直接これを自己固有の権利として取得するものと解する」ことができるのであれば、相続財産には属しないとされる(日本貿易振興会事件　最高裁一小　昭55.11.27判決　民集34巻6号815頁)。

参考ウェブサイト

WEB 厚生労働省　「退職給付(一時金・年金)制度)」(平成30年就労条件総合調査)第17表～第20表

＊　退職金制度に関する一般的な状況を知ることができる。

企業年金

概　　要	根拠条文等
◆企業年金とは 退職者に対し、退職金を年金の形で支給するため、あるいは厚生年金を補完するため、企業が年金制度を営んでいる場合の、その制度をいう。 企業年金には、大別して、自社年金（企業自ら運営管理するもの）、厚生年金基金、確定給付企業年金（規約型、基金型）及び確定拠出年金がある。	

【年金制度の仕組み】

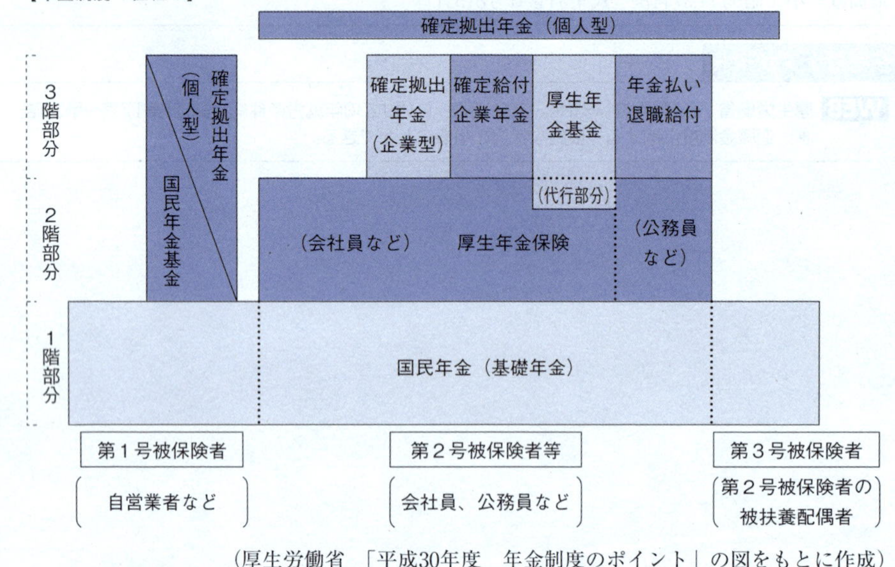

（厚生労働省　「平成30年度　年金制度のポイント」の図をもとに作成）

○企業年金は退職金か？

裁判例は、その支給要件が退職金規程に明記され、一定の基準に従って支給されるものであり、一定期間以上の勤続を条件としたり、勤続年数の長い受給者の方が年金額が増額されるなどの事情があるときは、当該年金は退職金の一部であって、労基法上の「賃金」としての性格を有するとしている（幸福銀行事件　大阪地裁　平10.4.13判決　労判744号54頁、幸福銀行（年金打切り）事件　大阪地裁　平12.12.20判決　労判801号21頁）。

関連事項

企業年金制度の不利益変更

企業年金については、支給原資の減少に伴う支給金額の減額や制度の廃止の有効性は、いかなる基準により判断されるかという問題がある。

この点、まず、厚生年金基金の規約の変更による年金額の減額のケースにおいて、かかる規約の変更について厚生労働大臣の認可があったとしても、そのことだけで当該変更の効力が肯定されるわけではないし（りそな企業年金基金・りそな銀行（退職年金）事件　東京高裁　平21.3.25判決　労判985号58頁）、独自の企業年金に関しても、関連規程上に改定の可能性がうたわれているというだけでは、減額改定や廃止の措置が有効とされるわけではない（前掲幸福銀行（年金打切り）事件）。

そして、年金額の変更や廃止措置の有効性に関する判断基準については、当該改廃措置の必要性、変更内容の相当性、手続きの相当性を総合して判断されることが多いようである（松下電器産業グループ（年金減額）事件　大阪高裁　平18.11.28判決　判時1973号62頁、前掲りそな企業年金基金・りそな銀行（退職年金）事件、早稲田大学（年金減額）事件　東京高裁　平21.10.29判決　判時2071号129頁など）。

そうすると、かかる年金の減額変更ないし廃止措置を考える使用者としてとり得る手段としては、給付水準の引下げ幅をできる限り抑えることと、受給権者に対する十分な説明の実施及び受給権者からの同意をできる限り取得する努力をすることに集約されよう（前掲早稲田大学（年金減額）事件は、受給権者の３分の２を超える者からの同意を得ていた事案であるが、大幅な減額変更の効力が肯定され、前掲りそな企業年金基金・りそな銀行（退職年金）事件は、受給権者の80％を超える者からの同意を得ていた事案であるが、年金給付額の減額変更の効力が肯定されている。）。

賃金・退職金

参考ウェブサイト

WEB 厚生労働省　「退職給付（一時金・年金）制度」（平成30年就労条件総合調査）第17表、第19表、第21表～第24表

＊　退職年金制度に関する一般的な状況を知ることができる。

ストック・オプション

関係法条項 会社法236以下、労基法89十

概　　　要	根拠条文等
◆ストック・オプションとは 企業が、取締役や従業員に対して、あらかじめ設定された価額で自社の株式を取得することのできる権利を付与するという制度。 新株予約権の無償の付与と位置付けられる。 ストック・オプションの権利を付与された者は、あらかじめ設定された額で株式を購入し、将来その価格が上昇した時点で売却益を得られることになるため、企業の業績向上に対するインセンティブになるといわれている。	会社法236以下
◆就業規則への記載 労働者に付与されるストック・オプションの権利は、労働条件の一部を構成するものであるから、この制度を導入するのであれば、就業規則に記載する必要がある。	労基法89条十、平9.6.1　基発412号

○ストック・オプションを通じて得られる利益は賃金か？

ストック・オプションの権利の付与を受けた者が労働者である場合、それが賃金であるかどうかが問題となるが、行政通達では、「権利付与を受けた労働者が権利行使を行うか否か、また、権利行使するとした場合において、その時期や株式売却時期をいつにするかを労働者が決定するものとしていることから、この制度から得られる利益は、それが発生する時期及び額ともに労働者の判断に委ねられているため、労働の対償ではなく」、労基法11条にいう「賃金」には当たらないとされている（平9.6.1　基発412号）。したがって、賃金の一部をストック・オプションの付与をもって充てる旨定めたとしても、それは賃金の一部不払であって、労基法24①の全額払の原則（及び所定の労働協約がなければ通貨払の原則）違反と評価されることになる（同通達参照）。

もっとも、所得税法との関係では、最高裁は、ストック・オプションの権利を付与された者の権利行使益は、所得税法上の給与所得（所得税法28①）に当たるとしている（荒川税務署長（日本アプライド・ストックオプション）事件　最高裁三小　平17.1.25判決　民集59巻１号64頁）。

他方、ストック・オプションと異なり、株式褒賞プログラムに定められ、報酬の一部として与えるとされた株式付与の形をとる株式褒賞の場合は、付与時点で付与額に相当する会社の普通株式を取得する権利を得ることになるから、賃金性は否定されない（リーマン・ブラザーズ証券事件　東京地裁　平24.4.10判決　労判1055号８頁）。

未払賃金の立替払制度

関係法条項　賃確法７以下、賃確令２以下、賃確則７以下

概　　　要	根拠条文等
◆未払賃金の立替払制度とは 労災保険法の適用事業主で１年以上事業を行っていた事業主が、破産手続、再生手続又は更生手続等の開始の決定を受け、あるいは、中小企業事業主が賃金支払能力を欠くに至っていると労働基準監督署長によって認定された場合、政府は、一定の要件を満たす労働者から請求があったときは、一定の範囲で、未払賃金の立替払を行う。この制度が、未払賃金の立替払制度と呼ばれるものである。	賃確法７、賃確令２
≪注意点≫ この制度に基づき第三者弁済をした政府は、労働者に代位して賃金請求権を取得し（民法499、500）、当該事業主から回収を図ることになる。したがって、当該事業主が、直ちに債務を免れることにはならない。	

○賃金の一部を受け取っていない労働者は、特段手続きを要せずに、未払賃金の立替払を受け得るのか？

この制度を実際に運用しているのは、労働基準監督署及び独立行政法人労働者健康安全機構（平成28年３月31日までは「独立行政法人労働者健康福祉機構」）であり、立替払を受けようとする労働者は、未払賃金の額等について、法律上の倒産の場合には破産管財人等による証明を、事実上の倒産の場合には労働基準監督署長による確認を受けたうえで、同機構に立替払の請求を行うことになる。しかも、これは破産手続開始の決定等がなされた日又は監督署長による認定日から２年以内に行う必要がある（賃確則17③）。

そして、立替払を受け得る労働者は、上記の破産等の開始決定又は労基署長の認定の６か月前から以後２年間に、当該事業主を退職した者である（賃確令３）。

立替払いの範囲は、基準退職日の６か月前からの賃金及び退職手当のうちの未払賃金総額（事業主が通常支払っていた賃金の額、当該事業主と同種の事業を営む事業主でその事業規模が類似のものが支払っている当該賃金の額等に照らし、不当に高額であると認められる額は除かれる（賃確令４②、賃確則16)。）の80％に相当する額である（賃確令４①）。ただし、限度額があるほか、未払賃金総額が２万円未満の場合は対象外とされる（賃確令４②）。

参考ウェブサイト

WEB 厚生労働省　「未払賃金立替払制度の概要」
＊　未払賃金の立替制度の概要を解説している。

§5

労働時間・休職

労働時間　関係法条項 労基法32

概　　要	根拠条文等
◆労働時間とは 労基法においては、「労働時間」に関する定義規定はないが、判例では、使用者の指揮命令下に置かれている時間とされる(後掲三菱重工業長崎造船所事件)。 また、労働時間の適正な把握のために使用者が講ずべき措置に関するガイドライン(平成29年1月20日策定。以下、「労働時間適正把握ガイドライン」)においては、 ・労働時間とは、使用者の指揮命令下に置かれている時間のことをいい、使用者の明示又は黙示の指示により労働者が業務に従事する時間は労働時間に当たる。 ・労働時間に該当するか否かは、労働契約、就業規則、労働協約等の定めのいかんによらず、労働者の行為が使用者の指揮命令下に置かれたものと評価することができるか否かにより客観的に定まるものである。 ・客観的にみて労働者の指揮命令下におかれていると評価されるかどうかは、労働者の行為が使用者から義務付けられ、又はこれを余儀なくされていた等の状況の有無等から、個別具体的に判断される。 との考え方が示されている。 ただし、「使用者の指揮命令下に置かれている時間」についての判断が難しい場面も多いため、次項で主なものを挙げておく。	
◆労働時間性が問題となる場合 ⑴　通勤時間 労働者がその居住場所と労務の提供場所とを往復する行為は、使用者の指揮命令下にあるものではなく、いわば私的領域にある時間であって、通勤時間は労働時間ではない。 ⑵　更衣、清掃、入浴等作業準備、後始末時間 最高裁は、これらの業務の準備行為等については、使用者から義務付けられたものである場合、又は、それをすることを余儀なくされている場合には、労働時間に当たるとの考え方を示している(後掲三菱重工業長崎造船所事件)。 ⑶　健康診断の受診時間 ①　一般健康診断(雇入時健康診断及び定期健康診断) 受診時間の労働時間性を否定 賃金を支払うかどうかは労使の決定による。 ②　特殊健康診断 受診時間の労働時間性を肯定 事業の遂行にからんで当然実施されなければならない性格のものであって、所定労働時間内に行われるのを原則とするため、当該健康診断が時間外に行われた場合には、当然割増賃金を支払わなければならない(昭47.9.18　基発602号)。 ⑷　接待時間 その接待の内容に左右されるが、例えば次のように考えることができ	

る。

例１：あくまで契約の打ち合わせや作業日程の打ち合わせなどが中心で飲食・飲酒が付随しているもの…労働時間性を否定することは困難

例２：主たる目的が飲食・飲酒であり、その中で「ついでに」契約の話も出るようなもの…労働時間性は否定される可能性が高い。

(5)　QC活動等

出席の強制があれば労働時間性を肯定（昭26.1.20　基収2875号）

会社による費用の援助の有無で結論は左右されない。

(6)　交通機関乗車時間

原則として、労働時間とはされない。

ただし、旅行中に運搬する物品の監視などをする場合は、労働時間性が肯定される（昭23.3.17　基発461号、昭33.2.13　基発90号）。

◆労働時間の適正な把握

労基法上、使用者に労働者の労働時間を適正に把握する旨の義務を明確に定めたものはないが、労働時間適正把握ガイドラインにおいて、使用者が講ずべき措置として、労働時間を適正に把握するため、労働者の労働日ごとの始業・終業時刻を確認し、これを記録することが掲げられている。具体的には、①使用者が、自ら現認することにより確認し、適正に記録すること、②タイムカード、ICカード、パソコンの使用時間の記録等の客観的な記録を基礎として確認し、適正に記録すること、のいずれかの方法が、また、それが難しく自己申告による場合には、対象となる労働者や管理者に対する適正な申告をすべきこと等についての十分な説明や、自己申告による時間と実際の労働時間が合致しているか否かについての実態調査の実施などが求められる。

安衛法上の義務については181頁参照。

○労働者が「労働時間と扱わなくてもよい」と言っている場合であっても、労働時間に当たるとされるのか？

例えば、労働者が作業過程でミスをし、それに対応するため残業をし、その残業については、当該労働者自身が、「自分のミスが原因なので、残業と扱ってもらわなくても結構です（当然残業代は要りません）」と言っているとする。こうした事例であれば、労働者が「労働時間」と取り扱わなくともよいと言っている理由にもっともなところもあるから、その発言通りの対応をしても問題がないかのように見える。

しかし、後掲三菱重工業長崎造船所事件判決は、労働時間性の有無は労働契約によって左右されるものではないとしているから、客観的に労働時間と認められるのであれば（すなわち、客観的に使用者の指揮命令下にあると認められるのであれば）、労基法上の「労働時間」として扱わなければならず、したがって、上記の例でも、残業として扱う必要があることになる。

関連事項

1　手待時間の労働時間性

使用者の指揮命令下にある時間が労働時間であるとすると、原則的には、使用者の指揮命令下にある限り、現実の労務提供をしているかどうかを問うものではない。使用者の指揮命令下にあり、いつでも作業ができるように待機している時間、すなわち、いわゆる手待時間も労働時間である。したがって、例えば工場で製品が運ばれてくるのをベルトコンベアの前で待っている時間とか、商店でお客が来ればいつでも応対できるように待っている時間は当然労働時間になる。

もっとも、マンションの住み込み管理人につき、通常はマンションの住人や来訪者等の対応が義務付けられているので、午前７時から午後10時までの時間のうち休憩時間を除く時間は使用者の指揮命令下にあるということができ、労働時間性が肯定されるとしつつ、その間になされた通院時間や犬の散歩時間は労働時間ではないとされている（大林ファシリティーズ事件　最高裁二小　平19.10.19判決　労判946号31頁）。

2　黙示の承認と労働時間

労基法上の労働時間性を検討する場面で問題とされる「使用者の指揮命令」とは、明示的なものに限らず黙示のものも含まれる。それゆえ、労働者がいわゆる持ち帰り残業をしていることを知りながら、使用者がその成果をそのまま受け取っていると、そうした残業を「黙示に命じた」と評価され、持ち帰り残業時間も労働時間と取り扱わなければならないとされることになる。

代表的裁判例

労基法上の労働時間は、労働者が使用者の指揮命令下に置かれている時間をいい、労働時間に該当するか否かは、労働者の行為が使用者の指揮命令下に置かれたものと評価することができるか否かにより客観的に定まるものであって、労働契約、就業規則、労働協約等の定めのいかんにより決定されるべきものではないと解するのが相当である（三菱重工業長崎造船所事件　最高裁一小　平12.3.9判決　民集54巻３号801頁）。

法定労働時間と所定労働時間

関係法条項 労基法32

概　　要	根拠条文等
◆法定労働時間とは 1日8時間以内、かつ、1週40時間以内という労基法の原則的な労働時間規制をいう。これを超える労働が、時間外労働である。	労基法32
◆所定労働時間とは 各企業の就業規則で定められた就業時間（始業時刻から終業時刻までの時間から休憩時間を除いた時間）をいう。 例： 始業時刻午前9時 終業時刻午後5時　→所定労働時間は7時間 休憩時間　午後0時から午後1時まで この例の場合、仮に午後5時から午後6時まで残業をしたとしても、所定労働時間（7時間）を超える労働ではあるが、法定労働時間（8時間）を超える労働には当たらず、労基法にいう時間外労働にはならない。 なお、所定労働時間、法定労働時間に対して、各労働者が実際に就業した時間は「実労働時間」と呼ばれる。したがって、時間外労働は、実労働時間のうち法定労働時間を超えた労働ということになる。	

《注意点》

1　「1日」の意義

「1日」とは、午前0時から午後12時までのいわゆる暦日を指す。2暦日にわたる継続勤務は、たとえ暦日を異にする場合でも1勤務として取り扱うべきであるから、始業時刻の属する日の労働として、当該日の「1日」の労働とされる（昭63.1.1　基発1号）。

したがって、労働が継続して翌日まで及んだ場合には、翌日の所定労働時間の始業時刻までの分は前日の超過勤務時間として取り扱われる。

これに対し、休日は原則として暦日ととらえ、午前0時から午後12時までの労働が休日労働であり、例えば、休日の午後10時から翌日の午前9時まで労働に従事したという場合は、休日の午後10時から午後12時までの労働が休日労働であり、翌日の午前0時から午前9時までの労働は休日労働ではないが、勤務としては前日の勤務となると整理される。

2　「1週」の意義

「1週間」とは、就業規則その他に別段の定めがない限り、日曜日から土曜日までのいわゆる暦週を指すとされている（昭63.1.1　基発1号）。

もちろん、就業規則において、月曜から日曜までとするとか、火曜から月曜までとするといった定めをすることは自由である。

3　特例措置対象事業場

下記の業種に該当する常時10人未満の労働者を使用する事業場では、法定労働時間が、1日8時間、1週44時間とされており（労基則25の2①）、このような事業場を「特例措置対象事業場」などと呼んでいる（法別表第1八、十、十三、十四）。

商業（卸売業、小売業、理美容業、倉庫業、その他の商業）、映画・演劇業（映画の映写、演劇、その他興業の事業）、保健衛生業（病院、診療所、社会福祉施設、浴場業、そ

の他の保健衛生業)、接客娯楽業(旅館、飲食店、ゴルフ場、公園・遊園地、その他の接客娯楽業)

○1日8時間、1週40時間は双方とも守らなければならないのか?

法定労働時間である1日8時間、1週40時間は、労基法がその両方を守ることを要求する規制である。したがって、週休3日制とし、月曜から木曜まで1日11時間働いたという場合も、週休1日制とし、月曜から土曜まで1日7時間働いたという場合も、いずれも労基法の原則的な労働時間の限度を超えており、時間外労働が発生するということになる。

関連事項

1 労働時間の繰上げ・繰下げ

労基法は、1日及び1週間の労働時間の長さについては規制しているが、その位置については、深夜労働に関するものを除いては規制をしていない。

したがって、始業・終業時刻を何時にするかは、自由であり、いったん定められた始業・終業時刻を繰上げ、あるいは繰下げることもできる。

ただ、民事上、労働者にこのような命令に服する義務が発生するためには、労働契約上の根拠がなければならず、一般的には就業規則にその根拠条項が置かれている。

2 労働時間の算定

労基法は、労働時間の計算につき「労働時間は、事業場を異にする場合においても、労働時間に関する規定の適用については通算する」(労基法38①)と定めている。

この規定は、複数の使用者の下で労務を提供する場合にも適用され、例えば、A社で5時間、B社で4時間就労するパートタイマーについては、労働時間は9時間と算定され、後に契約を締結した方が時間外労働となる。

3 労働時間の管理

行政当局は、使用者は労働者についての労働時間を適正に把握するなど労働時間を適切に管理する責務を有していることは明らかであるとの考え方を示している(前掲労働時間適正把握ガイドライン。なお、裁判例において同様の判示をするものとして、レイズ事件　東京地裁　平22.10.27判決　労判1021号39頁がある。)。

したがって、使用者は、労働者の労働時間数、時間外労働時間数、休日労働時間数などを把握しなければならないと解されているのである。

前掲ガイドラインは、こうした労働時間を把握する方法として、タイムカードやICカードの記録などを通じて客観的に行うべきことを指導しているが、法律上は、出勤簿やタイムカードの調整が特別に義務付けられているわけではないので、このような方法によらなくても、たとえば管理者や守衛が各人別の出勤状況や労働時間数をチェックしていたり、あるいは労働者各人が業務日誌や営業日報のようなものを利用して自己記帳しておくなど任意の方法をとって差し支えない。要は、使用者が労働者各人についてその労働日数や労働時間数を確実に把握しておくことができればよいわけである。

4 勤務時間インターバル

労働者が十分な生活時間や睡眠時間を確保し、休息を確保すると共に、ワーク・ライフ・バランスを保ちながら働くことができるようにすることを目的として、平成31年4月1日以降、労働時間等設定改善法第2条により、事業主は前日の終業時刻と翌日の始業時刻の間に一定時間の休息の確保に努める努力義務が課せられている。

具体的な時間数については定められていない。

参考ウェブサイト

WEB 厚生労働省　「平成30年就労条件総合調査（労働時間制度）」　第１表（１日及び週所定労働時間）
　＊　各企業における所定労働時間の実態を知ることができる。

WEB 厚生労働省　モデル就業規則第４章（労働時間、休憩及び休日に関する就業規則の例）
　＊　労働時間に関する就業規則の条項の参考となる。

休　　憩

関係法条項 労基法34

概　　要	根拠条文等
◆休憩とは 労働時間の途中に与えられる労働から解放された時間である。 使用者は、労働時間が６時間を超える場合においては少なくとも45分、８時間を超える場合においては少なくとも１時間の休憩時間を労働時間の途中に与えなければならない。	労基法34①
◆休憩時間一斉付与の原則 ⑴　意義 休憩時間は、一斉に与えなければならない。 ここでいう「一斉」とは、「当該事業場の全労働者一律に」という趣旨であると解されている。	労基法34②本文
⑵　例外 ア　法令による例外 以下の場合には、一斉休憩の原則は適用されない。 ①　道路、鉄道、軌道、索道、船舶又は航空機による旅客又は貨物の運送の事業 ②　物品の販売、配給、保管若しくは賃貸又は理容の事業 ③　金融、保険、媒介、周旋、集金、案内又は広告の事業 ④　映画の製作又は映写、演劇その他興行の事業 ⑤　郵便、信書便又は電気通信の事業 ⑥　病者又は虚弱者の治療、看護その他保健衛生の事業 ⑦　旅館、料理店、飲食店、接客業又は娯楽場の事業 ⑧　官公署の事業 イ　労使協定による例外 また、労使協定において所定の事項を定めた場合にも、一斉休憩の適用除外とすることができるとされている。 労使協定には、一斉に休憩を与えない労働者の範囲及び当該労働者に対する休憩の与え方について定めなければならない。 ただ、労基署への届出が求められるものではなく、上記の事項が定められているものであれば、様式や書式について制限はないし、有効期間の定めも必須ではない。	労基法40、労基則31
◆休憩時間自由利用の原則 労働者は事業場内にいる以上企業の施設管理権等に服するものの、休憩時間をどのように利用するかは原則として自由である。	労基法34③

しかし、休憩時間は労働時間の途中に与えるものであり、したがって、休憩時間終了後は再び勤務することが予定されており、そのため飲酒等、次の勤務に支障がある行為は禁止し得るし、休憩時間も施設内にとどまる限り、企業の施設管理権に服することになることは当然である(施設管理権との関係については、163頁参照)。 また、休憩時間中の外出の許可制については、事業場内において自由に休息し得る場合には必ずしも違法にはならない(昭23.10.30　基発1575号)。	

○休憩時間を分割して与えることは認められるのか？

労基法34条により、休憩時間は労働時間の途中に与えられなければならないが、一度に与えることまでが義務付けられているものではなく、所定労働時間が８時間の企業において、45分の休憩時間を付与し、８時間を超えて労働させることになった時点で15分の休憩時間を付与するというやり方も、労基法に違反するものではない。もっとも、あまりに細分化した休憩時間の付与は、疲労回復を図るという休憩時間の目的にそぐわない結果となるので適切ではない。

休　　日

関係法条項 労基法35

概　　要	根拠条文等
◆休日とは 労働契約上、あらかじめ労働義務がない日とされている日のことである。 「休暇」という用語も使用されるが、休暇はもともと労働義務がある日について、後から労働義務が免除された日又は時間のことであり、最初から労働義務がない休日とは異なる。	
◆休日の捉え方 労基法にいう休日とは暦日の午前０時から午後12時までのことである。したがって、継続24時間労働義務がない時間帯を作ったからといって、休日を与えたことになるものではない。 ただし、例外的に８時間以内の３交替作業の場合は、継続24時間の労働義務の不存在時間をもって休日とすることが許されている(昭63.3.14　基発150号)。	
◆法定休日と所定休日 ①「法定休日」　労基法35条で義務付けられた休日 ②「所定休日」　就業規則その他労働契約で付与されることとされる休日 ※週休２日制を採用している場合、２日の休日のうち１日は法定休日であり、他の１日は所定休日となる。	

○休日は日曜日としなければならないのか？

労基法35条１項は、毎週少なくとも一回の休日を与えなければならないことを定め、同条２項は、１項の例外として、４週間を通じ４日の休日を与えることを許容している。

したがって、日曜日を休日にすることまで定めているわけではないので、労基法の週休日を何曜日にするかは自由である。また、国民の祝日を休日とする義務もない。

関連事項

1　代休と振替休日

⑴　代休

法定休日に労働させ、その後に代わりの休みとして付与される休日が代休である。

代休を付与したとしても、法定休日の労働があった事実に変わりはないから、その日の労働は休日労働と評価される。

なお、使用者は、代休を付与する義務を負うものではないから、たとえ法定休日に労働させた場合であっても、就業規則において、それを付与する義務を定めているような場合でないかぎり、代休を与えなければならないというものではない。

⑵　振替休日

法定休日に労働させなければならない事情があらかじめわかっているため、その日を労働日とし、その代わりに翌日を休日とするように、事前に法定休日を労働日とした上で、代わりに付与される休日を振替休日と呼ぶ。

振替休日は、①就業規則に休日の振替の根拠規定を設けた上で、②振替事由、手続きを定めるとともに、③事前に振り替えるべき日を特定することによって可能となる。

なお、振替休日の手続きをとることにより、当初の休日の労働は、休日労働とはならないのであるが、振替休日を行ったことにより、当該１週間の労働時間が40時間を超えることになれば、結果的には時間外労働が発生することになる点に注意を要する。

2　変形休日

労基法は前述のとおり週休制の原則（毎週１日の休日）を定めているが、一方で、４週間を通じ４日以上の休日を与える使用者には週休制の原則は適用しないと定めている（労基法35②）。これが、変形休日といわれているものである。

この変形休日をとる場合には、就業規則その他これに準ずるものにおいて「４週間の起算日を明らかにする」ことが求められている（労基則12の２②）。

参考ウェブサイト

WEB 厚生労働省　モデル就業規則第４章（労働時間、休憩及び休日に関する就業規則の例）
　＊ 休日に関する就業規則の条項の参考例が紹介されている。

管理監督者 関係法条項 労基法41二

概　要	根拠条文等
◆管理監督者とは 事業の種類にかかわらず監督若しくは管理の地位にある者は、労基法の労働時間、休憩及び休日に関する規定の適用から除外される。 一般に「管理監督者」と呼ばれている者は、ここにいう「監督若しくは管理の地位にある者」のことである。 この意義については、労基法は明確な規定を設けているわけではないが、同法がこれらの者を労働時間の規制の適用除外者としたのは、これらの者が、経営者と一体的な地位にあり、労基法の労働時間の規則の枠を超えて活動しなければならず、管理されるよりも、むしろ経営者に代わって一般労働者を管理する立場にあるといった理由によるものである。	労基法41二
◆管理監督者に当たるかどうかの判断基準 裁判例及び行政通達を概観すると、①経営者と一体的な立場にあるかどうか、②自らの勤務につき時間管理を受けているかどうか、③その地位に対して何等かの特別給与が支払われているかどうか、といった状況を総合し、具体的な勤務の実態に即して判断されることとされている(株式会社ほるぷ事件　東京地裁　平9.8.1判決　労判722号62頁、日本マクドナルド事件　東京地裁　平20.1.28判決　判時1998号149頁、昭22.9.13発基17号)。	
≪注意点≫ **深夜業務の規制との関係** 仮に、労基法上の管理監督者に当たると判断される者であっても、深夜業の規制と年休に関する規定はその適用を除外されているわけではないから、管理監督者であっても、深夜(午後10時から午前５時)に業務に従事した場合は、深夜業の割増賃金が支払われなければならない(ことぶき事件　最高裁二小　平21.12.18判決　判時2068号159頁)。	

○課長はともかく、部長以上は当然管理監督者ではないのか？

前述のように、管理監督者に当たるかどうかは、上記①ないし③の事情を総合して判断されるため、「部長」や「課長」という役職名が付されているからといって、直ちに労基法上の管理監督者に該当すると言い切れるものではない。

これまでの裁判例をみると、管理監督者性は容易には認められない傾向にある。

関 連 事 項

1　スタッフ職の管理監督者性

以上の管理監督者についての考え方は、いわゆるライン職を想定してのものであるが、ライン職に限らず、いわゆる「スタッフ職」についても、同等の処遇にある者については、管理監督者と扱うことが許容される場合もある。

2　管理監督者と利益代表者

「管理監督者に当たるのだから、労働組合には入れないのではないか」という質問を受けることがあるが、労働組合の加入資格の問題は、当該労働組合が決める問題であり、労基法41条２号に定められる労働時間管理の適用除外の対象者となるかどうかとは別の話である。

確かに、労組法２条１号によれば、「役員、雇入解雇昇進又は異動に関して直接の権限を持つ監督的地位にある労働者、使用者の労働関係についての計画と方針とに関する機密の事項に接し、そのためにその職務上の義務と責任とが当該労働組合の組合員としての誠意と責任とに直接にてい触する監督的地位にある労働者その他使用者の利益を代表する者の参加を許すもの」は、同法上の労働組合ではないとされているが(利益代表者)、これも労基法41条２号で定められる監督若しくは管理の地位にある者とは別概念である。例えば、部下を持たないいわゆるスタッフ管理職は、労組法２条１号の利益代表者ではないが、労基法41条２号の管理監督者には当たり得るし、人事部の係長などは、労組法２条１号の利益代表者に当たり得るが、労基法41条２号の管理監督者には当たらない。

監視・断続的労働従事者

関係法条項 労基法41三

概　　要	根拠条文等
◆監視・断続的労働従事者とは ①「監視に従事する者」 原則として一定部署に在って監視するのを本来の業務とし常態として身体又は精神緊張の少ない業務に就く者 ②「断続的労働に従事する者」休憩時間は少ないが手待時間が多い者(昭22.9.13　発基17号) 監視・断続的労働従事者で、使用者が行政官庁の許可を受けた者については、労基法の労働時間、休憩及び休日の規制の適用から除外される。	労基法41三

《注意点》

監視・断続的労働の許可

監視・断続的労働について適用除外を受けるためには、行政官庁の許可が必要である。したがって、実質的に監視・断続的労働に該当しても許可を得ていない限り、労働時間等の規制が適用される(沖縄県立ゆうな学園事件　那覇地裁　昭54.3.27判決　判時943号114頁)。

そして、実作業時間の合計が８時間を超えるときは許可すべきでないとされていることに注意を要する(昭22.9.13　発基17号、昭23.4.5　基発535号、昭63.3.14　基発150号)。

○監視・断続的労働に該当する職種にはどのようなものがあるか？

具体的な職種としては、守衛、重役専用の自動車運転手、団地管理人、ビル警備員などが挙げられる。

関連事項

宿日直勤務

本来の業務が監視・断続的労働というものではなく、通常勤務終了後、引き続き事業場内の「定時的巡視、緊急の場合の文書又は電話の収受、非常事態発生の準備等」を行う宿日直については、監視・断続的業務従事者の適用除外の対象ではない。監視・断続的業務従事者の適用除外は、そうした業務に常態として従事する者を対象としているからである。

そこで、宿日直勤務に関しては、別の規制が置かれている。すなわち、労基則23条において、「使用者は、宿直又は日直の勤務で断続的な業務について、様式第10号によって、所轄労働基準監督署長の許可を受けた場合は、これに従事する労働者を、法第32条の規定にかかわらず、使用することができる」と定めているから、労働基準監督署長の許可を受ければ、時間外労働には該当せず、宿直・日直につき36協定は必要がないということになる。

なお、この宿日直勤務の許可を得るためには、①定期的巡視、緊急の文書又は電話の収受、非常事態発生の準備などを目的とする、②相当の手当の支給、また、宿直勤務については相当の睡眠設備を設けること、③原則として、宿直については週１回以内、日直勤務については月１回以内、④１回の宿日直勤務手当の最低額は、宿日直に就くことが予定されている同種の労働者に対して支払われている賃金の１人１日平均額の３分の１を下らないことが必要である（昭22.9.13　発基17号、昭63.3.14　基発150号）。

参考ウェブサイト

WEB 厚生労働省　「監視・断続的労働に従事する者に対する適用除外許可申請（主要様式ダウンロードコーナー）」

＊　監視・断続的労働に従事する者に対する適用除外許可申請の書式が紹介されている。

変形労働時間制

関係法条項 労基法32の2、32の4、32の5

<table>
<tr><th>概　　要</th><th>根拠条文等</th></tr>
<tr><td>

◆変形労働時間制とは

一定の期間を単位とし、期間中の週平均労働時間が週の法定労働時間(40時間)を超えないことを条件として、1週あるいは1日の法定労働時間を超える所定労働時間の設定を許容する制度のことである。

現在、労基法で認められている変形労働時間制は、①1か月変形、②1年変形、③1週変形の3種類である。

</td><td></td></tr>
<tr><td>

◆変形労働時間制が設けられた理由

労基法の原則的な労働時間規制は、1日8時間以内、かつ、1週40時間以内である。したがって、週休3日制とし、月曜から木曜まで1日11時間働いたという場合も、週休1日制とし、月曜から土曜まで1日7時間働いたという場合も、いずれも労基法の原則的な労働時間の限度を超えており、時間外労働が発生する。

しかし、業務の季節的繁閑の多い企業や月内において繁忙期が一定であるような企業などにおいては、労働時間の弾力的な定めを認めることによって、むしろ総労働時間を減らすことができたり、休日数を増加させることができたりする可能性が生まれてくることから、「変形労働時間制」が法定された。例えば、第1週と第4週は、所定労働時間を月曜から金曜まで1日9時間とするが、第2週及び第3週は、所定労働時間を月曜から金曜まで1日7時間とするような、4週間単位の変形労働時間制を採用した場合には、労基法の原則的な労働時間規制によれば、第1週と第4週は、各日単位でも、それぞれの週単位でも法定労働時間を超えていることになるところ、この変形労働時間制を取り入れることによって、1週の労働時間の平均が40時間以内に収まっていることから、時間外労働は全く発生しないという結果となるわけである。

</td><td>労基法32</td></tr>
<tr><td>

◆変形労働時間制の導入要件

各変形労働時間制の導入要件を以下に記載する。

(1)　最長1か月単位の変形労働時間制の導入要件

以下の①ないし④を就業規則(又はそれに準ずるもの)ないし労使協定に定めることが必要である。

①　労基法32条の2による変形労働時間制をとること

②　「1か月を平均し、1週間の労働時間が週法定労働時間を超えない」定めをすること

最長1か月単位の変形労働時間制をとった場合の1か月の総労働時間の計算は、次のようになる。

変形期間の労働時間の総枠　＝　週法定労働時間 × 変形期間の歴日数／7(日)

したがって、週法定労働時間が40時間である一般的な企業における1か月の総所定労働時間の上限は、次のとおりとなる。

(1か月が31日の月)

40時間×31(日)÷7(日)≒177.14時間

</td><td>労基法32の2</td></tr>
</table>

労働時間・休職

（1か月が30日の月）
40時間×30(日)÷7(日)≒171.42時間
（1か月が29日の月）
40時間×29(日)÷7(日)≒165.71時間
（1か月が28日の月）
40時間×28(日)÷7(日)＝160時間

③　労働時間が週法定労働時間を超える「特定の週」又は1日8時間を超える「特定の日」を定めること

④　変形労働時間制をとる場合の起算日を明らかにすること

(2)　1年単位の変形労働時間制(労基法32の4)の導入要件　　労基法32の4

①　労使協定によって、1か月を超え1年以内の一定期間を平均し、1週間当たりの労働時間が40時間を超えない勤務時間を定めること
したがって、対象期間中の総所定労働時間の合計は、
対象期間の総所定労働時間　＝　40時間×対象期間中の総日数／7
の算式で求められる。
それゆえ、対象期間が1年(365日)である場合の所定労働時間の限度は2,085.7時間、6か月(183日)である場合のそれは1,045.7時間、3か月(92日)である場合のそれは525.7時間ということになる。

②　労使協定において、労働時間が週法定労働時間を超える「特定の週」又は1日8時間を超える「特定の日」を定めること

③　労使協定で、対象労働者の範囲を定めること

④　特定期間(対象期間中の特に業務の繁忙な期間)を定めること

⑤　労使協定に有効期間の定めをすること

⑥　労使協定を所轄労基署長に届け出ること

⑦　労使協定において、起算日を明らかにすること

⑧　就業規則において1年単位の変形労働時間制に関する規定を設けること

(3)　1週間単位の非定型的変形労働時間制の導入要件　　労基法32の5

1週間単位の非定型的変形労働時間制とは、日ごとの業務に著しい繁閑が生じることが多く、かつ、その繁閑が定型的に定まっていない場合に、1週間を単位として、所定の要件の下、1週間の労働時間を40時間に短縮することを前提に、1日の労働時間を10時間まで延長することを可能にする制度である。

この制度は、導入可能な事業に制限があり、①常時使用する労働者の数が30人未満であり、②当該事業場の行っている事業が、小売業、旅館、料理店及び飲食店の事業であるもの、に限られる。

なお、上記②の4業種を行う事業場であって、常時使用する労働者の数が10人未満であるものについては、週の法定労働時間は44時間とされているが、1週間単位の変形労働時間制を導入する場合には、1週当たり40時間以内としなければならない。　　労基則25の2①

1週間単位の変形労働時間制の導入要件は、以下のとおりである。

①　労使協定において、1週間の所定労働時間を40時間以下とすること

②　1週間の各日(上限10時間)の労働時間の通知を当該1週間の開始する前(すなわち前週末まで)に、書面により行うこと(ただし、緊

急やむを得ない場合は、前日までに書面通知をして労働時間を変更することが可能）
③　１週間の各日の労働時間を定める場合は、労働者の意思を尊重するよう努めること
④　労使協定において、③の時間を超えて労働させた場合には、割増賃金を支払う旨を定めること
⑤　労使協定を労基署長に届け出ること
⑥　（労基法に明示されているわけではないが）１週間単位の変形労働時間制を採ることを就業規則に定めておくこと

《注意点》

１　１年単位の変形労働時間制特有の制限

１年単位の変形労働時間制については、いくつか重要な制限があることに注意を要する。

⑴　労働日数の限度

対象期間が１年の場合は、労働日数は280日が限度である。

対象期間が３か月を超え１年未満の場合は次の式により計算した日数が限度となる（小数点以下は切り捨て）。

280日×対象期間の歴日数／365日

⑵　１日及び１週間の労働時間の限度

１日の労働時間の限度は10時間、１週間の限度は52時間とされている。

ただし、対象期間が３か月を超える場合は、次のいずれにも適合しなければならないとされている。

①　労働時間が48時間を超える週を連続させることができるのは３週以下とすること
②　対象期間を３か月ごとに区分した各期間において、労働時間が48時間を超える週は、週の初日で数えて３回以下とすること

⑶　連続して労働させる日数の限度

連続労働日数の限度は６日とされている。

ただし、特定期間（対象期間中で特に業務が繁忙な期間）における連続して労働させる日数の限度は、１週間に１日の休日が確保できる日数とされているから、第１週目の初日と第２週目の最終日を休日とすれば、最長12日間連続勤務させることが可能である。

２　労働時間が週法定労働時間を超える「特定の週」又は１日８時間を超える「特定の日」の定め方

前述のように、１か月単位及び１年単位の変形労働時間制では、労働時間が週法定労働時間を超える「特定の週」又は１日８時間を超える「特定の日」を定めることが求められている。

これは、単に「会社は１か月を平均し、１週間の労働時間が40時間を超えない範囲で勤務を命じることがある」といった抽象的な定めでは足りず、各日の所定労働時間が何時間になるのかという具体的な特定が必要なことを意味している。裁判例においても、労基法32条の２の規定が適用されるためには、「単位期間内の各週、各日の所定労働時間を就業規則等において特定する必要があるものと解される。原審は、労働協約又は改正就業規則において、業務の都合により４週間ないし１箇月を通じ、１週平均38時間以内の範囲内で就業させることがある旨が定められていることをもって、上告人らについて変形労働時間制が適用されていたとするが、そのような定めをもって直ちに変形労働時間制を適用する要件が具備されているものと解することは相当ではない。」と判示されている（大星ビル管理事件　最高裁一小　平14.2.28判決　民集56巻２号361頁）。

ただ、どうしても就業規則等に具体的な時刻を記載することが困難な場合については、「就業規則においてできる限り具体的に特定すべきものであるが、業務の実態から月ごとに勤務割を作成する必要がある場合には、就業規則において各直勤務の始業終業時刻、各直勤務の組合せの考え方、勤務割表の作成手続及びその周知方法等を定めておき、それにしたがって各日ごとの勤務割は、変形期間の開始前までに具体的に特定することで足りる」（昭63.3.14基発150号）とされている。したがって、何らの考え方も示さずに、漫然と事前の勤務割で指定するといったやり方は、この要件を具備しないとみられることになる（岩手第一事件　仙台高裁　平13.8.29判決　労判810号11頁）。

関連事項

1　変形労働時間制と時間外労働

変形労働時間制が適法に導入されているのであれば、その範囲で労働させている限り、時間外労働は発生しない。しかし、その枠組みを逸脱した労働がなされるならば、時間外労働が発生する。

⑴　１か月単位の変形労働時間制と時間外労働

①～③の合計時間数は、時間外労働時間数としてカウントされることになる。

①　１日８時間を超える所定労働時間が設定された日についてその所定労働時間を超えて労働した時間、及び１日８時間以下の所定労働時間が設定された日について８時間を超えて労働した時間

②　１週40時間を超える所定労働時間が設定された週についてその時間を超えて労働した時間、及び１週40時間以下の所定労働時間が設定された週について40時間を超えて労働した時間（①でカウントされた時間を除く。）

③　当該変形期間の総枠の時間を超えた時間（①及び②でカウントされた時間を除く。）

⑵　１年単位の変形労働時間制と時間外労働

①～③の合計時間数は、時間外労働時間数としてカウントされることになる。

①　１日については、労使協定により１日８時間以上の所定労働時間を定めた日についてはその時間を超えた時間、それ以外の日については８時間を超えた時間

②　１週間については、労使協定において40時間を超える所定労働時間を定めた週についてはそれを超えた時間、それ以外の週については40時間を超えた時間（①により時間外労働とされる時間を除く。）

③　対象期間全体については、その法定労働時間の総枠（例えば、対象期間が１年である場合は2,085.7時間）を超えた時間（①及び②で時間外労働とされた時間を除く。）

⑶　１週間単位の変形労働時間制と時間外労働

１週間単位の変形労働時間制を採った場合に時間外労働となるのは、次の場合である。

①　１日の労働時間が労使協定に従って通知された労働時間を超えた場合であって、かつ、８時間を超えている場合

②　１週間の労働時間が40時間を超えた場合（①で時間外労働とされた時間を除く。）

2　変形労働時間制の適用除外

いずれの変形労働時間制についても、妊産婦が適用の免除を申し出た場合には、この制度を適用することはできない（労基法66①）。

また、「育児を行う者、老人等の介護を行う者、職業訓練又は教育を受ける者その他特別の配慮を要する者については、これらの者が育児等に必要な時間を確保できるような配慮をしなければならない」と定められている（労基則12の６）。

参考ウェブサイト

WEB 厚生労働省　「平成30年　就労条件総合調査(労働時間制度)」　第８表(変形労働時間制の有無、種類別採用企業割合)

＊　各企業における変形労働時間制の導入状況がわかる。

WEB 厚生労働省　モデル就業規則第４章(労働時間、休憩及び休日に関する就業規則の例)

＊　変形労働時間制に関する就業規則の条項も紹介されている。労働時間に関する就業規則の条項の参考となる。

WEB 厚生労働省　「変形労働時間制に関する協定届(主要様式ダウンロードコーナー)」

＊　各種変形労働時間制に関する協定届の書式が紹介されている。

フレックスタイム制 関係法条項 労基法32の3

概　　要	根拠条文等
◆フレックスタイム制とは １か月以内の総労働時間の範囲内において、労働者各人に始業・終業時刻の決定を委ね、仕事と生活の調和を図りつつ、労働時間の短縮を目指す制度。 一般的なフレックスタイム制では、以下のように、労働者が必ず勤務しなければならないコアタイムと、一定の範囲内で労働者が自由に勤務時間を決定し得るフレキシブルタイムを設けている。	労基法32の3

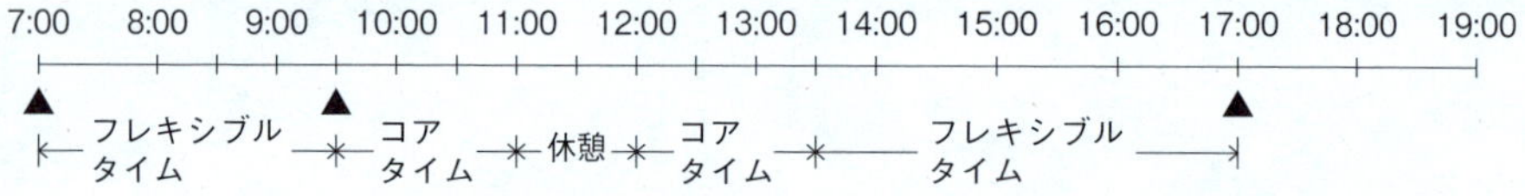

7:00　8:00　9:00　10:00　11:00　12:00　13:00　14:00　15:00　16:00　17:00　18:00　19:00

7:00〜9:00	9:00〜				〜17:00
フレキシブルタイム	コアタイム	休憩	コアタイム	フレキシブルタイム	

※コアタイムを定めないこともできる（全くコアタイムを定めない場合、出勤しない日があってもよいこととなる。）。

◆フレックスタイム制の導入要件

(1)　就業規則において始業及び終業の時刻をその労働者の決定に委ねる旨の定めをすること。

(2)　労使協定において次の各事項を定めること。

※労使協定は清算期間が１か月以内であれば労基署への届出不要だが、１か月超の場合には届出を要する。

①　フレックスタイムの対象となる労働者の範囲

②　清算期間

③　清算期間における総労働時間

清算期間における総労働時間とは、労働契約上労働者が清算期間内に労働すべき時間として定められた時間のことであり、いわゆる所定労働時間のことである。

この総労働時間は、清算期間を平均し、１週間の労働時間が週法定労働時間の範囲内となるように定めなければならない。

したがってその時間は、

フレックス期間中の総労働時間　＝　週法定労働時間 × 清算期間の歴日数／７（日）

となり、週法定労働時間が40時間の事業場で１か月のフレックスタイムとすると、１か月が31日の月は177.14時間、30日の月は171.42時間、29日の月は165.71時間、28日の月は160時間ということになる。

ただし、カレンダーの曜日の巡り合わせによっては、例えば30日の月において、１日８時間×月の所定労働日数が、171.42時間を超えることがある。

そのため、週の所定労働日数が５日の場合、労使にて協定することにより、「清算期間内の所定労働日数×８時間」を労働時間の限度とすることが可能。

④　基準となる１日の労働時間
フレックスの下で年休を取得した場合の賃金の算定基礎となる労働時間などの長さを決めるもので、時間数のみの定めで足りる（昭63.1.1基発１号）。
⑤　労働者が労働しなければならない時間帯（コアタイム）を定める場合は、その時間帯の開始及び終了の時刻
⑥　労働者がその選択により労働することができる時間帯（フレキシブルタイム）に制限を設ける場合には、その時間帯の開始及び終了の時刻
⑦　起算日
⑧　労使協定の有効期間（清算期間が１か月超の場合）

◆時間外労働となる場合

適法にフレックスタイム制が導入されれば、そこで定められた範囲内で、労働者が自由に始終業時刻を決定することができ、期間内の総労働時間を超えない限り、時間外労働は発生しない。言い換えれば、期間中の総労働時間を超えて労働させる場合には、時間外労働となる。

◆清算期間

３か月以内である必要がある。
清算期間が１か月を超える場合には、
・１か月毎に１週間当たり50時間を超えて労働させてはならないこととなっており、これを超えて労働させるには、36協定の締結・届出が必要。
・36協定の締結・届出がなされている場合、①１か月ごとに、週平均50時間を超えた労働時間、②清算期間を通じて、法定労働時間の総枠を超えて労働した時間（※①でカウントした労働時間を除く。）が時間外労働となる。
・フレックスタイムに係る労使協定において、有効期間を定めなければならない。
・労使協定を労基署に届け出なければならない。

《注意点》

1　不足分の繰り越し

適法にフレックスタイム制が導入されれば、そこで定められた範囲内で、労働者が自由に始終業時刻を決定することができ、期間内の総労働時間を超えない限り、時間外労働は発生しない。言い換えれば、期間中の総労働時間を超えて労働させる場合には、時間外労働となる。

ところで、フレックスタイム制を採用した場合に、その単位期間中の総労働時間を超えて労働した時間に対応する賃金を支払わずに、翌単位期間の総労働時間を短縮するというような扱いや、逆に、単位期間の総労働時間に満たない場合であっても、賃金は全額支払っておき、翌単位期間の総労働時間をその分増やすといった扱いは可能かどうかが問題となる。この点については、前者の扱いは、当該単位期間の賃金が一部未払となることから、労基法24条に違反し許されないと解されるが、後者の扱いは、いわば賃金の先払いがなされたものと理解することができるから適法であるとされている（昭63.1.1基発１号）。

【図】

清算期間における総労働時間	＜	清算期間における実労働時間の合計	→超過した時間分の賃金清算が必要。
清算時間における総労働時間	＞	清算期間における実労働時間の合計	→①不足時間分の賃金を控除して支払い →②不足時間分を繰り越して、次の清算期間の総労働時間に合算（※合算した総労働時間数が法定労働時間を超える分は時間外労働として清算が必要。）

2　休憩、休日に関する規制との関係

フレックスタイム制とはいっても、休憩時間に関する原則や休日に関する原則の適用が排除されないことは当然であり、フレックスタイム制を採る場合であっても、労働時間の途中に休憩時間を与えなければならず（したがって、行政当局はコアタイム中に与えるよう求めている。）、法定休日に労働させれば、休日労働となる。

フレックスタイム制下においては、コアタイムに遅れれば遅刻となり、コアタイムの終了時刻まで勤務しなければ早退という扱いになるが、コアタイムを全く勤務しなかった場合であっても、フレキシブルタイムに勤務していれば、その日１日を欠勤として１日分の賃金を控除することはできない。ただし、コアタイムに勤務しないことを賞与の査定事由として考慮するとか、フレックスタイム制の適用についての不適格者として、同制度の適用から排除する措置を採ることは可能である。

3　出張の取扱い

フレックスタイム制適用者であっても、業務そのものを命令することは可能なのであるから、出張命令を発することはもとより可能である。ただ、時間を指定しての出張は命じることはできない。

4　時刻を指定しての会議、打ち合わせ等への出席義務

フレックスタイム制を採用する以上、時刻を指定しての会議や打ち合わせへの出席を義務付けることはできない。しかし、勤務時間は自由であるからといって、そうした会議等に出席しない結果、業務を十全には遂行し得ないと判断されても仕方ない場合には、評価の際のマイナス査定の材料とすることや、あるいは、フレックスタイム制の適用対象者から外すことは差し支えないと解されている。

5　適用除外

満18歳に満たない者については、フレックスタイム制を適用することはできない（労基法60①）。

参考ウェブサイト

WEB 厚生労働省　「平成30年　就労条件総合調査（労働時間制度）」　第８表（変形労働時間制の有無、種類別採用企業割合）

＊　各企業におけるフレックスタイム制の導入状況がわかる。

WEB 厚生労働省　「フレックスタイム制のわかりやすい解説＆導入の手引」（PDF）

＊　上記法改正を含め、対応方法が記載されている。

事業場外労働のみなし労働時間制

関係法条項 労基法38の2、労基則24の2

概要	根拠条文等
◆事業場外労働のみなし労働時間制とは 労働者が事業場外で労働し、その労働時間の算定が困難である場合に、労基法が認めた特別の労働時間算定方法のことである。 ここにいう「特別な労働時間算定方法」とは、①原則的には所定労働時間労働したものとみなす、②実際にはその業務を遂行するためには所定労働時間を超えて労働することが必要であるのが常態であるというような場合には、その業務を遂行するのに通常要する時間労働したものとみなす、③②の場合に、その通常要する時間につき労使協定が締結されたときは、その協定で定めた時間労働したものとみなす、のいずれかである。	労基法38の2 労基法38の2①②
◆事業場外労働のみなし労働時間制が適用されるための要件 この制度が適用されるための要件は、以下のとおり。 ① 労働が事業場外で行われること 「事業場外」とは単に会社施設の外ということではなく、使用者の具体的な指揮監督の及ばない場所という意味である。建設現場は、屋外かもしれないが、まさにその場所が事業場なのであって、「事業場外」に当たるものではない。 ② 事業場外での労働時間の算定が困難であること どのような場合が労働時間の算定が可能な場合に当たるのかという問題については、行政当局から通達が発せられており、(ア)何人かのグループで事業場外労働に従事する場合で、そのメンバーの中に労働時間の管理をする者がいる場合、(イ)事業場外で業務に従事するが、無線やポケットベル等によって随時使用者の指示を受けながら労働している場合、(ウ)事業場において、訪問先、帰社時刻等当日の業務の具体的指示を受けたのち、事業場外で指示どおりに業務に従事し、その後事業場に戻る場合、がこれに当たるとされている(昭63.1.1 基発1号)。 最高裁は、事業場外のみなし労働時間制を適用し得るかどうかを判定するに当たって、「業務の性質、内容やその遂行の態様、状況等、本件会社と添乗員との間の業務に関する指示及び報告の方法、内容やその実施の態様、状況等」に着目している(阪急トラベルサポート(派遣添乗員・第2)事件 最高裁二小 平26.1.24判決 判時2220号126頁)。	

《注意点》

1 休憩時間、深夜労働との関係

事業場外労働のみなし労働時間制は、労働時間の算定について適用されるに留まるものであるから、休憩時間や深夜に関する労基法の規定が適用除外となるわけではない。

したがって、使用者は、事業場外労働従事者に対しても、所定の時間に休憩を取得するよう指示しなければならないし、深夜労働についてだけは、具体的に何時間の深夜労働がなされたのかを把握して、法令に従った割増賃金を支払わなければならない。

2 一部事業場内労働がある場合

上述のように、労基法38条の2第1項本文の文言は、「労働者が労働時間の全部又は一部について事業場外で業務に従事した場合」となっているのであるから、1日の全部を事業場外で労働した場合も、1日の一部につき事業場外で労働し、したがって、一部に事業場内労働が混じっていても、この制度を適用することができるはずである。

現に、行政通達においても、所定労働時間労働したものとみなす場合(労基法38の2①本文の場合)については、この趣旨を明言している(昭63.1.1　基発1号)。

しかし、「当該業務の遂行に通常必要とされる時間労働したものとみなす」場合(労基法38の2①但書)には、行政当局は、事業場外で労働した分についてはそのみなし時間をカウントし、事業場内で労働した分については、その実労働時間をカウントし、その合計時間がその日の労働時間になるとの解釈を示している(昭63.3.14　基発150号)。

3　労基法38条の2第2項の協定の取扱い

労基法38条の2第2項のみなし時間の労使協定は、所轄労働基準監督署長に届け出なければならないが、協定で定める時間が法定労働時間以下である場合には、届け出る必要はない。また、この協定の内容を36協定に付記して届け出ることも可能である。

4　時間外労働との関係

労使協定においては、例えば、1日9時間労働したものとみなすというように、法定労働時間を超える時間をみなすこともできる。しかし、このように労使協定によりみなされる時間が法定労働時間を超える場合には、36協定の範囲内に収まっていなければならないし、時間外労働の割増賃金が支払われていなければならない。

○「みなす」とはどういう意味か

「所定労働時間労働したものとみなす」というのは、現実の労働時間が6時間であろうが、9時間であろうが、所定労働時間が7時間半であれば、その日の労働時間は7時間半とするという意味であり、反対立証を入れる余地はない。また、これは労働時間数をみなすということであり、労働した時間帯をみなすものではない。

参考ウェブサイト

WEB 厚生労働省　「平成30年　就労条件総合調査(労働時間制度)」　第10表(みなし労働時間制の有無、種類別採用企業割合)

＊　各企業における事業場外労働のみなし労働時間制の導入状況を知ることができる。

WEB 東京労働局　「『事業場外労働に関するみなし労働時間制』の適正な運用のために」(PDF)

＊　事業場外労働のみなし労働時間制に関する簡単な解説と就業規則や労使協定の例などが紹介されている。

専門業務型の裁量労働時間制

関係法条項 労基法38の3、労基則24の2の2

概　　要	根拠条文等
◆専門業務型の裁量労働時間制とは 例えば研究開発者のように、その研究開発の手段や方法について、逐一使用者から指示を受けることなく業務を遂行する者について、自らの裁量によって研究活動に従事しているとして、原則的な労働時間管理から外し、あらかじめ労使で定めた時間労働したものとみなす制度をいう。	労基法38の3
◆専門業務型の裁量労働時間制を導入できる業種 専門業務型の裁量労働時間制の対象業務は、現在では、以下の19業務に限定されている。 ①　新商品若しくは新技術の研究開発又は人文科学若しくは自然科学に関する研究の業務 ②　情報処理システムの分析又は設計の業務 ③　新聞若しくは出版の事業における記事の取材若しくは編集の業務又は放送番組の制作のための取材若しくは編集の業務 ④　衣服、室内装飾、工業製品、広告等の新たなデザインの考案の業務 ⑤　放送番組、映画等の制作の事業におけるプロデューサー又はディレクターの業務 ⑥　いわゆるコピーライターの業務 ⑦　いわゆるシステムコンサルタントの業務 ⑧　いわゆるインテリアコーディネーターの業務 ⑨　ゲーム用ソフトウェアの創作の業務 ⑩　いわゆる証券アナリストの業務 ⑪　金融工学等の知識を用いて行う金融商品の開発の業務 ⑫　大学における教授研究の業務(主として研究に従事するものに限る。) ⑬　公認会計士の業務 ⑭　弁護士の業務 ⑮　建築士(一級建築士、二級建築士及び木造建築士)の業務 ⑯　不動産鑑定士の業務 ⑰　弁理士の業務 ⑱　税理士の業務 ⑲　中小企業診断士の業務	労基則24の2の2②、平成9年2月14日労働省告示7号
◆制度の導入要件 この制度の導入に当たっては、原則として次の事項を労使協定により定めた上で、様式第13号により、所轄労働基準監督署長に届け出ることが必要である(したがって、就業規則の定めだけでこの制度を導入することはできない。)。 ①　制度の対象とする業務 ②　対象となる業務遂行の手段や方法、時間配分等に関し労働者に具体的な指示をしないこと	

③　労働時間としてみなす時間
④　対象となる労働者の労働時間の状況に応じて実施する健康・福祉を確保するための措置の具体的内容
⑤　対象となる労働者からの苦情の処理のため実施する措置の具体的内容
⑥　協定の有効期間
⑦　④及び⑤に関し労働者ごとに講じた措置の記録を協定の有効期間及びその期間満了後３年間保存すること

《注意点》

1　休憩時間、深夜労働、休日との関係

専門業務型のみなし労働時間制は、労働時間の算定について適用されるに留まるものであるから（労基則24の２の２①）、休憩時間や深夜に関する労基法の規定が適用除外となるわけではない。

したがって、使用者は、専門業務型の裁量労働時間制従事者に対しても、所定の時間に休憩を取得するよう指示しなければならないし、深夜労働についてだけは、具体的に何時間の深夜労働がなされたのかを把握して、法令に従った割増賃金を支払わなければならない。

休日についても同様である。

2　特定の業務指示との関係

裁量労働時間制を採る場合には、業務の遂行方法や時間配分について、使用者から具体的指示をすることはできない。

しかし、業務の内容については、使用者が指示するものであり、労働者の勝手な判断で、使用者の指示とは異なる研究活動をすることは許されないし、使用者の求めに応じて報告等をする義務もある。

問題は、会議への出席などを義務付けることができるかという点であるが、１日の大半の時間につき会議への出席を求めるような命令は、裁量労働時間制の趣旨に反するものと考えられるが、例えば、毎週数回１時間の会議に出席するよう求めるような場合であれば、その趣旨に反することはなく、差し支えないと解される。

参考ウェブサイト

WEB　厚生労働省　「平成30年　就労条件総合調査（労働時間制度）」　第10表（みなし労働時間制の有無、種類別採用企業割合）

＊　各企業における専門業務型の裁量労働時間制の導入状況を知ることができる。

WEB　厚生労働省　「専門業務型裁量労働制」

＊　専門業務型裁量労働制の簡単な解説と協定例等が掲載されている。

企画業務型の裁量労働時間制

関係法条項　労基法38の４、労基則24の２の３、24の２の４、24の２の５

<table>
<tr><th>概　　要</th><th>根拠条文等</th></tr>
<tr><td>◆企画業務型の裁量労働時間制とは
事業の運営上の企画、立案、調査、分析業務等に当たる者(いわゆるホワイトカラー)であって、専門業務型の裁量労働時間制の適用対象者と同様、自らの裁量によって業務を処理している者については、原則的な労働時間管理から外して一定時間労働したものとみなす制度。</td><td>労基法38の４</td></tr>
<tr><td>◆企画業務型の裁量労働時間制を導入するための要件
導入に当たっては、所定の事項について労使委員会で決議をし、労働基準監督署長に届け出ることが必要とされている。
(a)　労使委員会の決議
労使委員会で以下の①～⑧の事項について、労使委員会の委員の５分の４以上の多数による議決により決議することが必要である。
①　対象となる業務の具体的な範囲
②　対象労働者の具体的な範囲
③　労働したものとみなす時間
④　使用者が対象となる労働者の勤務状況に応じて実施する健康及び福祉を確保するための措置の具体的内容
⑤　苦情の処理のための措置の具体的内容
⑥　本制度の適用について労働者本人の同意を得なければならないこと及び不同意の労働者に対し不利益取扱いをしてはならないこと
⑦　決議の有効期間
⑧　企画業務型裁量労働制の実施状況に係る記録を保存すること
(b)　労使委員会の意義及び構成
上記(a)の労使委員会は、次の各号に適合するものでなければならないとされている。
①　事業場ごとに設置すること
②　賃金、労働時間その他の当該事業場における労働条件に関する事項を調査審議し、事業主に対し当該事項について意見を述べることを目的とする委員会であること
③　使用者及び当該事業場の労働者を代表する者を構成員とするものであること。そして、当該委員会の委員の半数については、当該事業場に、労働者の過半数で組織する労働組合がある場合においてはその労働組合、労働者の過半数で組織する労働組合がない場合においては労働者の過半数を代表する者に厚生労働省令で定めるところにより任期を定めて指名されていること
④　当該委員会の議事について、厚生労働省令で定めるところにより、議事録が作成され、かつ、保存されるとともに、当該事業場の労働者に対する周知が図られていること
⑤　労使委員会の招集、定足数、議事その他労使委員会の運営について必要な事項に関する規程が定められていること
⑥　使用者は、労働者が労使委員会の委員であること若しくは労使委員会の委員になろうとしたこと又は労使委員会の委員として正当な</td><td>労基法38の４①②、労基則24の２の４④</td></tr>
</table>

労働時間・休職

行為をしたことを理由として不利益な取扱いをしないようにしなければならないこと (c) 労働基準監督署長への報告	
使用者は、決議が行われた日から起算して６か月以内ごとに１回、所定様式により所轄労働基準監督署長に対し、対象となる労働者の労働時間の状況及び対象となる労働者の健康及び福祉を確保するための措置の実施状況について、定期報告をする必要がある。	労基法38の４④、労基則24の２の５、附則66の２

《注意点》

1　対象業務と対象労働者

企画業務型の裁量労働時間制は、すべてのホワイトカラーに適用されるものではない。「事業の運営に関する事項についての企画、立案、調査及び分析の業務」のうち、「当該業務の性質上これを適切に遂行するにはその遂行の方法を大幅に労働者の裁量にゆだねる必要があるため、当該業務の遂行の手段及び時間配分の決定等に関し使用者が具体的な指示をしないこととする業務」であり、かつ、そのような対象業務を「適切に遂行するための知識、経験等を有する労働者」でなければならない(平11.12.27　厚生労働省告示149号参照)。

同指針では、以下のような業務が挙げられている。

① 経営企画を担当する部署における業務のうち、経営状態・経営環境等について調査及び分析を行い、経営に関する計画を策定する業務

② 経営企画を担当する部署における業務のうち、現行の社内組織の問題点やその在り方等について調査及び分析を行い、新たな社内組織を編成する業務

③ 人事・労務を担当する部署における業務のうち、現行の人事制度の問題点やその在り方等について調査及び分析を行い、新たな人事制度を策定する業務

④ 人事・労務を担当する部署における業務のうち、業務の内容やその遂行のために必要とされる能力等について調査及び分析を行い、社員の教育・研修計画を策定する業務

⑤ 財務・経理を担当する部署における業務のうち、財務状態等について調査及び分析を行い、財務に関する計画を策定する業務

⑥ 広報を担当する部署における業務のうち、効果的な広報手法等について調査及び分析を行い、広報を企画・立案する業務

⑦ 営業に関する企画を担当する部署における業務のうち、営業成績や営業活動上の問題点等について調査及び分析を行い、企業全体の営業方針や取り扱う商品ごとの全社的な営業に関する計画を策定する業務

⑧ 生産に関する企画を担当する部署における業務のうち、生産効率や原材料等に係る市場の動向等について調査及び分析を行い、原材料等の調達計画も含め全社的な生産計画を策定する業務

また、対象労働者について同指針では、 例えば、大学の学部を卒業した労働者であっても全く職務経験がないものは、客観的にみて対象労働者に該当し得ず、少なくとも３年ないし５年程度の職務経験を経た上で、対象業務を適切に遂行するための知識、経験等を有する労働者と認められることが必要であるとされている。

2　休憩時間、深夜労働、休日との関係

企画業務型の裁量労働時間制は、労働時間の算定について適用されるに留まるものであるから(労基則24の２の２①)、休憩時間や深夜に関する労基法の規定が適用除外となるわけではない。

したがって、使用者は、企画業務型の裁量労働時間制従事者に対しても、所定の時間

に休憩を取得するよう指示しなければならないし、深夜労働についてだけは、具体的に何時間の深夜労働がなされたのかを把握して、法令に従った割増賃金を支払わなければならない。
休日についても同様である。

参考ウェブサイト

WEB 厚生労働省 「平成30年 就労条件総合調査(労働時間制度)」 第10表(みなし労働時間制の有無、種類別採用企業割合)
＊ 各企業における企画業務型の裁量労働時間制の導入状況を知ることができる。

WEB 厚生労働省 「企画業務型裁量労働制」(PDF)
＊ 企画業務型裁量労働制の簡単な解説と労使委員会の決議の例などが掲載されている。

高度プロフェッショナル制度

関係法条項 労基法41の2

概　要	根拠条文等
◆高度プロフェッショナル制度とは 高度の専門的知識等を必要とし、その性質上従事した時間と従事して得た成果との関連性が通常高くないと認められる一定の業務に従事する対象労働者につき、労基法第４章に定める労働時間・休憩・休日及び深夜の割増賃金に関する規定を適用しないとする制度である。 「対象業務」に従事する「対象労働者」について、「健康確保措置」がとられていることを前提に、「労使委員会の決議」がなされ、それが行政官庁に届け出られていることが適用要件となる。 ※なお、高度プロフェッショナル制度につき、労基法及び同法施行規則にて定める内容をより具体的に明らかにするため、「労働基準法第41条の２第１項の規定により同項第１号の業務に従事する労働者の適正な労働条件の確保を図るための指針」が示されている。	労基法41の２
◆対象となる業務 次に掲げる業務(当該業務に従事する時間に関し使用者から具体的な指示を受けて行うものは除く。)が対象となる。 ・金融工学等の知識を用いて行う金融商品の開発の業務 ・資産運用(指図を含む。以下同じ。)の業務又は有価証券の売買その他の取引の業務のうち、投資判断に基づく資産運用の業務、投資判断に基づく資産運用として行う有価証券の売買その他の取引の業務又は投資判断に基づき自己の計算において行う有価証券の売買その他の取引の業務 ・有価証券市場における相場等の動向又は有価証券の価値等の分析、評価又はこれに基づく投資に関する助言の業務 ・顧客の事業の運営に関する重要な事項についての調査又は分析及びこれに基づく当該事項に関する考案又は助言の業務 ・新たな技術、商品又は役務の研究開発の業務	労基則34の２③

◆対象となる労働者 ・①同意をした場合には労基法第４章の規定が適用されないこととなる旨、②同意の対象となる期間、③同意の対象となる期間に支払われると見込まれる賃金の額を明らかにした書面等により高度プロフェッショナル制度の適用について同意をしている。 ・書面等により業務の内容、責任の程度及び職務において求められる成果その他の職務を遂行するに当たって求められる水準が具体的に定められ、労使が合意している。 ※労使の合意とは、使用者から①業務の内容、②責任の程度、③求められる成果を書面（職務記述書）にて明らかにしたうえでその書面に労働者の署名（労働者が希望した場合には、当該書面に記載すべき事項を記録した電子的記録の提供を受ける方法、例えば署名した書面をPDFとし送信するなどでも可）を受けることにより行う必要がある。 ・年収が1,075万円以上	労基法41の２①、労基則34の２②③④⑥
◆健康確保措置 以下に定めるいずれかの健康確保措置を講じない場合、この制度の適用をすることができない。 ①　健康管理時間の把握 対象労働者が事業場内にいた時間（労使委員会が決議した場合には、休憩時間その他労働者が労働していない時間を除いた時間）と事業場外において労働した時間の合計（「健康管理時間」）を把握する措置を労使委員会の決議に基づき使用者が講ずる。 ②　休日の付与 １年間を通じ、104日以上、かつ、４週４日以上の休日を与える。 ③　その他の健康確保措置として、以下のいずれかの措置を講ずること ・労働者毎に始業から24時間を経過するまでに11時間以上の継続した休息時間を確保し、かつ、深夜（午後10時～午前５時）に労働させる回数を１か月４回以内とする ・１週間当たりの健康管理時間が40時間を超えた時間数の合計が、１か月100時間以内、３か月240時間以内とする ・１年に１回以上の継続した２週間（労働者が請求した場合には、１年に２回以上の継続した１週間）について休日を与える ・１週間当たりの健康管理時間が40時間を超えた場合におけるその超えた時間が１か月当たり80時間を超えたこと又は対象労働者からの申出があった場合に、労働安全衛生法に基づく定期健康診断の項目であって脳・心臓疾患との関連が認められるもの及び当該対象労働者の勤務の状況、疲労の蓄積の状況その他心身の状況の確認に関する健康診断を受診させる	労基法41の２①但書、③④⑤、労基則34の２⑦～⑬
◆手続き ・事業場に、労使委員会（使用者及び当該事業場の労働者を代表する者を構成員とする）を設置する。 ・労使委員会の５分の４以上の多数決による議決により、労基法41条	労基法41の２本文、労基則34の２

の２　１項１号から10号に定める事項を決議する。 ・当該決議を労働基準監督署長に届け出る。	

参考ウェブサイト

WEB 厚生労働省「高度プロフェッショナル制度　わかりやすい解説」（パンフレット）
※高度プロフェッショナル制度に関する解説がまとめられている。

時間外労働、休日労働

関係法条項　労基法33、36

概　　要	根拠条文等
◆時間外労働、休日労働とは ⑴　時間外労働 法定労働時間（１日８時間、かつ、１週40時間）の原則的限度を超えて労働させる場合 ⑵　休日労働 法定休日（週１日の休日又は４週４日の休日）に労働させる場合 ⑴、⑵ともに労基法36条所定の労使協定（いわゆる36協定）の締結が必要であり、協定を結ばずに労働させることは違法。	
◆36協定締結に当たってのポイントⅠ（大企業　平成31年４月１日～、中小企業　令和２年４月１日～） ※本ルールは、会社規模に応じ定められた施行日以後の期間のみを定めた36協定に対して適用される。 （大企業の場合、平成31年３月31日以前と平成31年４月１日以後にまたがる期間に係る協定は、同協定の初日から１年間は引き続き有効（旧ルールの適用となる。））。 ⑴　36協定の締結事項 <36協定において締結すべき事項> ・時間外・休日労働の具体的事由 ・業務の種類 ・労働者の数 ・１日、１か月及び１年のそれぞれの期間について労働時間を延長することができる時間又は休日労働の場合は労働させることのできる休日数 ・協定の有効期間 ※業務の種類を記載し、その区分ごとに延長時間を定めることとなるが、その際、業務の区分を細分化することにより当該業務の範囲を明確にすることが、「労働基準法第36条第１項の協定で定める労働時間の延長及び休日の労働について留意すべき事項等に関する指針」（以下、「36協定指針」）において求められている。	

(2) 限度時間　　労基法36③④

期間	限度時間	限度時間(対象期間が3か月を超える1年単位の変形労働時間制の場合)
1日	上限の定めなし (※ただし、坑内労働その他厚生労働省令で定める健康上特に有害な業務については、1日2時間を超えることはできない。)	上限の定めなし
1ヵ月	45時間	42時間
1年	360時間	320時間

この限度時間には、休日労働時間数は含まない。ただし、後記(4)の規制に服する。

＜限度時間が適用されない業務＞

新技術、新商品等の研究開発の業務

＜令和6年3月31日まで経過措置により適用されない業務＞

建設事業、自動車運転の業務、医師、鹿児島県及び沖縄県における砂糖製造業

ただし、業種により、令和6年4月1日以降の適用内容は異なる。

※建設事業の場合

災害の復旧・復興の事業以外　上限規制がすべて適用

災害の復旧・復興の事業　上限規制のうち、時間外労働と休日労働の合計について、月100時間未満・2～6か月平均80時間以内とする規制(後述(5))は適用されない。

(3) 特別条項

一定期間についての延長時間は、上記(1)とすることが原則であるが、通常予見することのできない業務量の大幅な増加等に伴い、臨時的に(2)の限度時間を超えて労働させる必要がある場合に限り、一定の期間毎に、限度時間を超える一定の時間(特別延長時間)まで労働時間を延長することができる旨を労使協定で定めれば(この場合における協定を「特別条項付き協定」という。)、当該一定の期間における延長時間は、限度時間を超えるものとすることができる。　　労基法36⑤

＜特別条項に定めておくべき事項＞

① 臨時的に限度時間を超えて労働させる1か月の時間外労働・休日労働の合計時間数および1年の時間外労働時間数

※1か月の時間外労働と休日労働の合計時間が100時間未満、1年の時間外労働時間数が720時間未満でなければならない。

② 限度時間を超えることができる回数

※年6回以内

③ 限度時間を超えて労働させることができる事由

※全体として1年の半分を超えない一定の限られた時期において一時的・突発的に業務量が増える状況等により限度時間を超えて労働させる必要がある場合をいう。具体的に定める必要があり、

「業務上やむを得ない場合」などといった抽象的な規定では認められない。 ④　限度時間を超えて労働する労働者に対する健康及び福祉を確保するための措置 ※36条指針により、⑴医師による面接・指導⑵深夜業（22時～５時）の回数制限⑶終業から始業までの休息時間確保（勤務インターバル）⑷代償休日・特別な休暇の付与⑸健康診断⑹連続休暇の取得⑺心とからだの相談窓口設置⑻配置転換⑼産業医等による助言・指導や保健指導の中から協定することが望ましいとされている。 ⑤　限度時間を超えた労働に係る割増賃金率 ⑥　限度時間を超えて労働させる場合における手続	
⑷　時間外・休日労働全体の上限 特別条項付き協定の有無に関わらず、以下の上限規制に服する。 ①　１か月について時間外労働と休日労働の時間数の合計が100時間未満であること ②　複数月（２～６か月）の時間外労働と休日労働の時間数の合計の１か月当たりの平均時間が80時間以下であること ※時間外労働が45時間以内であり、36協定の特別条項が不要の場合でも、時間外労働44時間＋休日労働56時間＝100時間であれば、労基法違反となる。	労基法36⑥

概　　要	根拠条文等
◆36協定締結に当たってのポイントⅡ（～36協定に当たってのポイントⅠが適用されるまで） ⑴　36協定の締結事項 <36協定において締結すべき事項> ・時間外又は休日の労働をさせる必要のある具体的事由 ・業務の種類 ・労働者の数 ・１日及び１日を超える一定の期間についての延長することができる時間又は労働させることができる休日 ・有効期間 ※法令上の根拠は定かではないが、協定届には「所定労働時間」を記入する欄もある。 このうち、労働時間を延長する必要のある業務の種類を定めるに当たっては、業務の区分を細分化することにより当該必要のある業務の範囲を明確にしなければならないとされており、各事業場における業務の実態に即し、業務の種類を具体的に区分して協定する必要がある。 また、「１日を超える一定の期間」とは、１日を超え３か月以内の期間及び１年間という意味である。	
⑵　36協定における限度時間の基準 通常の労働者については、次のような延長時間の限度が定められている（労働基準法第36条第１項の協定で定める労働時間の延長の限度等に関する基準（平成10.12.28　労働省告示154号））。	労基法36②、左欄告示

期間	限度時間
１週間	15時間
２週間	27時間
４週間	43時間
１か月	45時間
２か月	81時間
３か月	120時間
１年間	360時間

なお、１年単位の変形労働時間制を採る場合(対象期間が３か月以上であるものに限る。)には、以下の通り、通常の延長時間の限度よりも短い限度時間が設定されている。

期間	限度時間
１週間	14時間
２週間	25時間
４週間	40時間
１か月	42時間
２か月	75時間
３か月	110時間
１年間	320時間

＜限度時間が適用されない業務＞

以下の事業又は業務に関わる36協定については、上記告示の基準は適用されない。

- ・工作物の建設等の事業
- ・自動車の運転の業務
- ・新技術、新商品等の研究開発の業務
- ・季節的要因等により事業活動若しくは業務量の変動が著しい事業若しくは業務又は公益上の必要により集中的な作業が必要とされる業務として厚生労働省労働基準局長が指定するもの

⑶　特別条項

一定期間についての延長時間は上記告示に定められる限度時間以内の時間とすることが原則であるが、弾力措置として、限度時間以内の時間を一定期間についての延長時間の原則(以下、「原則となる延長時間」という。)として定めた上で、限度時間を超えて労働時間を延長しなければならない特別の事情が生じたときに限り、一定期間として協定されている期間ごとに、労使当事者間において定める手続きを経て、限度時間を超える一定の時間(以下、「特別延長時間」という。)まで労働時間を延長することができる旨を協定すれば(この場合における協定を「特別条項付き協定」という。)、当該一定期間についての延長時間は限度時間を超える時間とすることができる。

特別条項付き協定においては、「特別の事情(臨時的なものに限る。)」

「手続き」「特別延長時間」及び「限度時間を超える時間外労働であって、1か月60時間を超えない範囲の時間外労働にかかわる割増賃金率」のそれぞれについてあらかじめ協定することを要件としている。

<特別条項に定めておくべき要件>

① ある一定期間の原則となる延長時間(限度時間以内の時間とする。)

② 限度時間を超えて労働時間を延長しなければならない特別の事情

③ 特別な事情が生じて原則となる延長時間を延長する場合に労使がとる手続き

④ 限度時間を超える一定の時間(特別延長時間)

⑤ 限度時間を超えることができる回数

⑥ 限度時間を超える時間外労働であって、1か月60時間を超えない範囲の時間外労働にかかわる割増賃金率

※⑥の割増賃金率を法定割増賃金率(2割5分以上)とすること、及び延長できる時間数を短くすることについて、努力義務が課せられている。

<特別の事情とは>

時間外労働をさせる必要のある具体的事由の下において生じる特別の事情であり、臨時的なものに限る。労使当事者が事業又は業務の態様等に即して自主的に協議し、可能な限り具体的に定める必要があるとされている。

「臨時的なもの」とは、一時的又は突発的に時間外労働を行わせる必要があるものであり、全体として1年の半分を超えないことが見込まれるものでなければならない。

したがって、具体的な事由を挙げず、単に「業務の都合上必要なとき」又は「業務上やむを得ないとき」と定める等、恒常的な長時間労働を招くおそれがあるもの等については、「臨時的なもの」に該当しないものであって、この趣旨に反するとされている。

◆時間外・休日労働が制限される者

36協定が適法に締結されているときでも、時間外労働及び休日労働をさせてはならない場合がある。

労基法66②、60①
育介法17、18

・妊産婦が請求したとき

・満18歳に満たない者

・次のいずれかの場合は、事業の正常な運営を妨げると判断されるときを除き、1か月について24時間、1年間について150時間を超えて時間外労働をさせることはできない。

① 小学校就学の始期に達するまでの子を養育する所定の要件を満たす労働者がその子を養育するために請求した場合

② 要介護状態にある対象家族を介護する所定の要件を満たす労働者が当該対象家族を介護するために請求した場合

◆休日労働の時間数と時間外労働の時間数の関係

休日労働も本来の労働時間とされていないときに労働させるのであるから、所定の契約外の労働であるという点においては時間外労働と共通する部分があるが、休日労働は、その時間が何時間であろうと、あくま

労働時間・休職

でも「休日労働」なのであって、「時間外労働」に当たるものではない。例えば、法定休日に５時間労働した場合であっても、10時間労働した場合であっても、いずれも５時間及び10時間の「休日労働」なのであって、特に後者につき、８時間の「休日労働」と２時間の「時間外労働」となるわけではない。

しかし、週休２日制を採用している企業において、法定休日以外の所定休日に労働させた場合の労働時間は、週40時間を超える労働として時間外労働になる可能性がある。

○対象期間中に同一企業内で労働者の事業場が変わった場合に、上限時間はどのように適用されるか。

この点について、法律上は明確には定められていない。

しかし、通達（基発1228第15号　平成30年12月28日）においては、

①　上記(2)の限度時間及び(3)の特別延長時間は、事業場における時間外・休日労働協定の内容を規制するものであり、特定の労働者が転勤した場合は通算されないが、

②　(4)の時間数の上限は、労働者個人の実労働時間を規制するものであり、特定の労働者が転勤した場合は、労基法第38条第１項の規定（※労働時間は、事業場を異にする場合にもいても、労働時間に関する規定の適用については通算する旨の規定）に基づき通算される

という解釈が示されている。

○時間外・休日労働を命ずるには、労働者の承諾を必要とするのか？

判例は、就業規則に時間外労働義務を定めた規定がある場合、それが合理的なものである限り、労働者はこれに基づいて時間外労働を行う義務を負うとする（後掲日立製作所武蔵工場事件）。

したがって、見解の対立はあるが、労基法上の時間外又は休日労働と整理されるような労働を命じるためには、①労基法36条に従って時間外及び休日労働に関する協定（いわゆる36協定）を締結し、所轄労基署長に届出をし、②就業規則や労働協約などに、時間外及び休日労働を命じる根拠規定が設けられていること、の双方が必要であり、また、それで足りると考える。つまり、労働者の個々の同意は必要としないと考えておいてよいであろう。

関連事項

非常災害時の時間外・休日労働

労基法33条１項は、「災害その他避けることのできない事由によって、臨時の必要がある場合」には、労働基準監督署長の許可（事態急迫のため、それを得る暇がないときは、事後遅滞なく届け出ることを要する。）を得て、必要な限度において、36協定によらずとも、時間外又は休日労働をさせることができる旨定めている。通常の予測を超える災害等により人の生命や身体に危険が及んだり社会生活に重大な影響が生じるような事態が発生したときにまで、法定労働時間や法定休日の規制あるいは36協定の範囲を超えて労働させることができないというのでは、かかる突発事態に対して十分な対処ができないおそれがあるからである。もっとも、本条項にいう「災害」とは、事業場において通常発生する事故は含まれず天災地変その他これに準ずるものをいい、また、「その他避けることのできない事由」とは、業務運営上通常予想し得ない事由がある場合をいうものと解すべきであるとされている（昭22.9.13発基17号、昭26.10.11基発696

号参照)。なお、通達により、大規模なリコールへの対応やサーバーへの攻撃によるシステムダウンへの対応は許可の対象とされる旨が明らかにされている(令元.6.7基発0607第1号)。

代表的裁判例

思うに、労基法32条の労働時間を延長して労働させることにつき、使用者が、当該事業場の労働者の過半数で組織する労働組合等と書面による協定(いわゆる36協定)を締結し、これを所轄労働基準監督署長に届け出た場合において、使用者が当該事業場に適用される就業規則に当該36協定の範囲内で一定の業務上の事由があれば労働契約に定める労働時間を延長して労働者を労働させることができる旨定めているときは、当該就業規則の規定の内容が合理的なものである限り、それが具体的労働契約の内容をなすから、右就業規則の規定の適用を受ける労働者は、その定めるところに従い、労働契約に定める労働時間を超えて労働をする義務を負うものと解するを相当とする(日立製作所武蔵工場事件　最高裁一小　平3.11.28判決　民集45巻8号1270頁)。

参考ウェブサイト

WEB 厚生労働省 『「働き方改革を推進するための関係法律の整備に関する法律」について』
※36協定の記載例、労働時間の上限規制に関するリーフレット、関連する通達や指針などのリンクがまとめられている。

WEB 厚生労働省　36協定届の記載例(一般条項・特別条項)
＊ ポイントⅠ適用後の36協定の書式例である。

WEB 東京労働局 「36協定届の記入例」
＊ ポイントⅡ適用時の36協定の書式例である。

WEB 厚生労働省　モデル就業規則第4章(労働時間、休憩及び休日に関する就業規則の例)
＊ 時間外・休日労働に関する就業規則の条項の例が紹介されている。

年休制度

関係法条項　労基法39

概　　要	根拠条文等
◆年休制度とは	
年次有給休暇(年休)は、労基法に使用者の付与義務が規定されている、1年ごとの休暇であって、有給とすることが求められている休暇である。	労基法39

＜年休の発生要件＞
① 雇入れの日から6か月間継続勤務したこと
② 全労働日の8割以上出勤したこと

その後は継続勤務1年を経過するごとに年休が発生(その1年間の出勤率が8割以上であることが必要)

＜年次有給休暇の付与日数＞＊短時間労働者については128頁参照。

継続勤務年数	0.5	1.5	2.5	3.5	4.5	5.5	6.5以上
付与日数	10	11	12	14	16	18	20

《注意点》

1　勤務の継続の意義

ここにいう勤務の「継続」とは、労働契約関係が存続していることをいうものであって、欠勤や休職等により就労していない期間があるとしても、労働契約が存続している限り、勤務が「継続」しているものと取り扱われる。

2「全労働日」、「出勤日」の意義

年休の発生要件である出勤率算定に当たって分母となる「全労働日」とは、労働契約上労務を提供することが義務付けられている日のことである(エス・ウント・エー事件　最高裁三小　平4.2.18判決　労判609号12頁)。

なお、労働者の責めに帰すべき事由によらない不就労日は、「当事者間の衡平等の観点から出勤日数に算入するのが相当でなく全労働日から除かれるべきもの」を除き、全労働日に含めた上で出勤日数に算入するとされる(八千代交通事件　最高裁一小　平25.6.6判決　民集67巻5号1187頁、平25.7.10　基発0710第3号)。

次に、出勤率算定に当たって分子となる出勤日は、全労働日のうち実際に出勤した日のことを指す。たとえ遅刻や早退をした場合であっても、その日に出勤したことに変わりはないから、年休の発生要件との関係では、出勤日として扱われることになる。

下記についても出勤したとみなされる(労基法39⑧、昭22.9.13　発基17号)。

① 業務上の負傷、疾病による休業
② 育児休業
③ 介護休業
④ 産前産後休業
⑤ 年次有給休暇を取得した期間

3　年休日の賃金の考え方

年休期間中については、①通常の賃金、②平均賃金、③健康保険法上の標準報酬日額、のいずれかを支払うことが必要であるが、③を選択する場合には、過半数労組、それがなければ過半数代表者との労使協定が必要であり、また、①又は②のいずれを選択するかは就業規則等で定めなければならない(労基法39⑦。なお、③を選択する場合であっても、賃金に関する事項であるから、就業規則の記載事項であり(労基法89二)、結局就業規則に記載しておく必要がある。)。

4　年休の消滅時効

年休の消滅時効期間は2年となり(労基法115の解釈)、翌年度に限り持ち越すことができる(もちろん、会社の制度として、それ以上の期間の持越し(繰越し)を認めることも可能。)。

○出勤率が7割の労働者は、法定の7割の日数の年休を取得できるのか？

年休の発生要件としての出勤率8割というのは、それを満たせば、法定通りの日数の年休が付与され、それを満たさないときは、1日も付与されないという意味である。したがって、出勤率が7割であった労働者は、法律上は、翌年度には1日の年休も付与されない。

関連事項

1　年休の基準日制度

年休の発生要件である継続勤務期間と出勤率の算定は、労働者個々人ごとになされるものであり、したがって入社日が異なる場合には、年休の発生の有無や発生日が異なることになる。

このような個々人ごとの管理を強いられることは、実務的には煩瑣な場合もある。

このため、全労働者の年休発生日として基準日を定めて統一的に管理することも許容されている。

しかし、基準日を設けるに当たっては、労働者に法律により認められる権利よりも不利に扱うことはできないから、年休発生要件の一つである継続勤務期間について、常に切り上げで対応しなければならない。例えば、毎年4月1日を基準日と定める場合には、4月1日入社の者に対しても、本来であれば10月1日に10日の年休を付与すれば足りるところ、4月1日に繰り上げて10日付与しなければならないということである。翌年の4月1日まで待って、そこで10日付与すればよいというものではない。そして、この関係は以後も続くことになるから、労基法では1年6か月継続勤務した時点で11日の年休が付与されれば足りるのに対し、上記の例のように4月1日を基準日と定めると、1年の継続勤務で11日の年休が付与されなければならなくなるのである。

2　年休と有期契約者の勤務の継続性

有期契約が反復更新された場合の年休発生要件としての勤務の「継続性」の判断に当たっては、「途中中断することなく」雇用契約が継続していたかどうかにより判断される(国際協力事業団(年休)事件　東京地裁　平9.12.1判決　労判729号26頁)。

定年後再雇用の場合にも、東京都の正規の職員であった者が定年退職した翌日から嘱託職員として採用され、ほぼ同様の職務に従事していたという事案において、勤務の継続性が肯定されている(東京芝浦食肉事業公社事件　東京地裁　平2.9.25判決　労判569号28頁)。

3　時間単位の年休

以上述べてきた年休は、日単位の取得を想定してのものであるが、時間単位による取得の希望もみられるところである。

このため、平成20年の労基法改正により、まとまった日数の休暇を取得するという年休制度本来の趣旨を踏まえつつ、仕事と生活の調和を図る観点から、年休を有効に活用できるようにすることを目的として、労使協定により、年休について5日の範囲内で時間を単位として与えることができることとなった(労基法39④)。

時間単位の年休制度は、その導入が法律によって義務付けられるものではなく、同条項所定の事項が記載された労使協定が締結された場合に、その協定の定める範囲内において実施し得るものである。逆にいえば、たとえ使用者が時間単位の年休を認めているとしても、労使協定に基づかずに付与されたものは、法定年休と扱うことはできず、実際に取得された日数(時間数)を法定年休の残日数から差し引くことは許されない。

なお、半日年休については、上記改正前から、使用者に付与義務はないが、労働者の請求により付与することは可能であるとされていた(昭24.7.7　基収1428号、昭63.3.14　基発150号)。

4　法定年休と所定年休

労基法39条1項、2項及び4項に基づいて発生する年休を、法定年休と呼ぶことがある。

法定年休に対し、会社の規則によって、例えば、採用時から6か月の経過を待たずに年休を付与するとか、6か月経過時に12労働日の年休を付与するといったように、法律の要件よりも労働者にとって有利な取扱いとして付与される年休がある。これを「所定年休」ないし「法定超年休」という。

所定年休の制度は、法定年休よりも労働者にとって有利なものである限り、むろん有効であるし、その部分については、法定年休よりも厳しい要件を課すことも可能である。例えば、採用から6か月経過した時点において12日の年休を付与するという制度の場合、法定年休の10日を超える2日については、平均賃金の半日分だけを支給するとか、過去6か月間無遅刻・無欠勤であった者にだけ付与するといったような制度とすることも許容される。

なお、所定年休につき別段の定めを置かない限り、法定年休と同様の成立要件及び効果を持つと解される(前掲エス・ウント・エー事件)。

５　年休の買上げ

年休の「買上げ」とは、労働者が権利として有する年休について、一定の金額を支払う代わりにそれに相当する日数を減じる行為をいう。このような買い上げを安易に認めると、労働者に現実に休暇を取得させ、休息の機会を与えるとともに、労働力の維持培養を図るという年休の目的に合致しないことから、原則としては許容され難いものである(昭30.11.30　基収4718号)。

したがって、一定の金銭を提示して年休の買上げを迫ったり、あらかじめ定めた金額により年休を買い上げたりする旨の予約をすることは、いずれも労基法に違反し、無効であると解される。

しかし、①退職や解雇により消化することができなかった年休、②時効により消滅した年休については、買い上げても違法ではないと解されている。

６　年休取得者に対する不利益取扱いの禁止

労基法136条は、「使用者は、第39条第１項から第４項までの規定による有給休暇を取得した労働者に対して、賃金の減額その他不利益な取扱いをしないようにしなければならない。」と定めている。

行政解釈は、同条はあくまで使用者の義務を定めた規定であり、これに違反する措置は、私法上も無効になるとするが(昭63.1.1　基発１号)、最高裁は、同条はあくまで使用者の努力義務を定めた規定にすぎないとの立場をとっている(沼津交通事件　最高裁二小　平5.6.25判決　判時1464号152頁)。

参考ウェブサイト

WEB 厚生労働省　モデル就業規則第５章(休暇に関する記載の例)
＊　休暇に関する就業規則の参考規定例を知ることができる。

年休の比例付与

関係法条項 労基則24の３

概　　要	根拠条文等
◆年休の比例付与とは １週間の所定労働時間が30時間未満であって、１週間の所定労働日数が４日以下の者については、その所定労働日数に比例して年休が付与されることになる。これを年休の「比例付与制度」という。	労基法39③
比例付与の場合の具体的な付与日数は、下表の通りである。	労基則24の３③

(1)　週所定労働日数が４日又は１年間の所定日数が169日から216日

継続勤務年数	0.5	1.5	2.5	3.5	4.5	5.5	6.5以上
付与日数	7	8	9	10	12	13	15

(2)　週所定労働日数が３日又は１年間の所定日数が121日から168日

継続勤務年数	0.5	1.5	2.5	3.5	4.5	5.5	6.5以上
付与日数	5	6	6	8	9	10	11

⑶　週所定労働日数が２日又は１年間の所定日数が73日から120日

継続勤務年数	0.5	1.5	2.5	3.5	4.5	5.5	6.5以上
付与日数	3	4	4	5	6	6	7

⑷　週所定労働日数が１日又は１年間の所定日数が48日から72日

継続勤務年数	0.5	1.5	2.5	3.5	4.5以上
付与日数	1	2	2	2	3

《注意点》

1　比例付与の対象とならないパートタイマー

パートタイマーであるからといって、その全てが比例付与の対象となるわけではない。この点は、上述の比例付与の要件を丁寧に読めば誤解することはないはずだが、うっかり適用を誤る例があるので注意が必要である。

例１：１日の所定労働時間が５時間、週５日勤務するパートタイマー

比例付与の要件である１週の所定労働日数が「４日以下」という要件を満たさないから、比例付与の対象ではなく、通常の労働者と同様の日数の年休が付与されるべきことになる。

例２：１日の所定労働時間が７時間30分、１週間の所定労働日数が４日であるパートタイマー

比例付与の要件である１週間の所定労働時間が「30時間未満」という要件を満たさないから、通常の労働者と同様の日数の年休が付与されるべきことになる。

2　契約期間の途中で所定労働日数等が変わる場合

年休の発生日時点では比例付与の対象であったが、その後契約内容が切り替わって、比例付与の対象ではなくなったという場合であっても、直近の年休付与日から１年以内であるならば、年休を追加付与する必要はない。

例えば、週４日勤務、週の所定労働時間28時間で、１年契約のパートタイマーを想定すると、この者には６か月経過時点で７日の年休が付与されるところ、契約期間終了時に、週５日勤務に変更されて更新されたとすると、雇入日から１年経過した時点では、比例付与の対象ではなくなっているわけであり、10日の年休が付与されていなければならないのではないか、したがって、７日との差である３日の年休が追加付与されなければならないのではないかと思われるかもしれないが、そうではないということである。

年休の時季指定権と時季変更権

関係法条項　労基法39

概　　要	根拠条文等
◆年休の時季指定権、時季変更権とは ⑴　年休の時季指定権 いつ年休権を行使するかを決定する労働者の権利のことである。 「使用者は、前各項の規定による有給休暇を労働者の請求する時季に与えなければならない。」と定められており、結局年休は、原則として、労働者が指定する時季に与えられなければならないこととなっている。	労基法39⑤本文

⑵　年休の時季変更権 　労働者が指定した年休の時季を変更することができる使用者の権利のことである。 　「ただし、請求された時季に有給休暇を与えることが事業の正常な運営を妨げる場合においては、他の時季にこれを与えることができる。」と規定されており、使用者に対しては、事業の正常な運営を妨げる場合には指定された年休の時季を他の時季に変更する権限が認められている。	労基法39⑤但書
《注意点》 **年休の時季指定が特定の日に集中した場合と時季変更権の行使** 　特定の日に複数の労働者からの時季指定が競合し、そのいずれかにつき時季変更権を行使せざるを得ないという事情が客観的に存する場合に、どの者について時季変更権を行使するかは、使用者の裁量により決することができるとされている（岡山津山郵便局事件　岡山地裁　昭55.11.26判決　判時1003号126頁）。	

○使用者の時季変更権は簡単に認められるのか？

　使用者が時季変更権を行使するためには、「事業の正常な運営を妨げる場合」である必要がある。

　そして、ここにいう「事業の正常な運営を妨げる場合」とは、一般的には、時季指定をしてきた労働者の年休取得日や時間の労働がその者の担当業務を含む相当な単位の業務（課の業務・係の業務）運営にとって不可欠であり、かつ、代替要員を確保することが困難であることを要すると解されている。したがって、使用者としての通常の配慮をすれば、勤務割を変更して代替勤務者を配置することが客観的に可能な状況にあると認められるにもかかわらず、それをせずに時季変更権を行使したとしても、それは無効とされる可能性が高い。

　民間企業の事案で、時季変更権の行使が有効とされたものとして有名なものは、科学技術庁の記者クラブに単独配置されていた通信社の記者が、所定休日を挟んで連続する約１か月間の年休を申請し、使用者が後半の約２週間につき時季変更権を行使したというケースである（時事通信社事件　最高裁三小　平4.6.23判決　民集46巻4号306頁）。

関　連　事　項

１　退職予定者による年休の時季指定

　退職予定者が、退職予定日までの間、保有する年休のすべてを取得する旨の時季指定をすることは珍しくない。

　当該労働者が保有する年休が法定年休であるならば、その時季指定に対する時季変更権の行使が容認される可能性はほとんどない。

　これに対し、当該労働者が保有する年休の中に所定年休（例えば、時効消滅した年休を法律を上回る制度として年休として認めているケースなど）が含まれているならば、その部分については、労基法39条５項但書の条件を満たしていなくとも、時季変更権の行使が容認され、あるいは買上げが認められる可能性もある。ただ、所定年休であっても、特段の定めが置かれていないのであれば、法定年休と同様に取り扱われることになるのであるから（エス・ウント・エー事件　最高裁三小　平4.2.18判決　労判609号12頁）、そうした取扱いが容認されるためには、それらの措置を執る可能性があることが就業規則その他労働契約上明確にされていなければならない。

２　年休の時季指定と利用目的

年休の権利は、労基法39条１項、２項及び４項の要件を満たしたときは当然に発生する権利であり、労働者が自らが年休とすることを希望する時季について、その始期と終期を特定して使用者に申し出たときは、その指定された時季に年休を与えることが事業の正常な運営を妨げると客観的に認められる場合であって、使用者において同条５項但書に基づく時季変更権を行使した場合でない限り、その指定された時季の就労義務が免除されることになる。

したがって、年休の発生の有無につき年休の利用目的が関係することはない（後掲林野庁白石営林署事件）。

もっとも、事業の正常な運営を阻害することを目的として、年休権を行使するとして職場を離脱するいわゆる一斉休暇闘争は、年休に名を借りた同盟罷業として、その指定日に年休は成立しないとされる（道立夕張南高校事件　最高裁一小　昭61.12.18判決　判時1220号136頁）。しかし、この裁判例も、同盟罷業に名を借りた年休権の行使であってそもそも適法な年休の時季指定ではないとしているのであって、利用目的によって年休権の発生を左右する趣旨をいうものではないと解される。

３　年休の利用目的の申告義務

上記のように、年休をどのように利用するかは使用者の干渉を許さない労働者の自由であるとの立場に立つときは、労働者は年休の時季指定に際してその利用目的を明らかにする必要はないはずであるし、使用者もその申告を求めることはできないことになる。

もっとも、年休の時季指定が年休日に極めて接着した時点でなされたため、代替要員の確保が困難になるおそれがあり、事業の正常な運営に支障を生ずる可能性があったところ、当該労働者が所定の時点までに年休申請をなし得なかった事情を説明するために年休の利用目的を明らかにするならば、使用者として時季変更権の行使を差し控えることもあり得たという事案においては、その点を全く明らかにしなかった労働者について、事業の正常な運営を妨げるものとして時季変更権を行使されたことはやむを得ないとされているし（電電公社此花局事件　最高裁一小　昭57.3.18判決　民集36巻３号366頁）、年休の時季指定が特定の勤務を拒否するためになされているなど、時季指定自体が権利の濫用とみられる可能性がある場合において、権利の濫用に該当するかどうかを判断するために相当な範囲内で利用目的を問うことは許容されるともされている（日本交通事件　東京高裁　平11.4.20判決　判時1682号135頁）。

代表的裁判例

労働者がその有する休暇日数の範囲内で、具体的な休暇の始期と終期を特定して年休の時季指定をしたときは、客観的に労基法39条５項但書所定の事由が存在し、かつ、これを理由として使用者が時季変更権の行使をしない限り、その指定によって年次有給休暇が成立し、当該労働日における就労義務が消滅するものと解するのが相当である（林野庁白石営林署事件　最高裁二小　昭48.3.2判決　民集27巻２号191頁）。

年休の時季指定義務

関係法条項　労基法39⑦

概　　要	根拠条文等
◆年休の時季指定義務とは 年10日以上の年次有給休暇が付与される労働者に対して、年次有給休暇の日数のうち年５日については、使用者が時季を指定して取得させる	労基法39⑦

べき義務である。労基法改正により、平成31年４月から、全ての企業において義務となった。 年10日は、その年に付与された年次有給休暇の日数を指し、当該年度の付与日数は10日未満であるが前年度からの繰り越し分を合算すると10日以上となる労働者は対象とならない。 労働者が自ら取得した日数分(労働者が３日自ら取得した場合、会社が時季指定義務を負うのは２日間となる。)や計画年休で付与された日数分については、時季指定をする義務を負わない。同義務に反すると罰則がある。また、時季指定にあたっては、労働者の意見を聴取し、その意見を尊重するようにしなければならない。	
◆年休付与の基準日と付与方法 ⑴　法定の付与日に付与 付与日から１年以内に５日 ⑵　法定の付与日より前に(※入社日など)に付与 付与日から１年以内に５日 ⑶　入社した年と翌年で年休の付与日数が異なるため、５日の指定義務がかかる１年間の期間重複が生じる場合 例)①４月１日の入社半年後(10月１日)に10日以上の年次有給休暇を付与し、②翌年度は起算日統一のため、翌４月１日にも10日以上の年次有給休暇を付与 比例付与しない場合：最初の付与(10月１日)から１年以内に５日、翌４月１日から１年以内に５日 比例付与する場合：①②を合算し、その期間内で期間按分した日数の年休を取得させればよい。(10月１日から翌々年３月31日までに7.5日) ⑷　10日のうちの一部を法定の基準日より前倒しで付与した場合 例　入社(４月１日)時に５日付与し、７月１日に５日付与 年休が10日に達した日(７月１日)から１年以内に５日 ただし労働者が自ら４月１日から６月30日までに取得した日数は差し引く	

参考ウェブサイト

WEB 厚生労働省「年５日の年次有給休暇の確実な取得わかりやすい解説」(パンフレット)
※有給休暇の付与義務についての解説がなされている。

計画年休制度

関係法条項　労基法39

概　　要	根拠条文等
◆計画年休制度とは 事業場における労使協定に基づき、５日を超える日数につき年休を計画的に付与する制度。昭和62年の労基法改正の際に年休取得率の向上のための一つの施策として認められるようになった。	労基法39⑥

◆時間単位の年休と計画年休制度 時間単位年休については、労働者が時間単位による取得を請求した場合において、労働者が請求した時季に時間単位により年次有給休暇を与えることができるものであり、計画的付与として時間単位年休を与えることは認められないとされている（平21.5.29　基発0529001号）。	
◆個人別の計画年休日の設定 労使協定において定められる年休の実施時期は、「事業場一斉」又は「班別の交替制」が一般的であるが、個人別に計画表によって定めることも許容されており、その場合には、計画表の作成時期や手続について定めれば足りる（昭63.1.1　基発１号）。 また、一部の者について計画年休の対象から除外することも許される。 例：新入社員であっていまだ年休が発生していない者、病気のために計画的付与日数に満たない年休日数しか保有していない者について当該協定の適用対象から外す　など	
◆就業規則への記載 「休暇に関する事項」は就業規則の絶対的必要記載事項であり、就業規則中に計画年休制度を採用する旨の条項を設ける改正をする必要もある。	労基法89一

○計画年休に反対する労働者への適用はどうなる？

計画年休制度が適法に導入されると、当該労使協定で定められた日については、労働者の時季指定権も使用者の時季変更権も共に排除され、たとえその日を年休日とすることにつき反対する労働者であっても拘束されることになる。したがって、個々の労働者の同意の有無は、計画的付与の効果を左右するものではない（三菱重工業長崎造船所事件　福岡高裁　平6.3.24判決　労民集45巻１・２号123頁）。

よって、この制度を導入すると、５日を超える日数については、年休の時季が指定される結果になり、労働者側からみれば、自分の望む時季に年休を取得できる範囲は狭まることとなる。

関連事項

定年退職予定者と計画年休

計画年休の対象となる労働者の範囲については、法律上特段の制限はないが、特別の事情によりあらかじめ年休日を定めることが適当でない労働者については、計画的付与の対象から除外する等の措置をとることが求められている（前掲通達）。例えば、定年退職者のように、期間の途中に退職することが見込まれている者については、退職後に年休日が計画されていたとしても、その取得は不可能なのであるから、その分については個人の時季指定によって取得可能ということになる（昭63.3.14　基発150号）。

参考ウェブサイト

WEB 岡山労働局　「年次有給休暇の計画的付与に関する労使協定（例）」（ワードファイル）
＊ 計画年休に関する労使協定の参考例を知ることができる。

育児休業

関係法条項 育介法２、５～10、育介則５～20の22

概　要	根拠条文等
◆育児休業とは 労働者が原則としてその１歳未満の子(実子たると養子たるとを問わない。)を養育するためにする休業のことであり、労働者が申し出ることによって開始する。 なお、子の１歳到達時に育児休業をしている場合で、保育所を希望しても入所できないときなどには、最大２歳まで延長が可能。 ・男女ともに取得できる。 ・配偶者が常態として育児ができる状況にある労働者であっても、取得できる。 ・日々雇用者は育児休業の対象外であり、取得できない ・期間雇用者は、同一の事業主に引き続いて１年以上雇用され、その養育する子が１歳６か月に達する日までに労働契約が更新されないことが明らかでない者に限り取得できる。 ・労使協定で定めた場合、①入社１年未満の従業員、②申出の日から１年以内(１歳を超えて１歳半、もしくは、１歳半を超えて２歳までの申出をする場合は、６か月以内)に雇用関係が終了することが明らかな従業員、③１週間の所定労働日数が２日以下の従業員に育児休業を与えないことができる。	育介法２一、５①③但書
◆再度の育児休業の取得 育児休業の申出は、原則として、子１人につき１回に限られるが、妻の出産後８週間以内に父親である労働者が育児休業を取得した場合、特例として、育児休業の再度の取得が認められる。	育介法５②
◆育児休業期間中の給与 育児休業の申出を受けた事業主は、原則としてその申出を拒むことはできないが、有給とすることまでは求められていない。 なお、無給の場合は、その期間に応じて雇用保険の育児休業給付金の適用が受けられるケースがある。	育介法６① 雇用保険法61の４以下
◆不利益取扱いの禁止 育児休業の申出をしたことや育児休業を取得したことを理由として、労働者に対して解雇その他の不利益取扱いをすることは禁じられている。	育介法10

○採用後間もない労働者からの育児休業の申出は拒否できるのか？

確かに、勤続期間が１年に満たない労働者等一定の者からの育児休業の申出については、これを拒否することができるが、そのためには、いわゆる過半数労組、それがなければ過半数代表者との労使協定により、所定の者を育児休業を拒む者として掲げておく必要がある(育介法６①但書、育介則８平23.3.18厚生労働省告示58号)。言い換えれば、そうした協定が整備されていないときは、採用後間もない労働者からの育児休業の申出も拒むことはできない。

関連事項

1　パパ・ママ育休プラス制度

父親と母親がともに育児休業を取得する場合には、子が１歳２か月となるまで、育児休業を取得することができる（育介法９の２）。ただし、父親も母親も取得できる育児休業期間の上限は１年（母親の場合は、産後休業も含む。）となる。父母共に育児休業を取得する場合は、育児休業の上限期間が２か月延長されるために、このように呼ばれている。

2　育児休業取得者の賞与・昇給

育児休業取得期間を無給とすることは差し支えなく、賞与や昇給の査定期間中に育児休業期間が含まれる場合、その不就労期間に対応した限度で評価点が低くなることは、やむを得ないであろう。

しかし、査定対象期間中に育児休業を取得してはいるものの、就労期間も存するといった場合に、一律に、出勤率を０と見たり、昇給の対象からはずすといった措置は、公序に反し無効と判断される可能性が高い（東朋学園事件　最高裁一小　平15.12.4判決　判時1847号141頁、医療法人稲門会（いわくら病院）事件　大阪高裁　平26.7.18判決　労判1104号71頁等）。

参考ウェブサイト

WEB 厚生労働省　育児・介護休業等に関する規則の規定例
育児・介護休業等に関する規則の規定例〔詳細版〕（平成30年９月施行対応）（PDF）
＊　育児・介護休業に関する就業規則の参考例を知ることができる。

WEB 厚生労働省　「平成29年　雇用均等基本調査（確報）」　結果の概要（事業所調査Ⅰ「1　育児休業制度」）
＊　育児休業に関する各企業の状況を知ることができる。

育児休業を取得しない育児中の労働者の諸権利

関係法条項 育介法16の２以下、育介則32以下

概　　要	根拠条文等
現に育児休業を取得しているわけではないが育児を行う者の保護のため、いくつかの制度が用意されている。いずれの制度についても、不利益取扱いの禁止が明文で規定されている。	育介法16の４、16の９、18の２、20の２、23の２
◆育児を行う者の時間外、深夜業の制限 事業主は、所定の例外に当たる場合を除き、小学校就学の始期に達するまでの子を養育する労働者（男女を問わない。）が、子の養育をするため請求したときは、事業の正常な運営を妨げる場合を除き、１年につき150時間、１月につき24時間を超えて労働時間を延長してはならない。	育介法17、育介則52
また、同様の労働者が請求した場合、事業主は、事業の正常な運営が妨げられる場合を除き、午後10時から午前５時までの深夜業をさせてはならない。	育介法19、育介則60、61

◆育児を行う者の所定外労働の免除措置 使用者は、３歳未満の子を養育する労働者(所定の労使協定により除外された者を除く。)から請求があった場合には、事業の正常な運営を妨げる場合を除き、所定労働時間外の労働を免除しなければならない。	育介法16の８①
◆育児を行う者の所定労働時間の短縮措置(育児短時間勤務制度) 使用者は、３歳未満の子を養育する労働者であって、育児休業を取得していない者(所定の労使協定により除外された者を除く。)から申出があった場合には、所定労働時間の短縮措置を実施することを義務付けている。	育介法23①本文
所定労働時間の短縮措置の内容としては、１日６時間とすることを含まなければならないとされている。したがって、所定労働時間が６時間以下である者については、この制度は適用されないこととなる。 所定の労使協定により、この制度の適用対象外となし得る者は、以下のとおりである。 ① 雇入れ後１年未満の労働者	育介則74①
② １週間の所定労働日数が２日以下である労働者 ③ 業務の性質又は業務の実施体制に照らして、所定労働時間の短縮措置を講ずることが困難と認められる業務に従事する労働者(国際線の乗員や客室乗務員、流れ作業の一端を担うライン作業者など)	育介則73
なお、この労使協定において、所定労働時間の短縮措置の対象外となった労働者に対しては、代替措置として、育児休業に準ずる措置、フレックスタイム制の適用、始業時刻の繰上げ若しくは終業時刻の繰下げ又は託児施設の設置・運営の措置をとることが求められている。	育介法23②
◆子の看護休暇 事業主は、小学校就学の始期に達するまでの子を養育する労働者から請求があった場合には、原則として、毎年４月１日から翌年３月31日までの１年間に、５日(小学校就学の始期に達するまでの子が２人以上ある場合には10日)を限度として、負傷し、若しくは疾病にかかったその子の世話又はその子の疾病の予防のための世話(予防接種や健康診断など)等を行うための休暇(子の看護休暇)を与えなければならない。 ただし、この期間を有給とすることは義務付けられていない。	育介法16の２、16の３
なお、半日単位(労使協定により異なる単位とする余地あり)での取得も可能。	育介法16の２②、育介則34

介護休業

関係法条項 育介法２、11〜16、
育介則２〜４、23〜31

概　　要	根拠条文等
◆介護休業とは 労働者が、要介護状態にある対象家族を介護するためにする休業のことであり、労働者の申出により開始する。	育介法２二
なお、不利益取扱いの禁止規定がある。	育介法10、16
・日々雇用者は育児休業の対象外であり、取得できない	
・期間雇用者は、同一の事業主に引き続いて１年以上雇用され、介護休業開始日から93日を経過する日から６か月を経過する日までに労働契約が更新されないことが明らかでない者は、取得できる。 ・労使協定で定めた場合、①入社１年未満の従業員、②申出の日から93日以内に雇用関係が終了することが明らかな従業員、③１週間の所定労働日数か２日以下の従業員について、介護休業をあたえないことができる。	育介法２一、二、11①但書
◆「要介護状態」の意義 「要介護状態」とは、人の世話を受けなければならない状態の全てが対象となるものではない。反面、必ずしも医療機関の治療を受けていることを要するものでもない。負傷、疾病又は身体若しくは精神の障害により、２週間以上にわたり、常時介護を必要とする状態をいう。	育介法２三、育介則２
◆「対象家族」の意義 家族の介護のためであれば、介護の対象が誰であっても介護休業を取得できるというものではない。育介法所定の「対象家族」の介護のための休業であって、はじめて認められ得るものである。	
<対象家族の範囲> ・配偶者(事実婚を含む) ・父母 ・子 ・配偶者の父母	育介法２四、育介則２
・祖父母、兄弟姉妹、孫	育介則３
◆介護休業の取得期間と回数 介護休業の申出は要介護状態ごとに３回まで分割して取得できる。その期間は、各対象家族につき合計93日までである。	育介法11②、15①
◆介護休業と給与の支給 事業主は、原則として介護休業の申出を拒むことはできないが、有給とすることまでは求められていない。	育介法12①
なお、無給の場合は、その期間に応じて雇用保険の介護休業給付金の適用が受けられるケースがある。	雇用保険法61の６以下

労働時間・休職

○採用後間もない労働者からの介護休業の申出は拒否できるのか？

育児休業と同様に、勤続期間が１年に満たない労働者等一定の者からの介護休業の申出については、これを拒否することができるが、そのためには、いわゆる過半数労組、それがなければ過半数代表者との労使協定により、所定の者を介護休業を拒む者として掲げておく必要がある（育介法12②、６①但書、育介則23〈24〉、平23.3.18厚生労働省告示58号）。言い換えれば、そうした協定が整備されていないときは、採用後間もない労働者からの育児休業の申出も拒むことはできない。

関連事項

１　介護のための時間外、深夜業の制限

介護を行う者に対する時間外労働の制限及び深夜業の免除については、子の養育を行う者に関する規定が準用される（育介法18、20。18の２、20の２も参照。→135頁）。

２　介護短時間勤務制度等

事業主は、要介護状態にある家族を介護する労働者に対して、短時間勤務制度、フレックスタイム制、始業・終業の繰り上げ・繰り下げ制度、介護サービスの費用の助成など、介護を容易にするための措置を講じなければならない（育介法23③、育介則74③。育介法23の２も参照）。

労使協定で所定の者を同措置の適用対象外とする旨定めたときは、これに該当する者からの上記各申出は拒否し得る（平21.12.28　職発第1228第４号・雇児発第1228第２号）。

なお、上記措置を実施すべき期間は、介護休業とは別に３年以上である。

３　介護休暇

介護休暇は、要介護状態にある対象家族を介護等する労働者（日々雇用者を除く。）が、使用者に申し出ることにより、要介護状態の対象家族が１人であれば年５日、２人以上であれば年10日を限度として取得し得る休暇のことであり（育介法16の５①）、使用者は、原則としてその申出を拒むことはできないが、労使協定で所定の者を介護休暇の適用対象外とする旨定めたときは、これに該当する者からの申出は拒否し得る（育介法16の６②）。

なお、半日単位（労使協定により異なる単位とする余地あり）での取得も可能である。（育介法16の５②、育介則40）。

４　介護を行う者の所定外労働の免除措置

平成29年１月１日以降は、使用者は、対象家族を介護する労働者（所定の労使協定により除外された者を除く。）から請求があった場合には、事業の正常な運営を妨げる場合を除き、所定労働時間外の労働を免除しなければならない（育介法16の９）。

参考ウェブサイト

WEB　厚生労働省　育児・介護休業等に関する規則の規定例
　　育児・介護休業等に関する規則の規定例〔詳細版〕（平成30年９月施行対応）（PDF）
　＊　育児・介護休業に関し、休業以外の措置の参考規定例を知ることができる。

WEB　厚生労働省「平成29年　雇用均等基本調査」結果の概要（事業所調査　Ⅰ「３　介護休業制度」）
　＊　介護休業に関する各企業の状況を知ることができる。

休職制度

関係法条項　労基法15、89、労基則5

概　　要	根拠条文等
◆休職とは 労働者側の事由による就業不能ないし困難な事由の発生、あるいは、使用者側の事情により、使用者が一定期間の就労義務の免除をする処分をいう。 休職事由として多くみられるのは、①傷病休職（業務外の私病の場合）、②事故欠勤休職、③公務休職、④組合専従休職、⑤起訴休職、⑥出向休職、⑦その他会社の命令による休職等である。	
◆休職期間満了時の退職ないし解雇扱いの有効性 就業規則や労働協約の定めに基づいて、休職期間の満了時に自動退職あるいは解雇とする扱いも有効である。したがって、業務外の病気のために休職していた労働者が、就業規則所定の休職期間が満了しても復職できる状態にまで回復しなかったときは、就業規則の定めに従って退職ないし解雇となってもやむを得ない。 しかし、「会社の都合により休職を命ずる」という条項に基づいて休職させることができるとされている企業において、当該休職期間が満了したことをもって退職扱いとすることは、実質的には解雇とみられることに注意が必要。	
◆休職期間中の処遇 休職期間中の処遇についても、各企業ごとに決めることができ、無給とするか有給とするか、退職金や休職期間との関係で勤続年数に算入するかしないかといったことは、それについて定める就業規則や労働協約に定められるべき事柄である。このことは、休職期間の長さについても同様であり、それぞれの休職につき休職期間をどの程度とすべきかにつき基準のようなものはない。	
◆就業規則等への記載 休職制度を設けている場合には、労働契約締結時に明示すべき事項の一つに掲げられており、就業規則に定める必要がある。	労基法15①、労基則5①十一 参照：労基法89十

○休職制度は必ず設けなければならないのか？

民間企業の休職制度の意義について規定する法令はなく、そうした制度を設けるかどうか、またどのような内容とするかは、各企業の就業規則ないし労働協約の定めによることになる。したがって、休職制度が設けられていない企業の労働者が、業務外の病気のためにある程度の期間就労できなくなったとしても、なにかしらの法令に基づいて休職させるよう請求することはできない。

労働時間・休職

関連事項

1　自宅待機

法令に定義規定があるわけではないが、実務では、業務命令として発せられる「自宅待機命令」がある。

自宅待機命令は、懲戒事由の存否を調査するため、あるいは、対象者である労働者の出勤を認めると業務上の支障があるために発せられる。後者は、「会社都合休職」と呼ばれることもある。

原則的には労働者には就労請求権が認められていない以上(「就労請求権」の項(41頁)参照)、使用者は、労働者を就労させる義務を負うものではなく、出勤を禁ずる措置自体が直ちに違法とされることにはならない。ただ、業務上の必要性が希薄である場合や不当な動機ないし目的をもって発せられた自宅待機命令は、権利濫用として無効となる(ネッスル事件(静岡地裁　平2.3.23判決　判時1350号147頁)は、一般論としてこの理を指摘する(ただし、同判決では、その事案に照らし、2年間の自宅待機命令が違法ではないとされている。))。

この場合は、使用者の責めに帰すべき事由に基づく就労の拒絶であると評価され、民法536条2項に基づき、あるいは自宅待機という業務が命ぜられているとみて、労働者は賃金請求権を失わないと解される。

もっとも、懲戒処分の要否の調査のための無給の自宅待機命令であっても、「当該労働者を就労させないことにつき、不正行為の再発、証拠湮滅のおそれなどの緊急かつ合理的な理由が存するか又はこれを実質的な出勤停止処分に転化させる懲戒規定上の根拠が存在する」場合には、有効となり得るとされる(日通名古屋製鉄作業事件　名古屋地裁　平3.7.22判決　労判608号59頁)。

なお、自宅待機期間中の給与を全額支払うとしても、それが休職ないし自宅待機をさせている目的に照らし、不当に長期に及ぶときには、その命令自体がある時点以降無効とされ、あるいは、精神的苦痛を与える不法行為であると評価される可能性もあることから(一例として、ノース・ウエスト航空(橋本)事件　千葉地裁　平5.9.24判決　労判638号32頁)、その点にも留意する必要がある。

2　休職中の法律関係

休職中は労務提供義務が免除されているのであるから、休職を発した使用者に対する関係では就労義務が生じないことはいうまでもない。

しかし、就労それ自体に関わらない権利義務関係は、休職中も影響を受けることはない。したがって、就業規則における服務規律も、就労関係を除き、そのまま適用されるし、就業規則の懲戒規定に違反すれば、懲戒処分の対象ともなり得る(会社から一部の給与を受けつつ休業を続けていた期間に、自営業を開業して営んでいたケースにつき、無許可兼業を理由とする懲戒解雇を相当とした事例として、ジャムコ立川工場事件　東京地裁八王子支部　平17.3.16判決　労判893号65頁)。

休職期間を勤続年数に算入するかどうかについても、一律に決まるものではなく、就業規則や労働協約における定めによって決せられることになるが、年休発生要件との関係で問題となる継続勤務年数には、休職期間も算入される。

参考ウェブサイト

WEB 厚生労働省　モデル就業規則第２章(休職に関する記載の例)
＊　休職に関する就業規則の参考規定例を知ることができる。

WEB 独立行政法人労働政策研究・研修機構　「労働条件の設定・変更と人事処遇に関する実態調査―労働契約をめぐる実態に関する調査(Ⅱ)―」(JILPT 調査シリーズ No.５　平成17年５月)

私傷病休職

概　要	根拠条文等
◆私傷病休職とは 多くの企業においては、「私傷病により業務に堪え得ないとき」を休職事由の一つとして掲げ、業務外の何等かの疾患に罹患して業務に従事させることが不適切であると思われる者については、その規定に基づいて対応しているところである。これは、「私傷病休職」とか「傷病休職」などと呼ばれている。 この休職期間の長さは通常勤続年数や傷病の性質に応じて異なって定められる。この期間中に傷病から回復し就労可能となれば休職は終了し、復職となるが、回復せずに期間満了となれば、自動退職又は解雇となる。	

《注意点》

復職の要件

私傷病により休職している者が、復職を申し出てきた場合に、どの程度まで回復していればその申出を認めるべきであるのかという点は、実務上難しい問題を含んでいる。

元の仕事が元通りできるようになった状態にまで回復して初めて復職が認められるのではないかと思われるかもしれないが、裁判例の積み重ねにより今日では、休職期間満了時に、元通りの職務が遂行できる状態にまで回復していなくとも、復職を認めざるを得ないケースがでてきている。すなわち、傷病発症前の業務を遂行することが困難な場合であっても、他に遂行し得る業務が存するときは、その業務への配置転換を検討すべきであると考えられている（後掲片山組事件　最高裁一小　平10.4.9判決　判時1639号130頁、東海旅客鉄道（退職）事件　大坂地裁　平11.10.4判決　労判771号25頁）。

以上をまとめると、今日では、使用者は、休職期間満了時に従前の業務が従前通りに遂行し得ない者についても、①他に遂行可能な業務の存否、②他に遂行させる業務がないとしても、短期間に従前の業務が可能になる見込みの有無、③②の見込みがあるときは、短期間の復帰準備期間を設けたり、教育的措置を施したりすることの可否、などを検討すべき義務を負っていると考えておくべきである。

○私傷病休職期間は、労働者は無収入となるのか？

私傷病休職期間は、法令上は無給でも差し支えないから、有給とするか無給とするかは、各企業の定め方による。

無給とされている場合であっても、当該休職者に対しては、一定の期間は、健康保険組合からの傷病手当金が支給されることになる。このため、その期間中は、全くの無収入となるわけではない。

関 連 事 項

1　断続欠勤と私傷病休職発令の要件

休職期間に一旦入ると、その期間満了時までに復職可能な状態に治癒しなければ退職又は解雇という重大な処分が待ち受けているのであるから、休職発令をめぐって対立することも少なくない。

一般的には、当該労働者の主治医や産業医の意見を参考に使用者において判断することになるが、そうした医学的意見のほかに、就業規則等における休職発令のための要件を具備しているかどうかが問題となるケースもある。

すなわち、私傷病による休職発令までには一定期間の欠勤を前提とするのが通常であるところ、休職発令直前に一時的に復帰し、休職発令を免れながら、再度短期間で同一傷病にて欠勤を始めるといったケースや、休職期間満了直前に復職しながら、再度類似傷病にて欠勤を始めるといったケースにおいて、休職発令の前提要件たる欠勤期間の存在を肯定できるのかということである。

これらのケースに対処するためには、断続欠勤についても、同一又は類似傷病を原因とする場合には、欠勤期間を通算する旨の規定や、復職後一定期間内に再度同一又は類似傷病にて欠勤を始めた者については、休職発令し、その休職期間は前回の休職期間の残余の期間とする旨の条項が必要であり、係る規定は合理性を有するものとしてその効力が肯定されると考えられる（野村総合研究所事件　東京地裁　平20.12.19判決　労経速2032号３頁）。

２　復職が可能であることの主張・立証責任

実務上、復職が可能であるといえるかどうかは、【概要】で述べた基準に照らして判断されるが、その主張・立証責任が労使いずれの側にあるのかという問題がある。休職事由が消滅し、復職可能な状態になったことを労働者側が主張・立証すべきなのか、復職可能な状態には至っておらず、休職事由が存続していることを使用者側が主張・立証すべきなのか、という問題である。

裁判例は分かれていたが、近時、基本的には休職事由が消滅したことの立証責任が労働者側にあることを前提としつつも、労働者側が、配置される可能性のある業務について労務の提供が可能であることを立証したときは、使用者において、当該労働者を現実的に配置できる業務が存在しないことを立証しない限り、休職事由が消滅したと推定されるという判決が登場している（第一興商（本訴）事件　東京地裁　平24.12.25判決　労判1068号５頁）。

代表的裁判例

労働者が職種や業務内容を特定せずに労働契約を締結した場合においては、現に就業を命じられた特定の業務について労務の提供が十全にはできないとしても、その能力、経験、地位、当該企業の規模、業種、当該企業における労働者の配置・異動の実情及び難易等に照らして当該労働者が配置される現実的可能性があると認められる他の業務について労務の提供をすることができ、かつ、その提供を申し出ているならば、なお債務の本旨に従った履行の提供があると解するのが相当である（片山組事件　最高裁一小　平10.4.9判決　判時1639号130頁）。

参考ウェブサイト

WEB　人事院　「平成21年民間企業の勤務条件制度等調査結果の概要」（表８～11）

WEB　独立行政法人労働政策研究・研修機構　「メンタルヘルス、私傷病などの治療と職業生活の両立支援に関する調査」（JILPT 調査シリーズ No.112　平成25年11月）

＊　いずれも休職制度に関する各企業の状況を知ることができる。

起訴休職

概　　要	根拠条文等
◆起訴休職とは 刑事事件に関し起訴された者を一定期間又は判決確定までの間、休職とする制度である。公務員については、起訴休職制度が法定されているが、民間企業においては、導入するかどうかは自由である。	国家公務員法79二、地方公務員法28②二

《注意点》

起訴休職が認められる場合

裁判所は、起訴された労働者の全てに対し、起訴休職制度を適用することは妥当でないと見ている。すなわち、その従業員を起訴休職に付することができるのは、その従業員が起訴されたこと又は起訴後も引き続き就労することによって、企業の対外的信用が失墜し、又は職場秩序の維持に障害が生ずるおそれがある場合、あるいは、その従業員の労務の継続的な給付や企業活動の円滑な遂行に障害が生ずるおそれがある場合に限られるとされている(日本冶金工業事件　東京地裁　昭61.9.29判決　判時1211号129頁)。

○起訴された者は身柄を拘束されており、裁判中なのであるから、そもそも働けないのではないか？

刑事事件における起訴の中には、いわゆる在宅起訴と呼ばれ、身柄が拘束されることなく起訴される場合もあるし、起訴後は保釈が認められ、身柄拘束が解かれることもあるから、起訴された被告人が全て身柄拘束を受けているわけではない。このため、起訴された労働者であっても就労は可能であるという状況は、珍しいことではない。

§6

人事・懲戒

配　転

関係法条項　労契法3、育介法26

概　要	根拠条文等
◆配転（配置転換）とは 一般に人事異動のうち、企業内における異動のことをいう。 従前と異なる業務に就く場合、異なる場所で業務に従事する場合、その双方を含む場合があり得る。「配転」と「転勤」という用語はほぼ同義で用いられることもあるが、配転の中で労働者の住居の変更を伴う場合を「転勤」と呼ぶこともある。	
◆配転命令の有効性 配転命令が有効とされるには、下記の点が必要。 ・就業規則、労働協約又は労働契約に配転を命ずることがある旨の根拠があること ・配転命令が権利の濫用と判断されないこと	
◆配転命令が権利の濫用となる場合とは 配転命令に業務上の必要性がない場合、又は、業務上の必要性が存する場合であっても、(a)他の不当な動機・目的を持ってなされた場合、若しくは、(b)対象労働者に対し通常甘受すべき程度を著しく超える不利益を負わせるものである場合、には権利の濫用により当該配転命令は無効となるとされている（後掲東亜ペイント事件判決）。	

《注意点》

1　「業務上の必要性」の有無は厳格に判断されるのか

上記の「業務上の必要性」は、さほど厳格に捉えられているわけではない。すなわち、前掲東亜ペイント事件判決では、「業務上の必要性についても、当該転勤先への異動が余人をもっては容易に替え難いといった高度の必要性に限定することは相当でなく、労働力の適正配置、業務の能率増進、労働者の能力開発、勤務意欲の高揚、業務運営の円滑化など企業の合理的運営に寄与する点が認められる限りは、業務上の必要性の存在を肯定すべきである」との判断が示されている。したがって、従業員の能力開発向上、人事の定期異動・ローテーション、新規・新設部門への補充ないし抜擢、事業所閉鎖等に伴う余剰人員の吸収など、多くの場合に業務上の必要性が肯定される。

2　「他の不当な動機・目的」がある場合とは、どのような場合か

「他の不当な動機・目的」とは、労働組合員であるがゆえに配転命令の対象とするとか、会社の違法行為を追及したがゆえに配転の対象とするといったことである。

3　「通常甘受すべき程度を著しく超える不利益」が認められるのは、どのような場合か

「通常甘受すべき程度を著しく超える不利益」については、裁判所は、容易にはこれを認めない。

例えば、長男を保育園に預けている共稼ぎ夫婦の女性従業員に対する、東京都目黒区所在の事業場から同八王子市所在の事業場への異動命令も権利の濫用には当たらないとされている（ケンウッド事件　最高裁三小　平12.1.28判決　判時1705号162頁）。

もっとも、育児や介護を行っている労働者に対して勤務地の変更を行う場合については、当該労働者の子の養育又は家族の介護の状況について配慮することが事業主に義務付けられている（育介法26）。

関連事項

1　職種限定特約と専門職

職種を限定する旨の契約書などが取り交わされているわけではないが、アナウンサーや看護師あるいはボイラーマンのような専門職種として採用された者については、職種を限定したものと判断されるのかということが問題となることがある。

当初の裁判例では、アナウンサーが難関の専門試験に合格し、20年近くも一貫して同職に従事してきたなどの事情から、職種が採用時の契約からアナウンサーに限定されていたとして、審査室考査部勤務を命じた配転命令が無効であるとされたが(アール・エフ・ラジオ日本事件　東京高裁　昭58.5.25判決　判時1093号142頁)、その後には、アナウンサーであっても、長期雇用を前提としての採用の場合、当分の間は職種がそれに限定されているが、相当な期間経過後、一定年齢に達した時点以降は他の職種に配転されるとの黙示の合意が成立していた、と判断するケースも現れている(九州朝日放送事件　最高裁一小　平10.9.10判決　労判757号20頁)。

2　職種限定特約と同一職務従事者

長期間にわたって同一職務に従事していたという事実の積み重ねによって、職務あるいは職種の限定合意が認められるかも問題となる。

裁判例は、そうした事実の積み重ねだけでは容易にはかかる合意の存在を認めないという立場にある。例えば、十数年から二十数年にわたって「機械工」として就労してきたものであっても、この事実から直ちに、労働契約上職種を「機械工」に限定する旨の合意が成立したとまではいえず、これらの機械工の組立作業等への配転命令は、配転命令権の濫用には当たらないとされる(日産自動車村山工場事件　最高裁一小　平元.12.7判決　労判554号６頁)。

3　配転と育児・介護者への配慮

育介法26条が事業主に対して課している配慮義務の内容は、法文の文言からは必ずしも明らかではない。

「…配慮しなければならない。」という文言が用いられている以上、「配転をさせてはならない」ということを意味するものでないことは明らかであり、行政当局も、「配慮することの内容としては、例えば、当該労働者の子の養育又は家族の介護の状況を把握すること、労働者本人の意向をしんしゃくすること、配置の変更で就業の場所の変更を伴うものをした場合の子の養育又は家族の介護の代替手段の有無の確認を行うこと等があること」としているにとどまる(子の養育又は家族の介護を行い、又は行うこととなる労働者の職業生活と家庭生活との両立が図られるようにするために事業主が講ずべき措置に関する指針(平21.12.28厚生労働省告示第509号))。

裁判例においても、同条は、「労働者の子の養育や家族の介護の状況に対する配慮を事業主の義務としているところ、事業者の義務は『配慮しなければならない』義務であって、配転を行ってはならない義務を定めてはいないと解するのが相当である。」とされている(明治図書出版事件　東京地裁　平14.12.27決定　労判861号69頁)。ただ、同判決は、それに続けて、「育児の負担がどの程度のものであるのか、これを回避するための方策はどのようなものがあるのかを、少なくとも当該労働者が配置転換を拒む態度を示しているときは、真摯に対応することを求めているものであり、既に配転命令を所与のものとして労働者に押しつけるような態度を一貫してとるような場合は、同条の趣旨に反し、その配転命令が権利の濫用として無効になることがあると解するのが相当である。」と述べ、２人の子が重症のアトピー性皮膚炎に罹患しており、特別の治療を行う鍼灸院に通院していること、妻が外資系企業に正社員として勤務していること、新居を購入したばかりであること、埼玉に居住している両親を引き取ることも考えていること、などを理由に、総合職社員が東京から大阪への異動を拒否したケースにつき、通常甘受すべき不利益を著しく超えるものと判断している。

家族の介護を理由とする配転命令の拒否が争点となった事件においても、育介法26条によって「事業主に求められる配慮とは、必ずしも配置の変更をしないことまで求めるものではないし、介護等の負担を軽減するための積極的な措置を講ずることを事業主に求めるものでもない。」としながら、「事業主が全くなにもしないことは許されることではない。具体的な内容は、事業主に委ねられるが、その就業の場所の変更により就業しつつその子の養育又は家族の介護を行うことが困難となることとなる労働者に対しては、これを避けることができるのであれば避け、避けられない場合には、より負担が軽減される措置をするように求めるものである。」とし、「その配慮の有無程度は、配転命令を受けた労働者の不利益が、通常甘受すべき程度を著しく超えるか否か、配転命令権の行使が権利の濫用となるかどうかの判断に影響を与えるということはできる。」とされている(ネスレジャパンホールディング(配転本訴)事件　神戸地裁姫路支部　平17.5.9判決　労判895号５頁、大阪高裁　平18.4.14判決　労判915号60頁)。

４　配転命令拒否と懲戒解雇

配転命令拒否者に対しては、最終的には懲戒解雇をもって臨むこともやむを得ないところであるが、使用者による説得や説明の対応が不十分であるときには、当該業務命令に従わないことを理由とする懲戒処分は無効と判断される場合がある。例えば、メレスグリオ事件(東京高裁　平12.11.29判決　労判799号17頁)においては、転勤命令が有効であったとしても、転勤によって増大する通勤時間や経路など、転勤に伴う利害得失について労働者が考慮するに十分な情報を提供しておらず、手順として不十分であり、それらを行わないうちに行った懲戒解雇は性急に過ぎるなどとして、無効と判示されている。

代表的裁判例

転勤、特に転居を伴う転勤は、一般に、労働者の生活関係に少なからぬ影響を与えずにはおかないから、使用者の転勤命令権は無制約に行使することができるものではなく、これを濫用することの許されないことはいうまでもないところ、当該転勤命令につき業務上の必要性が存しない場合又は業務上の必要性が存する場合であっても、当該転勤命令が他の不当な動機・目的をもってなされたものであるとき若しくは労働者に対し通常甘受すべき程度を著しく超える不利益を負わせるものであるとき等、特段の事情の存する場合でない限りは、当該転勤命令は権利の濫用になるものではない(東亜ペイント事件　最高裁二小　昭61.7.14判決　判時1198号149頁)。

参考ウェブサイト

WEB　厚生労働省　モデル就業規則第２章(採用、異動等に関する就業規則の例)
　＊　人事異動に関する就業規則の参考規定例を知ることができる。

出　向　関係法条項 労契法14、民法625

概　要	根拠条文等
◆**出向とは** 　他の会社との間に雇用関係を結んで就労することをいう。一般的に次の２つに分けられる。 　・「在籍出向」　元の会社との雇用契約が存続するもの 　・「移籍出向（転籍）」　元の会社との雇用契約が喪失するもの 　単に「出向」という場合は、「在籍出向」を指すことが多い。 ※本項では、特段の断りをしない限り、「在籍出向」の意で「出向」という用語につき解説する。移籍出向については次項で「転籍」として解説する。	
◆**出向の法律関係** 　出向については、当該出向者との雇用契約は出向元との間にのみ存在するのか、それとも出向先との間にも存在するのかが問題となるが、実務においては、出向は、いわゆる「二重の雇用関係」であって、出向者は出向元とも出向先とも雇用契約関係があると理解されている。 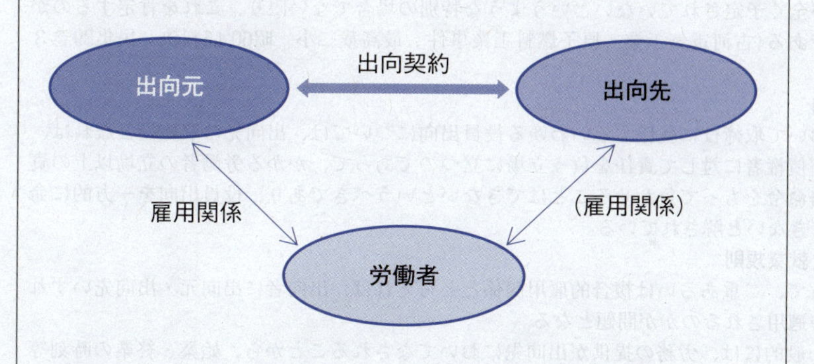 	

《注意点》

1　出向を命ずる理由

　我が国は、労働者供給事業を原則として禁止している（職安法44）。

　労働者供給とは、簡単に言えば、自己の支配下にある者を他者の指揮命令下で働かせること（労働者派遣の場合を除く。）。いわゆる手配師等の人材斡旋業の弊害が多くみられた時代への反省から、労働者供給を業として行うことが原則的に禁止されている。

　出向は、見方によっては、自己の雇用する労働者を出向先に送り込む形態であるから、労働者供給事業なのではないかという疑問も生じてくる。

　そこで、行政通達（労働者派遣事業関係業務取扱要領）は、この点に言及し、出向は、①労働者を離職させるのではなく、関係会社において雇用機会を確保する、②経営指導、技術指導の実施、③職業能力開発の一環として行う、④企業グループ内の人事交流の一環として行う等の目的を有しており、出向が行為として形式的に繰り返し行われたとしても、社会通念上業として行われていると判断される場合は少ないとした。すなわち、上記①～④のいずれかの目的を認定できるときは、出向は、職安法が禁止する労働者供給事業には当たらないという理解が示されているのである。

2　二重の雇用関係であることの意味

出向が二重の雇用関係であるといっても、それは出向元との雇用関係の存在を前提とする特殊の関係であって、例えば、出向元が倒産した場合にも出向先との間に雇用関係が存続し、出向先に対し雇用契約上の地位確認を求め得るのかといえば、特段の事情がない限り、かかる請求は認められない。

3．出向命令の有効性

実務においては、出向を命ずる旨の条項が就業規則中に存するならば、労働者の個別の同意がなくとも、出向を命ずることが可能であると解されている（新日本製鐵（日鐵運輸第2）事件　最高裁二小　平15.4.18判決　判時1826号158頁参照）。

ただし、労契法14条は、「使用者が労働者に出向を命ずることができる場合において、当該出向の命令が、その必要性、対象労働者の選定に係る事情その他の事情に照らして、その権利を濫用したものと認められる場合には、当該命令は、無効とする」と定めているから、そのような事情が存するならば、当該出向命令は無効となる。

関連事項

1　出向者に対する復帰命令

在籍出向者に対し、本人の同意なくして復帰を命じることができるのかという点については、将来の復帰が全く予定されていないというような特別の場合でない限り、これを肯定するのが実務の解釈である（古河電気工業・原子燃料工業事件　最高裁二小　昭60.4.5判決　民集39巻3号675頁）。

2　役員出向

出向先において取締役に就任するいわゆる役員出向については、出向先の取締役となれば、その株主及び債権者に対して責任を負う立場に立つのであって、かかる労働者の立場以上の責任負担を業務命令をもって負わせることはできないというべきであり、役員出向を一方的に命ずることはできないと解されている。

3　出向者と就業規則

出向をもって、二重あるいは複合的雇用関係ととらえれば、出向者に出向元・出向先いずれの就業規則が適用されるのかが問題となる。

この点、一般的には、労務の提供が出向先においてなされることから、始業・終業の時刻等の労働時間関係、休日・休暇等の勤務関係、職場における遵守事項等の服務規律関係など具体的な指揮命令に関する事項については出向先会社の就業規則を、また、出向者の従業員としての身分は出向元にあることから、解雇、退職等の身分上の事項については出向元会社の就業規則をそれぞれ適用することが合理的と考えられ、実務においては、そうした内容を出向規程に定めている例が多い。

4　出向者と賃金

出向者の給与を誰が負担するかについて、どういった取り決めをするかは自由であり、出向元で全額負担することも、出向先で全額負担することも、両者で分担することも、いずれも可能である。

ただ、出向は出向先の指揮命令を受けて出向先に対して労務を提供するものであるから、役務提供の利益を受けているのは出向先であり、出向元が出向者の給与を全額負担した場合は、出向元が出向先に対して経済的利益を与えたという意味で贈与の問題が生じる。

次に、出向先と出向元で給与水準に差があり、出向先の給与水準が出向元のそれより低いときに、出向条件を低下させないため、その差額を出向元で補填することも可能であり、実際に多く行われている。

参考ウェブサイト

WEB 厚生労働省　モデル就業規則第２章（採用、異動等に関する就業規則の例）
＊　出向に関する就業規則の参考規定例を知ることができる。

転籍

概　　要	根拠条文等
◆転籍とは 元の会社との雇用関係を解消（退職）し、新たに他の企業との雇用関係を発生（採用）させること。 ※出向の中でも、出向者と出向元会社との雇用関係を解消する「移籍出向」は、法的には転籍である。	

《注意点》

1　就業規則等による転籍に対する「同意」の可否

就業規則の規定は、それが合理的な労働条件を定めているものである限り、労働契約の内容となるが（労契法７）、転籍は雇用契約の解消を伴うものであり、その意味では解雇にも等しいものである。よって、就業規則において転籍に関する根拠条項が設けられたとしても、それを一方的に命じ得るという内容は、合理的な労働条件を定めたものということはできず、それらの条項では転籍を命ずることはできない。あくまで転籍対象者自身の同意を要するとみるべきであろう。

2　転籍先が特定されていない状態の同意の効力

転籍に関する「同意」は、個別具体的なものでなければならないのか、それとも、入社時の包括的なもので足りるのかという問題がある。

原則的には、転籍の効果の重大性から個別具体的な同意である必要があるというのが通常であろう。ただし、社内配転と同様に行われてきた密接な関係会社への転籍であって、転籍先・労働条件の明示・労働条件の維持への配慮がなされた上での同意であれば、入社時のものでも効力を生じ得るとした裁判例がある（日立精機事件　千葉地裁　昭56.5.25判決　労判372号49頁）。

よって、通常は、転籍先が特定されてない状態で同意書等を取ったとしても、それが当該転籍についての「同意」とみなされることは難しいと考えられる。

○転籍は労働者の同意なくして命ずることができるのか？

転籍は、雇用関係の解消、すなわち退職という重大な効果を生じさせるものであるから、一方的に使用者の意思のみによって命じ得るとすることは相当でなく、労働者の同意がなければ転籍を実行することはできない（三和機材事件　東京地裁　平4.1.31決定　判時1416号130頁）。

関連事項

1　転籍者の労働条件

転籍については、対象者の同意がなければ命じ得ないというのが原則であるから、転籍が実現しているということは、対象者が転籍先の労働条件の少なくとも主要な部分については、同意しているものと解されるケースが多いであろう。逆に言えば、転籍先において労働条件が低下するようなケースであれば、転籍元又は転籍先において、何らかの補填策を講じなければ、対象者の同意が得られず、転籍そのものが実現しないということになるのである。

転籍先の労働条件が示されない中で取得された転籍についての同意に関しては、いかなる労働条件であっても転籍に同意するという趣旨であったと解されるような特段の事情のある場合でない限り、当該同意が錯誤により無効とされたり(民法95)、詐欺により取消(民法96①)の対象となったりすることもあり得る。

2　転籍先の倒産と転籍元への復帰

転籍先の法人格が否定されるような特別な事情が認められる場合を除いては、転籍により転籍元と転籍社員との雇用関係は終了するものであり、転籍先が倒産したからといって、転籍元が雇用関係を復活させる法的義務を負うものではない。

昇進・昇格、降格・降職

概　　要	根拠条文等
◆昇進・昇格とは 法律上の定義が存するわけではないが、一般的には、下記のとおり。 ⑴　昇進 上位の役職に位置付けられること。 昇進は、裁判例によると、きわめて実践的・経営的判断がからむ問題であって、使用者の専権的判断が尊重されるべきものであり、労働者の側に昇進を請求する権利といったものを認めることは困難である(芝信用金庫事件　東京高裁　平12.12.22判決　判時1766号82頁)。 ⑵　昇格 より上位の資格に格付けされること。 昇格は、高度の経営判断に属する面があるものの、性別による差別が認定されるような場合には、不法行為に基づく損害賠償として、慰謝料や昇格していた場合に仮定される賃金との差額相当額を請求し得る場合があるとされている(住友生命保険(既婚女性差別)事件　大阪地裁　平13.6.27判決　労判809号５頁、野村證券(男女差別)事件　東京地裁　平14.2.20判決　判時1781号34頁)。 さらに、一部には、かかる差別的取扱いが不法行為を構成するばかりでなく、労基法13条や93条の類推適用により、昇格したものとして扱うことも可能であるとする裁判例も存する(前掲芝信用金庫事件)。	
◆降職・降格とは 「昇進」及び「昇格」の反対概念が「降職」及び「降格」ということになる。 ⑴　降職 役職に就いている労働者の役職を解くこと。 昇進の場合と同様、使用者に広い裁量権が認められており、就業規則に特段の根拠規定がなくとも、役職者の任免は、使用者の人事権に属する事項であって使用者の自由裁量に委ねられており裁量の範囲を逸脱することがない限りその効力が否定されることはない(エクイタブル生命保険事件　東京地裁　平2.4.27判決　労判565号79頁など)。したがって、降職によって対象労働者の賃金が減じられる結果となっても、そのことだけで違法となるものではない。ただし、その降職処分によって、当該役職に就いていたがゆえに支給されていた手当が支給されなくなるというにとどまらず、職能等級制における基本給も減じられる結果となるような場合は、当該基本給の減額については根拠を欠く違法な措置と評価されることになる。 ⑵　降格 労働者の資格を下位のものに引き下げること。 過去の判例では、「使用者が、従業員の職能資格や等級を見直し、能力以上に格付けされていると認められる者の資格・等級を一方的に引き下げる措置を実施するに当たっては、就業規則等における職能資格制度の定めにおいて、資格等級の見直しによる降格・降給の可能性が予定さ	

れ、使用者にその権限が根拠づけられていることが必要である。」とされ、降格には根拠規定が必要であると考えられている（アーク証券事件　東京地裁　平8.12.11決定　判時1591号118頁）。

さらに、労働者につき降給処分を行う場合には、労働者に明らかにされている基準により行うのが相当であるとされている（マッキャンエリクソン事件　東京地裁　平18.10.25判決　判時1969号148頁）。

したがって、降給を伴う降格措置については、就業規則上の根拠に基づき、しかも、「２年連続人事考課がＤであった場合」といったような、公開されている基準に従って行うべきというのが裁判所の態度といえる。

《注意点》

懲戒処分としての降格

就業規則に懲戒処分の一つとして降格処分が掲げられていることがある。この処分は、制裁に関するルールに従って、就業規則の根拠に基づき実施されるべきものであり、ここまで述べてきた降格とは別の概念である。言い換えれば、「降格」という場合、懲戒処分としての降格のことを問題にしているのか、人事処遇の変更としての降格のことを問題にしているのかを、はっきりさせなければならないということである。

関連事項

1　降格の限界

降格に関する根拠規定がある場合であっても、その裁量権を逸脱した降格命令は無効である。

裁判所は、降格が人事権の行使としての裁量権を逸脱しているかどうかを判断するに当たっては、使用者における業務上、組織上の必要性の有無及び程度、労働者の受ける不利益の性質及びその程度、使用者における降格、降職等の運用状況等の事情を総合考慮すべきであるとしている（渡島信用金庫（降職・降格・配転）事件　函館地裁　平14.9.26判決　労判841号58頁）。例えば、退職勧奨を拒否した者を廃液処理班に異動させ、給与を半額程度に引き下げた措置は、合理性を欠き無効であるとされている（日本ドナルドソン青梅工場事件　東京地裁八王子支部　平15.10.30判決　労判866号20頁）。

2　職務変更と賃金の増減

近時の成果主義の賃金体系の普及により、労働者の職務を変更することによって、大幅に賃金額が増減するケースが登場し、かかる職務変更及び賃金額の変更に対して当該労働者が同意しない場合、どこまで強行し得るかが問題となることがある。

このような制度において、職務変更によって賃金額を変更させるのであれば、それぞれの職務の定義とそれに対応する賃金額との関係を明示しておくことが必要であろう。その上で、職務変更及び賃金減額それぞれについて、あるいは、それらを一体のものとみて、配転命令権の濫用がないかどうか、裁量権の逸脱がないかどうかという観点から、そうした措置の有効性が審査される。例えば、営業成績が不振であることから、営業事務職に配転し、基本給額を半額程度にした措置については、従前の賃金からの減少を相当とする客観的合理性がない限り、当該降格は無効と解すべきであり、降格が無効となった場合には、本件配転命令自体も無効となるとされている（日本ガイダント仙台営業所事件　仙台地裁　平14.11.14決定　労判842号56頁）。

3　人事考課

使用者が労働者の昇進や昇格あるいは降職や降格を決定するに際しては、当該対象者がそれらの役職や資格に見合った能力を有するか、あるいは、業績を期待できるかといった観点から判断されるのであって、その者に対する評価を前提とする。一般的には、この評価は「人事考課」という形で行われているから、結局、昇進や昇格あるいは降職や降格に関しては、人事考課の適否をめぐって紛争となることが多い。

人事考課については、評価が合理性を欠き、社会通念上著しく妥当を欠くと認められない限り、これを違法とすることはできないというのが原則となるが(光洋精工事件　大阪高裁　平9.11.25判決　労判729号39頁)、例えば、既婚女性であることのみをもって一律に低査定を行っていると評価されるような場合は、個々の労働者に対する違法な行為とされることもある(前掲住友生命保険事件)。

もっとも、人事考課規程により人事評定や評定の留意事項が詳細に定められている場合においては、昇給査定にこれらの実施手順等に反する裁量権の逸脱があり、正当な査定に従って昇給する利益が侵害されたと認められるときには、使用者が行った昇給査定が不法行為となることもある(マナック事件　広島高裁　平13.5.23判決　労判811号21頁。なお、前掲マッキャンエリクソン事件も参照)。

企業組織再編と労働者の身分

関係法条項　会社法750①、754①、承継法

概　要	根拠条文等
◆企業組織再編の種類 ①　合併 ②　会社分割 ③　事業譲渡 ①～③のいずれであるのかによって、労働契約が包括的に承継されることになるのか、元の会社を退職して新たな会社に採用される形となるのかが異なってくる。	
◆合併と労働契約 合併は、吸収合併と新設合併とに分かれるが、「吸収合併存続株式会社は、効力発生日に、吸収合併消滅会社の権利義務を承継する」、「新設合併設立株式会社は、その成立の日に、新設合併消滅会社の権利義務を承継する」と定められており、消滅する会社との労働契約関係は、すべて存続ないし設立会社に承継されることになる。したがって、合併の場合には、消滅会社を退職して存続又は設立会社に採用されるという過程は生じないことになる。 このため、存続会社又は設立会社は、合併の効力発生時点で消滅会社に雇用されているすべての労働者を承継することになり、そこに労働者を選択する余地はない。	会社法2二十七、二十八、750①、754①
◆会社分割と労働契約 (a)　労働契約の承継 会社の分割には、「株式会社又は合同会社がその事業に関して有する権利義務の全部又は一部を分割後他の会社に承継させること」を指す「吸収分割」と、「一又は二以上の株式会社又は合同会社がその事業に関して有する権利義務の全部又は一部を分割により設立する会社に承継させること」を指す「新設分割」とがあるが、それ	会社法2二十九、三十、759①、764①

人事・懲戒

ぞれ、承継会社又は設立会社は、分割契約又は分割計画の定めに従い、分割の効力発生日に、分割会社の権利義務を承継するとされる。つまり、会社法上は、分割契約書ないし分割計画書への記載の有無によって労働契約の帰趨が決まることになっている。

しかし、それでは、労働者の地位が不安定となることから、労働契約承継法が制定され、以下のように会社法の扱いを修正している。

すなわち、分割を行う会社(分割会社)は、新設会社ないし吸収会社(承継会社等)に承継される事業に主として従事する労働者及び労働契約が承継会社等に承継されることとされる労働者並びに分割会社との間で労働協約を締結している労働組合に対し、一定の事項を書面により通知することを義務付け、 承継法2①②

① 会社分割により承継される事業に主として従事する労働者であって、分割契約書ないし分割計画書中に、承継会社にその雇用契約が承継される旨記載のある者は、当該分割の効力発生日に、その雇用契約は承継会社に承継される、 承継法3

② 会社分割により承継される事業に主として従事する労働者であって、分割契約書ないし分割計画書中に、承継会社にその雇用契約が承継される旨記載のない者であっても、異議を申し出れば、当該分割の効力発生日に、その雇用契約は承継会社に承継される、 承継法4①④

③ 上記①及び②以外の者であって、分割契約書ないし分割計画書中に、承継会社にその雇用契約が承継される旨記載のある者は、当該分割の効力発生日に、その雇用契約は承継会社に承継されるが、当該労働者が異議を申し出れば、その雇用契約は承継されない、 承継法5①③

としている。

(b) 承継される労働契約の内容

上記によって労働契約が承継される場合、その内容は承継によって影響を受けることはない。したがって、何らの対策も講じなければ、承継会社には出身母体ごとに労働契約のグループが複数できることになる。

(c) 承継される労働協約

労働協約の規範的部分(組合員の労働条件を定める部分)については、当該協約の締結主体である労働組合の組合員が承継会社等に承継されるならば、分割の効力発生日に、承継会社等と当該労働組合との間に同一の内容の労働協約が締結されたものとみなされる。 承継法6③

他方、労働協約中の債務的部分(掲示板や組合事務所の貸与など)については、分割計画書ないし契約書に承継される旨が記載され、分割会社と労働組合との間で承継会社等に承継させることにつき合意が成立した部分については、分割の効力発生日に承継会社等に承継される。 承継法6①②

(d) 労働者の理解と協力を得る義務

商法等の一部を改正する法律(平成12年法律第90号)の附則5①には、会社分割をする会社は、承継法2条1項の規定による通知をすべき日までに、労働者と協議することを求め、承継法7条は、分割会社に対し、労働者の理解と協力を得るよう努めることを求めてい 承継則4

る(ただし、同条の努力義務は、すべての事業場における過半数労組、それがない場合は過半数代表者との協議その他の方法によるものとされている)。

これらの条文の意義及び関係につき、裁判所は、①商法等改正附則5条の協議に関しては、それが行われなかった場合、または行われた場合であっても不十分であるときは、当該労働者は承継法3条の定める労働契約承継の効力を争うことができるとする一方、②同法7条については、その違反があったとしても、当然に労働契約承継の効力が左右されるものではなく、ただ同条の措置において十分な情報提供等がされなかったがために上記5条協議がその実質を欠くことになったといった特段の事情がある場合に、5条協議義務違反の有無を判断する一事情となり得るとしている(日本アイ・ビー・エム(会社分割)事件　最高裁二小　平22.7.12判決　判時2096号145頁)。

◆事業譲渡と労働契約

事業譲渡の場合には、譲渡対象をどのようなものとするかは当事者間の契約により決められることになるから、たとえ全部譲渡の場合であっても、雇用契約は当然承継されるということにはならない。

したがって、事業譲渡の当事者間で労働契約を承継させる旨の合意がないときは、譲受会社における採用の自由が妥当し、譲渡会社の労働者のうち一部の者の採用を拒んでも、不当労働行為等に該当するような場合でない限り、違法とはならない(東京日新学園事件　東京高裁　平17.7.13判決　労判899号19頁)。

これに対し、譲渡当事者間に、譲渡会社の労働者を全部譲り受ける旨の合意があるときは、譲受会社が、譲渡会社の一部の労働者の採用を拒否することは許されないのは当然である(一例として、勝英自動車学校(大船自動車興業)事件　東京高裁　平17.5.31判決　労判898号16頁)。

《注意点》

事業譲渡等指針

合併及び事業譲渡の際の労働契約の承継に係る留意点については、「事業譲渡又は合併を行うに当たって会社等が留意すべき事項に関する指針(平成28年厚生労働省告示第318号)」が発出されている。この中で、合併については包括承継であるから、従前の労働条件がそのまま維持されるものであることや、事業譲渡に伴う労働契約の承継について、承継対象となる労働者の個別の承諾が必要であることを前提に、承諾を得る際の留意点や、労働組合との協議に当たっての留意点、また、承継につき承諾をしなかったことのみを理由とする解雇が解雇権濫用に当たり得ることなどが述べられている。同指針が直接の法的拘束力を持つものではないが、従前の裁判例などを踏まえて整理された内容となっており、参考となる。

参考ウェブサイト

WEB 厚生労働省　企業組織の再編(会社分割等)に伴う労使関係(労働契約の承継等)について
「労働契約承継法Q＆A」(PDF)
＊ 承継法に関するQ＆A。

懲戒処分

関係法条項 労基法89、91

概　　要	根拠条文等
◆懲戒処分とは 法令に定義規定があるわけではないが、企業秩序違反行為に対し、使用者によって課せられる一種の制裁罰のことである。	
◆懲戒処分の種類 どのような懲戒処分を設けるかについては、法令上特に規制があるわけではなく、公序良俗に反するようなものでなければ、使用者の選択により定めることが可能。 一般的には、戒告、訓戒、譴責、減給、出勤停止(休職ないし自宅待機)、降格ないし降職、諭旨解雇、懲戒解雇などの処分の全部又は一部を組み合わせて定められている(各処分の意義については下記「注意点」参照)。	
◆就業規則への記載 制裁に関する定めをする場合においては、その種類及び程度を就業規則に記載しなければならない。	労基法89九

《注意点》

一般に見られる懲戒処分の意義と留意点

(1)　訓戒・戒告・譴責

いずれも厳重に注意し、将来を戒める処分である。口頭によるものが「訓戒」及び「戒告」、文書によるものが「譴責」とされている例も多いが、必ずしもその区別が一般的とはいえない。

(2)　減給

労働の結果としていったん発生した賃金債権を減額する制裁処分である。減給処分には法律上の限度がある(→上記「就業規則への記載」参照)。

遅刻や早退に伴う不就労の時間に対応する賃金の不支給は、賃金制度の問題であって、減給処分ではない。

被懲戒者の賞与が低く抑えられるのは、賞与の算定方式の中で、査定結果が低いために、低額でしか賞与が発生しないという結果であって、減給の処分ではない。

懲戒処分としての出勤停止期間中の賃金が支給されないのは、同処分の効果であって、減給の制裁を課しているわけではない。

(3)　出勤停止

出勤を禁じ、賃金を支払わない処分である。

業務命令としての自宅待機は制裁としての性格を持たず、出勤停止の懲戒処分を課しているわけではない。言い換えれば、発令する使用者の側において、業務命令としての自宅待機なのか、懲戒処分としての出勤停止なのかを明確に区別する必要がある。

懲戒処分としての出勤停止期間の限度については、法令に定めはなく、各企業の就業規則の内容によることになるが、6か月間の懲戒休職処分につき、3か月の限度で有効とした事例がある(岩手県交通事件　盛岡地一関支部　平8.4.17判決　労判703号71頁)。

(4)　降職・降格

役職に就いている労働者の役職を解くことが「降職」であり、労働者の資格を下位のものに引き下げることが「降格」である。

いずれについても、人事配置の変更の場合と懲戒処分による場合とがあるので、明確に区別することが重要である。

(5) 諭旨解雇

多く見られる例としては、任意退職を勧告し、退職届の提出があれば任意退職・依願退職扱いとし、所定期間内に提出がなければ懲戒解雇するという処分であるが、その内容は、各企業により種々のパターンがある。

(6) 懲戒解雇

懲戒処分として、労働契約を使用者が一方的に解消する処分である。

関 連 事 項

1 始末書不提出者と懲戒処分

懲戒処分においては、始末書の提出を求めることがその内容とされることも多いし、懲戒処分に至らなくとも、その提出が求められることは珍しくない。しかし、かかる場合に求められる始末書中には謝罪の意の表明が含まれていることが前提とされているため、その提出を強制すること(提出しないことに対して懲戒処分その他不利益を課すこと)は、憲法で保障された思想良心の自由(憲法19)を侵害することになるのではないかという点が問題となる。

裁判例は分かれている(不提出者に対する処分を可とするものとして、柴田女子高校事件　青森地弘前支部　平12.3.31判決　労判798号76頁、不可とするものとして、福知山信用金庫事件　大阪高裁　昭53.10.27判決　労判314号65頁等がある。)。

これに対し、顛末書は、事実の経過を記載した文書であるから、その不提出を理由とする懲戒処分も可能である。

2 減給処分の限界

減給処分については、労基法に制限規定が置かれている(労基法91)。すなわち、1個の処分対象行為ならば、平均賃金の半日分が限度であり、処分対象行為が複数ある場合であっても、一賃金支払期の賃金総額の10分の1が限度とされる。

3 懲戒対象行為の認識と懲戒処分の可否

懲戒処分については、処分当時認識していなかった事情を後に処分事由として追加主張することはできないとされている(山口観光事件　最高裁一小　平8.9.26判決　判時1582号131頁)。

4 懲戒処分実施の時期

最高裁は、職場内での上司に対する暴行事件から7年以上経過してなされた諭旨退職処分を無効としている(ネスレ日本(懲戒解雇)事件　最高裁二小　平18.10.6判決　判時1954号151頁)。

5 出向者に対する懲戒処分

出向先での非違行為については、出向先の規定に基づいて、出向先が懲戒処分をすることも可能であるが、懲戒解雇等身分に関する処分はできない(岳南鉄道事件　静岡地沼津支部　昭59.2.29判決　労判436号70頁)。

出向先で処分するとともに、出向元でも処分することは、それぞれの秩序違反につき、それぞれの規定に基づくならば可能な場合もある(勧業不動産・勧業不動産販売事件　東京地裁　平4.12.25判決　労判650号87頁)。

参考ウェブサイト

WEB 厚生労働省　「モデル就業規則」第12章(表彰及び制裁)

＊ 懲戒に関する就業規則の参考規定例が紹介されている。

懲戒権濫用法理

関係法条項　労契法15

概　　要	根拠条文等
◆懲戒権濫用法理とは 客観的合理的理由を欠き、社会通念上相当として是認できない懲戒処分を無効とする法理のこと。	労契法15

関 連 事 項

1　懲戒処分と罪刑法定主義

懲戒処分を課すためには、対象となる行為とそれに対する懲戒の種類及び程度が就業規則、労働協約又は労働契約に明定されていなければならない。これを刑罰法規に関して説かれる原則に準じて「罪刑法定主義」と呼ぶことがある。

最高裁は、フジ興産事件(最高裁二小　平15.10.10判決　判時1840号144頁)において、この理が妥当することを明らかにしている。

そして、上記の原則は、以下の点にも派生する。

⑴　効力不遡及の原則

それまで懲戒処分の対象とはされていなかった行為について、新たに懲戒対象とする旨の就業規則を策定しても、それを適用することができるのは、策定以後の事犯についてのみであって、それ以前の行為には適用できない(効力不遡及の原則)。

⑵　一事不再理の原則

同一事犯に対して２回の懲戒処分を行うことは許されない(一事不再理ないし二重処分の禁止)。

2　懲戒処分の手続き

労契法15条にあるように、懲戒処分の相当性は、「当該行為の性質・態様その他の事情に照らして」判断される。ここにいう「その他の事情」には、懲戒処分に関する手続きも含まれると解されている。

どのような手続きが執られる必要があるのかという点については、法令中に明文の定めはなく、被処分者の弁明を聴くか否か、賞罰委員会などを設けてその討議を経るか否かなどは自由であるものの、就業規則や労働協約においてそれら手続が設けられているときは、それらの手続きに沿わない懲戒処分はそのことだけで効力を否定される可能性がある。

懲戒解雇や諭旨解雇といった重い懲戒処分をする場合には、それらの定めがない場合であっても、少なくとも弁明の機会を付与しておいたほうが望ましいといえよう。

3　精神的不調を疑われる者の懲戒処分

精神疾患に罹患していることが明らかになっているわけではないものの、労働者が、精神的不調を疑わせるようなにわかに理解し難い理由を挙げて欠勤を続けるような場合にも、懲戒処分の対象とし得るのか。裁判例は、懲戒処分の効力に制限を加える傾向にある(日本ヒューレット・パッカード事件　最高裁二小　平24.4.27判決　判時2159号142頁)。懲戒処分ではなく、病気休暇を与えて、さらには、傷病休職制度の適用を検討すべき場合があり得るからである。

代表的裁判例

就業規則所定の懲戒事由に該当する事実が存在する場合であっても、当該具体的事情の下において、それが客観的に合理的な理由を欠き、社会通念上相当なものとして是認することができないときには、権利の濫用として無効になると解するのが相当である(ネスレ日本(懲戒解雇)事件　最高裁二小　平18.10.6判決　判時1954号151頁)。

参考ウェブサイト

WEB 人事院 「懲戒処分の指針について(通知)」
* 国家公務員に対する懲戒処分の標準的な量定がまとめられており、懲戒処分の重さを決める際の参考となる。

経歴詐称

概要	根拠条文等
◆経歴詐称とは 採用過程での履歴書記載や面接などにおいて、学歴や職歴などの経歴につき労働者(応募者)が虚偽の内容を申告すること、あるいは事実を秘匿すること。 わが国の多くの企業では、就業規則において、経歴詐称を懲戒対象行為として掲げ、現にかかる行為が発覚したときには、懲戒解雇処分とされることも少なくない。	

○経歴詐称はあったが、具体的に業務遂行に支障は出ていないという場合も懲戒処分の対象になるのか？

例えば、大卒であるのに高卒と偽って入社し、入社後の業務も何ら支障なくこなしているというようなケースで、しばらく経ってから学歴詐称の事実が発覚したというような事案でも、懲戒解雇も含めた懲戒処分ができるのかという問題である。

見解の対立はあるが、最高裁は、経歴詐称による具体的な実害発生の有無を問わず、懲戒(解雇)事由となることを肯定する立場にあるといえる(炭研精工事件　最高裁一小平3.9.19判決　労判615号16頁)。

関連事項

1　学歴詐称と懲戒処分

学歴、特に最終学歴の詐称については、高く詐称する場合ばかりでなく、低く詐称する場合も、懲戒(諭旨)解雇の効力が肯定されることが多い。

ただ、使用者が応募者の学歴を実質的に問題としていないとみられるケースにおいては、学歴の詐称があっても、それは「重要な経歴」を詐称したことには当らないとされることがあり得る。

2　職歴詐称と懲戒処分

職歴の詐称については、採用企業の業務に関わる経験があることあるいは能力があることを詐称するケースと、それがないことを詐称するケースとがある。

前者の事例では、懲戒解雇も有効になることが多いのは当然であるが、後者の事例においても、経験者は採用しないという方針を明確にしているケースなどでは、懲戒解雇の効力が認められている。

3　犯罪歴の詐称と懲戒処分

犯罪歴の詐称(主に秘匿)については、それが採用段階で知らされていたならば採用されなかったであろうといえるときには、懲戒解雇の効力も是認されることがある。

しかし、犯罪歴の秘匿や虚偽申告については、その対象が、公判係属中の事件や起訴猶予事案等のいわゆる前歴、少年時代の非行行為である場合などでは、懲戒解雇の効力が否定されることも多い。

無断欠勤

概　要	根拠条文等
◆懲戒処分対象行為としての無断欠勤とは 「欠勤」とは労働者が勤務日に労務を提供しないことであるが、懲戒処分の対象としての「無断欠勤」という場合、それは文字通り「無届欠勤」のことを指すのか、「届出はあるが、正当な理由のない欠勤」を含むのかという点については、裁判例でも結論が分かれる難しい問題である（前者の立場に立つものとして、三菱重工業長崎造船所事件　長崎地裁　昭47.1.31判決　労民集23巻１号１頁、後者の立場に立つものとして、同事件　福岡高裁　昭55.4.15判決　判時986号123頁等）。 したがって、「欠勤の連絡はあるが、正当な理由は認められない」という事態を捉えて、「無断欠勤」と扱い、懲戒処分をするという場合は、「無断欠勤」には当たらないとみられる可能性があることを含んでおかなければならない。	
◆無断欠勤者に対する懲戒処分事案で問題になりやすい点 上記の通り、使用者が問題とする労働者の労務の不提供がそもそも「欠勤」に当たるのかどうか、当たるとしても、逮捕・勾留されたことにより就労できなくなった労働者や精神的な不調により出勤できなくなっていることが窺われる労働者との関係などにおいて、懲戒事由とされている「無断・無届欠勤」に当たるといえるのかどうかが争われることが多い。 そして、懲戒事由該当性が肯定されるとしても、その相当性を判断する際には、懲戒処分に至るまでの間にどの程度使用者が労働者に対する注意や警告を積み重ねてきたかが重要なポイントとなるほか、懲戒解雇のような重い処分については、業務への影響が慎重に検討されている。	

○無断欠勤者には賃金を支払わなければよいのであって、懲戒処分の対象にまでなるものではないのではないか？

労働者が欠勤することは、それ自体労働者の最も重要な義務の不履行であり、賃金請求権を発生させないあるいは消滅させる事情であるほか、労働契約の解消事由（解雇事由）ともなり得るものである。このため、使用者としては、賃金を支払わなければよいわけであるし、場合によっては、普通解雇すればよいのであって、懲戒処分までする必要はないのではないかという疑問を呈する立場もある。

しかし、無断・無届欠勤は、職場秩序を乱すという側面もあることは否定できない。裁判例でも、懲戒解雇を含めた懲戒処分の対象となり得ることは認められている。

関連事項

逮捕、勾留と無断欠勤

職場外の犯罪行為の嫌疑で逮捕、勾留されたことによって就労することができなくなった場合に、無断ないし無届あるいは正当な理由のない欠勤に該当するとして懲戒処分がなされることがある。ただ、本人からの書面あるいは家族や弁護人からの申出によって年休申請がなされたり、逮捕・勾留された旨の説明があったりしたような場合には、「無断ないし無届欠勤」と扱うことは困難であろう。裁判例においても、刑事事件の弁護人を通じて休暇届が提出された場合は、たとえ使用者が休暇として承認したわけではなくとも、「無届欠勤」には該当しないとされている（炭研精工事件　東京高裁　平3.2.20判決　労判592号77頁）。

施設管理権

概　　要	根拠条文等
◆施設管理権とは 民法や労働関係法規中に「施設管理権」という用語の定義規定はないが、一般には、使用者が所有権や賃貸借契約に基づく占有権等を根拠とする、職場施設を管理する権限を総称する概念。 判例は、使用者が上記の意味の施設管理権を持つことを明らかにしている(国鉄札幌運転区事件　最高裁三小　昭54.10.30判決　民集33巻６号647頁)。	
◆施設管理権に違反する労働者の行為に対する処分 施設管理権は、職場内での文書配布の許可制や職場の施設利用の許可制などとして、就業規則に具体化されることが多い。 したがって、それらの規定に違反した労働者は、就業規則違反あるいは業務命令違反として、懲戒処分の対象となり得る。	

《注意点》

1　労働組合活動との関係

裁判例では、労働組合又はその組合員が使用者の許諾を得ないで企業の物的施設を利用して組合活動を行うことは、原則として許されないとされる(前掲国鉄札幌運転区事件)

2　政治活動との関係

裁判例は、職場内での政治活動については、就業規則等で一般的に禁止したり、許可制や届出制によって制限したりすることには合理性があるとする一方、労働者の行う政治活動が実質的にみて企業秩序を乱すおそれのない特別の事情があるときには、就業規則等に違反するものとは評価しないという立場をとっている(目黒電報電話局事件　最高裁三小　昭52.12.13判決　民集31巻７号974頁、明治乳業事件　最高裁三小　昭58.11.1判決　判時1100号151頁)。

○なぜ、労働関係において「施設管理権」がことさら問題とされるのか？

例えば、労働者が、職場で休憩時間中に労働組合のビラを配布するとか、公職選挙に立候補した特定の候補者への支持を訴える演説をするといった場合、休憩時間中であるから、職場内であっても労働者の自由と言い切れるのか、それとも、職場を使用している以上、使用者の許可があってはじめて行い得るということになるのか、という問題がある。

こうした局面で、使用者の施設管理権を認めてよいのか、認めるとしても無制限なのか、ある程度の限界があるのかが問題となるのである。

関連事項

社内のネットワーク利用と施設管理権

労働者が社内のコンピュータ・ネットワークシステムを私的に利用することは、職務専念義務や企業の業務への影響の観点から問題とされることもあるが、施設管理権の観点から問題視されることも多い(休憩時間中に、企業の業務にほとんど影響を与えない形で、私的に社内のネットワークシステムが利用されたようなケースなど)。

就業規則や個別の通知などにおいて、私的利用が禁止又は制限されているのであれば、それに従って禁止又は制限をすることができ、違反した者には懲戒処分を課すこともできると解されるが、労働者自身又は他の労働者の職務遂行にまったく影響を与えず、企業に対して経済的負担をほとんど負わせることのない私的利用については、社会的相当性の見地から、違反者に対する懲戒処分の効力が否定されることもあろう。

代表的裁判例

企業は、その物的施設を許諾された目的以外に利用してはならない旨を、一般的に規則をもつて定め、又は具体的に指示、命令することができる（前掲国鉄札幌運転区事件）。

労働者の調査協力義務

概　　要	根拠条文等
◆労働者の調査協力義務とは 労働者が、使用者が行う調査に協力する義務のこと 企業秩序違反行為があったと疑われる場合などにおいては、事実を明らかにするために、使用者が、労働者に対し、事情聴取を希望することは当然である。そこで、労働者は、かかる事情聴取に対して無限定に対応しなければならないのか、それとも、一定の場合には、それを拒否することも許されるのかが問題とされている。	
◆規則違反行為を犯した労働者の調査協力義務 自己に不利益な供述は強制されるべきではないから、労働関係においても、非違行為が疑われる労働者に対しても、使用者は事情聴取を強制できないと考えることも不可能ではない。 裁判例は、自身の秘密保持義務違反が疑われた労働者の調査協力義務に関し、そうした調査に協力することがその職責となっている場合であるか、又は、その調査に協力することが労務提供義務を履行する上で必要かつ合理的と認められる場合でなければ、当該労働者はかかる調査に協力する義務を負うことはないとの立場を示している（労働政策研究・研修機構事件　東京高裁　平17.3.23判決　労判893号42頁）。	憲法38①
◆他の労働者の非違行為に関する調査協力義務 この問題につき、判例は、労働者は企業の一般的な支配に服するものではないから、企業が行うあらゆる調査に協力すべきものではないとし、一定の場合に限って、調査に協力する義務を負うとする（後掲富士重工業事件）。 したがって、他の労働者の就業規則違反行為を目撃した労働者が、常に使用者の行う調査に協力する義務を負うとは限らず、その労働者が調査に協力しないからといって、同人を懲戒の対象にすることができるとは限らない。	

関 連 事 項

所持品検査の有効要件

企業の所持品検査を拒否したことが懲戒事由となりうるかどうかも問題となることがある。所持品検査は、労働者の人格やプライバシーを侵害する危険性が高いため、その許容範囲の判定は慎重になされる必要がある。

判例は、所持品検査の要件として、検査を必要とする合理的理由があること、程度・方法が妥当であること、制度として画一的に実施されること、明示の根拠があることの４点を掲げる（西日本鉄道事件　最高裁二小　昭43.8.2判決　民集22巻８号1603頁）。

そして、上記要件を満たす場合であっても、所持品検査を拒否した労働者に対する懲戒解雇が直ちに有効とされているわけではなく、それを拒否した動機や職場秩序に与えた影響、それまでの懲戒処分歴や事後の態度などを斟酌して、懲戒解雇は重きに過ぎると判断されることもある。

代表的裁判例

労働者が、企業が行う他の労働者の非違行為に関する調査に協力する義務を負うのは、①管理職等のように他の労働者に対する指導・監督ないし企業秩序の維持などを職責とする者であって、調査に協力することが労働契約上の労務提供義務の履行そのものである場合、または、②それ以外の者であっても、調査対象である違反行為の性質、内容、労働者の違反行為見聞の機会と職務執行との関連性、より適切な調査方法の有無等を総合判断して、そうした義務を認めることが相当である場合に限られる（富士重工業事件　最高裁三小　昭52.12.13判決　民集31巻７号1037頁）。

人事・懲戒

労働者の損害賠償義務

関係法条項　民法415、709、715、労基法16

概　　要	根拠条文等
◆労働者の損害賠償義務とは 　労働者が使用者に対し損害を与えた場合に、その損害を賠償すべき義務のことである。 1　労働者に故意がある場合 　労働者が会社の商品等を着服し利益を得たような場合には、不当利得としてその返還を請求することができるほか、故意により使用者の財産に損害を与えたとして、債務不履行や不法行為の規定に基づき、損害賠償請求ができる。また、労働者が故意に取引先等の第三者に損害を生じさせ、使用者が当該被害者に損害の賠償をした場合には、使用者は当該労働者に対して求償をすることができる。 2　労働者の過失により損害が生じた場合 　労働者の過失により会社に損害が生じた場合にも、1と同様の根拠により使用者は労働者に損害賠償請求や求償をすることができる。 　ただし、労働者が使用者の指揮命令下で労働していることや、労働者の労働により使用者も利益を得ていることから、使用者に損失も帰するべきであり、使用者から労働者に賠償を請求し得る損害の範囲に一定の制限を設けるのが一般的な考え方となっており、判例においても、不法行為に基づく損害賠償及び求償の範囲について、「その事業の性格、規模、施設の状況、被用者の業務の内容、労働条件、勤務態度、加害行為の態様、加害行為の予防もしくは損失の分散についての使用者の配慮の程度その他諸般の事情に照らし、損害の公平な分担という見地から信義則上相当と認められる限度」に限定される旨判示し、臨時的にタンクローリーを運転し、前方不注意等で先行する車に衝突した結果、使用者に損害を与えた事案について、使用者が同損害をカバーし得る保険に入っていなかったことなども踏まえて、賠償や求償を求めることができる範囲を損害の4分の1に制限しているものもある（茨城石炭商事事件　最高裁一小　昭51.7.8判決　民集30巻7号689頁）。	民法415、709、715③
◆賠償予定の禁止との関係 　使用者は労働契約の不履行について事前に違約金や損害賠償額を予定する契約をしてはならない旨定められている。したがって、例えば「会社貸与備品を壊した場合には、いかなる場合でも10万円払う。」などと、実損害の有無や実損害額とは関係のない賠償義務をあらかじめ就業規則等で定めていても労基法に反するとして無効になる。 　ただし、このことは、労働者の故意又は過失行為により使用者に損害を与えた場合に、その実損害の賠償を求めることや、使用者が労働者のために立て替えた金員の返還を請求することを妨げるものではない（コンドル馬込交通事件　東京地裁　平20.6.4判決　労判973号67頁）。	労基法16

関 連 事 項

留学(研修)費用の返還義務

使用者が費用負担をして、労働者を留学あるいは何らかの研修を受講させた後、一定期間内に労働者が退職した場合には、その費用を労働者から使用者に返還させることを義務付ける、という制度を設けていることがある。この制度が労基法16条に反しないかが問題となる。

裁判例の大勢は、①この使用者の費用負担が、使用者から労働者への貸与であり、一定期間就業をした場合には労働者は貸与された費用の返還義務を免れる、という合意が成立しているのであれば、労基法16条違反とならない。②しかし、①に該当するか否かは、契約書等の文言のみならず、労基法16条の趣旨(※労働者の足止めを図り、雇用関係の継続が強制されることを防ぐ)を踏まえて、実態にあわせて判断するとされている。判断に当たっては、①労働契約とは区別された金銭消費貸借契約の存在の有無、②当該研修などへの参加の任意性、③業務性の程度(会社の業務との関連性・汎用性のある能力開発か否かなど)、④返還が免除される基準の合理性(不当に長すぎないか)、⑤返還額・方法の合理性等が考慮される。

例:海外留学費用の支給と帰国後の他社就労等による一括返済請求の可否の問題

一般的にいえば、単に留学費用を支給しておいて、帰国後一定期間勤務しない場合には全額を返還させるという約定は、同条に違反して無効であるが、これを労働契約の履行とは別に貸付金とし、一定期間勤務すれば留学費用返還債務を免除するという方法を採った場合であって、しかも、留学先や科目の選択を本人に委ね、留学先において業務に関連するレポートを求めるなどといったことはしないという場合には、同条に反するものではないとされている(長谷工コーポレーション事件　東京地裁　平9.5.26判決　判時1611号147頁など)。

反対に、留学先や選考科目が指定されたり、留学中に同地での業務が命ぜられるようなケースでは、その返還請求が棄却されることもある(新日本証券事件　東京地裁　平10.9.25判決　判時1664号145頁)。

職場外の非違行為

概　　要	根拠条文等
◆職場外の非違行為とは 労働者が、企業外かつ就業時間外に犯した非違行為のことであり、はたして懲戒処分が可能なのか、可能であるとしても、何らかの制限はないのかということが議論される。	
◆職場外の非違行為に対する懲戒処分が問題となる場面 通勤行為そのものは業務ではないから、通勤途上における痴漢行為や飲酒運転行為は、職場外の非違行為という位置付けになる。 雇用契約は、労働者の私生活についてまで一般的支配を及ぼし得るものではない。犯罪行為を犯した者や交通法規に違反した者に対しては、刑事ないし行政手続きの中で責任を問われることになるが、それが職場外における行為であった場合に、全てのケースにおいて雇用契約に影響があるとまでは言い切れない。 このため、使用者は、それら職場外の非違行為に対して懲戒処分を課すことができるのか、できるとすれば、いかなる根拠に基づくのかという点が問題とされる。	

《注意点》

1　就業規則の定め

たとえ職場外であっても、労働者が犯罪行為を犯したとか、SNS上で不適切な言動をしたということになれば、使用者としては懲戒処分の要否を考えるであろうが、その場合、まず就業規則において懲戒対象行為として掲げられているものの中に、当該事案に該当する条項があるのかどうかを確認することが必要である。

例えば、通勤途上の痴漢行為で逮捕されたが、被害者との間で示談が成立したため、起訴されるには至らなかったというケースであっても、就業規則における懲戒対象行為に関する条項中に、「刑罰法規に触れる行為を行ったとき」という条項があるのであれば、それに該当するといえるであろうが、「犯罪行為を犯し、有罪判決を受けたとき」といった条項であるならば、それに該当するとはいえず、懲戒の対象とはできないことになる。

2　懲戒の対象となる職場外の非違行為

上述のように、雇用契約は労働者の私生活についてまで一般的支配を及ぼし得るものではないから、職場外における非違行為について企業が懲戒の対象となし得るのは、企業秩序に直接関連するもの、及び企業の社会的評価を毀損するおそれのあるものということになる(後掲国鉄中国支社事件、日本鋼管事件)。ただ、このことは、裏から言えば、職場外の非違行為であるからといって、懲戒処分の可能性が一切否定されるわけではなく、一定の制約を前提としながら、それ自体は可能であることを明らかにしているともいえる。

もっとも、実際に職場外の非違行為が、使用者の社会的評価の低下・毀損につながるおそれがあるといえるかどうかについては、慎重に判断すべきことが示されている。それは、後掲日本鋼管事件の中で、「従業員の不名誉な行為が会社の体面を著しく汚したというためには、必ずしも具体的な業務阻害の結果や取引上の不利益の発生を必要とするものではないが、当該行為の性質、情状のほか、会社の事業の種類・態様・規模、会社の経済界に占める地位、経営方針及びその従業員の会社における地位・職種等諸般の事情から綜合的に判断して、右行為により会社の社会的評価に及ぼす悪影響が相当重大であると客観的に評価される場合でなければならない。」と説示されていることに現れている。

そして、同判決では、砂川事件に加担して逮捕、起訴された労働者らに対し、「不名誉な行為をして会社の体面を著しく汚したとき」に該当するとしてなされた懲戒解雇ないし諭旨解雇につき、当該犯罪行為が破廉恥な動機・目的に出たものではないこと、刑罰も罰金2,000円にとどまっていること、会社が大企業であること、当該労働者らが工員であることなどを指摘して、「会社の社会的評価を若干低下せしめたことは否定しがたいけれども、会社の体面を著しく汚したものとして、懲戒解雇又は諭旨解雇の事由とするには、なお不十分であるといわざるをえない」として、各解雇は無効であるとされている。

同様に、横浜ゴム事件(最高裁三小　昭45.7.28判決　民集24巻7号1220頁)では、夜間、他人の居宅に侵入し、住居侵入罪で罰金2,500円の刑に処された工員に対し、「会社の体面を著しく汚したとき」に該当するとしてなされた懲戒解雇につき、その刑罰の内容や同人の社内での地位が指導的立場ではないことなどに照らし、無効であるとされている。

以上に対し、鉄道会社の社員が電車内で痴漢をし、迷惑防止条例違反で二度にわたり罰金刑に処せられ、昇給停止及び降格の処分を受けていたにもかかわらず、直前の処分から半年後、再度痴漢行為を働き同条例違反で起訴され、最終的には懲役4か月、執行猶予3年の有罪判決を受けたという事案では、当該労働者は鉄道会社社員であり、その職務に伴う倫理規範としてかかる行為を決して行ってはならない立場にあること、僅か半年前に同種行為のために上記処分を受けていたことなどを指摘して、懲戒解雇は有効であると判断されている(小田急電鉄(退職金請求)事件　東京高裁　平15.12.11判決　労判867号5頁)。

代表的裁判例

1　従業員の職場外でされた職務遂行に関係のない所為であっても、企業秩序に直接の関連を有するものもあり、それが規制の対象となりうることは明らかであるし、また、企業は社会において活動するものであるから、その社会的評価の低下毀損は、企業の円滑な運営に支障をきたすおそれなしとしないのであって、その評価の低下毀損につながるおそれがあると客観的に認められるがごとき所為については、職場外でされた職務遂行に関係のないものであっても、なお広く企業秩序の維持確保のために、これを規制の対象とすることが許される場合もありうるといわなければならない(国鉄中国支社事件　最高裁一小　昭49.2.28判決　民集28巻1号66頁)。

2　営利を目的とする会社がその名誉、信用その他相当の社会的評価を維持することは、会社の存立ないし事業の運営にとって不可欠であるから、会社の社会的評価に重大な悪影響を与えるような従業員の行為については、それが職務遂行と直接関係のない私生活上で行われたものであっても、これに対して会社の規制を及ぼしうることは当然認められなければならない(日本鋼管事件　最高裁二小　昭49.3.15判決　民集28巻2号265頁)。

§7

安全と健康

労働安全衛生法

関係法条項 安衛法、安衛則、安衛令

概　　要	根拠条文等
安衛法で義務付けられている主な事項 労働者の安全と健康保持については、安衛法とその関係規則にその最低基準となる事項が定められている。	
◆安全衛生管理体制の整備 ① 総括安全衛生管理者、安全管理者、衛生管理者、安全衛生推進者の配置(事業場の業種と常時使用する労働者数による。)	安衛法10～12の2、安衛令2～4

名称	業務	選任義務を負う事業場	選任できる者
総括安全衛生管理者	労働者の危険又は健康障害を防止するための措置に関する業務の統括管理など	常時以下の労働者を使用する事業場 林業等　100人以上 製造業等　300人以上 その他の業種　1,000人以上	工場長や作業所長など、当該事業場においてその事業の実施を実質的に統括し管理する権限及び責任を有する者から選任
安全管理者	安衛法に定める安全に関する技術的事項の管理など	林業等及び製造業等で常時50人以上の労働者を使用する事業場	一定の学歴及び学歴毎に定める所定の産業安全の実務経験に加え、所定の研修を修了した者や労働衛生コンサルタント等から選任
衛生管理者	安衛法に定める衛生に係る技術的事項の管理など	常時50人以上の労働者を使用する事業場 50人以上～200人以下　1人以上 200人超～500人以下　2人以上 500人超～1,000人以下　3人以上 1,000人超～2,000人以下　4人以上 2,000人超～3,000人以下　5人以上 3,000人超　6人以上	都道府県労働局の免許を受けた者か、医師・歯科医師・労働衛生コンサルタント等の厚生労働省令で定める資格を有する者のなかから選任。

安全衛生推進者	安全管理者及び衛生管理者の選任を要しない規模の事業場において、労働者の危険又は健康障害を防止するための措置に関する業務等	林業等及び製造業等で常時10人以上50人未満の労働者を使用する事業場	告示で定める必要な能力を有する者かもしくは所定の講習を修了した者から選出
衛生推進者	安全管理者及び衛生管理者の選任を要しない規模の事業場において、労働者の危険又は健康障害を防止するための措置に関する業務等のうち、衛生に係る業務に限り担当	林業等及び製造業等以外の業種で、常時10人以上50人未満の労働者を使用する事業場	告示で定める必要な能力を有する者かもしくは所定の講習を修了した者から選出
安全推進者	安全管理体制を充実し、これらの事業場における労働災害防止活動の実効を高め、労働災害の減少に資することを目的として、「労働安全衛生法施行令第２条第３号に掲げる業種における安全推進者の配置等に係るガイドライン」に基づき選任することが指導されている者	安全管理者・安全衛生推進者の選任義務を負わない常時10人以上の労働者を使用する事業場（特に小売業、社会福祉施設、飲食店）	事業所内で一般的に取り組まれている安全活動に従事した経験を有する者のうちから配置。 なお、常時使用する労働者が50人を超える事業場や労働災害を繰り返し発生させた事業場については、以下の者を配置することが望ましい。 ・安全衛生推進者の資格を有する者 ・同等以上の能力を有すると認められる者（労働安全コンサルタント、安全管理士又は安全管理者の資格を有する者）

安全と健康

②－１　安全委員会の設置　常時100人以上の労働者を使用する事業場（特定業種にあっては50人以上） ②－２　衛生委員会の設置　すべての業種で常時50人以上を使用する事業場 ※②については毎月１回以上開催して一定の事項を審議し、職場の安全衛生の向上につなげることを求めている。 事業者は、安全委員会、衛生委員会等の開催の都度、これらの委員会の意見・当該意見を踏まえて講じた措置の内容・これらの委員会における議事で重要なものを記録し、これを３年間保存する義務あり。 ③　産業医の選任（→産業医（176頁）参照）	安衛法17～19、安衛令８、９、安衛則21～23 安衛則23④ 安衛法13①
◆危険物・有害物に関する規制 ①　製造、輸入、譲渡等の禁止 ②　製造等についての厚生労働大臣の許可	安衛法55、56①
◆就業制限 一定の作業については、免許や登録などがある者に限り就くことができる。	安衛法61
◆作業時間の制限 潜水など健康障害を生じるおそれのある業務について作業時間を制限している。	安衛法65の４
◆安全衛生教育・健康診断の実施等 ＜雇入時及び従事業務の変更時＞ 下記の事項につき安全又は衛生の教育を実施しなければならない。 ①　機械等、原材料等の危険性又は有害性及びこれらの取扱い方法 ②　安全装置、有害物抑制装置又は保護具の性能及びこれらの取扱い方法 ③　作業手順 ④　作業開始時の点検 ⑤　当該業務に関して発生するおそれのある疾病の原因及び予防 ⑥　整理、整頓及び清潔の保持 ⑦　事故時等における応急措置及び退避 ⑧　①～⑦のほか、当該業務に関する安全又は衛生のために必要な事項 そのほか、労働者に対する健康診断及びその結果に基づいた措置の実施を義務付けている（健康診断については、178頁参照）。	安衛法59①②、安衛則35①
◆その他 ・一定の伝染性の疾患にかかった者の就業禁止 ＊なお、安衛則61条１項３号による厚生労働大臣の指定は、現在のところなされていない。 ・労働者の心身の状態の情報の適正な取扱いのための規程の策定等、関連する情報の適正な管理のために必要な措置を講じなければならない。	安衛法68、安衛則61① 安衛法104、労働者の心身の状態に関す

	る情報の適正な取扱いのために事業者が講ずべき措置に関する指針

関連事項

1　安衛法と労働基準監督官の権限

安衛法は、労働基準監督官に対し、同法の施行のために必要な調査権を与えるとともに（安衛法100③）、同法違反の罪に関しては、司法警察員の権限（具体的には捜査権限と送検する権限）を付与し（安衛法92）、これらの労働基準監督官の業務執行を通じて、同法の履行を確保しようとしている。

その反面、安全衛生に関する適切な規制を怠り、労働者に被害を生じさせたときは、国が国家賠償の責任を負うことがある（筑豊じん肺（国賠）事件　最高裁三小　平16.4.27判決　民集58巻4号1032頁、泉南アスベスト事件　最高裁一小　平26.10.9判決　民集68巻8号799頁）。

2　安衛法上の義務と安全配慮義務の関係

安衛法及びその関係諸規則に違反した場合には、是正勧告等の行政指導を受けるほか、悪質と判断されれば、刑事手続きにのせられ、有罪判決を宣告され、罰則を科されることになる。

一方、「安全配慮義務」の項（191頁）において述べるとおり、使用者には、労働者の生命、身体の安全を図る義務がある（労契法５）。

そこで、安衛法及びその関係諸規則上の義務を履行していることと、安全配慮義務を履行していることとの関係が問題となる。

まず、安衛法において事業者に課せられている義務は、国との関係で問題となる義務ではあるものの（いわゆる公法上の義務）、使用者の安全配慮義務の内容及びその基準となり得ると解されているので、同法上の義務を履行していなかったことから、使用者の安全配慮義務違反が認められるということは十分あり得る。

反対に、安衛法上の義務を履行していたならば、安全配慮義務違反を問われることにはならないのかというと、安衛法やその関係諸規則を守っていたとしても、使用者に安全配慮義務違反の責任が生ずることはあり得る。つまり、安衛法に基づく処罰を受けることはないが、民事上の責任を追及されるということはあり得るのである。

3　安衛法における労働者の義務

安衛法は、労働者に対しても、労働災害を防止するため必要な事項を守るほか、事業者その他の関係者が実施する労働災害の防止に関する措置に協力するように努めることを求めるとともに（安衛法４）、事業者が安衛法の定めに基づき講じる一定の事項については、罰則付きでそれを守るべきことを義務付けている（安衛法26、120一）。

参考ウェブサイト

WEB 中央労働災害防止協会　安全衛生情報センター　「法令・通達」（労働安全衛生法関係の法令・通達等の検索ページ）

＊　安衛法関係の法令・通達を検索できる。

WEB 厚生労働省　「労働基準監督年報」（定期監督等実施状況・法違反状況、申告処理状況（家内労働法関係を除く。）、送検事件状況の各労働安全衛生法関係部分）

＊　安衛法違反の事業者の件数や違反条項がわかる。

産業医

関係法条項 安衛法13、安衛令5、安衛則13以下

概要	根拠条文等
◆産業医とは 一定規模以上の事業場において、事業主により選任される、専門医学的立場から、労働者の健康管理等にあたるのに必要な医学に関する知識を有する医師のこと。	
◆産業医を選任すべき事業場 常時50人以上の労働者を使用する事業場(常時1,000人以上(一定の業種では500人以上)の労働者を使用する事業場では、専属の者であることが必要) ※常時50人未満の労働者を使用する事業場においては、医師又は保健師に労働者の健康管理等の全部又は一部を行わせるように努めるべきことが定められている	安衛法13①、安衛令5、安衛則13①二 安衛法13の2、安衛則15の2
◆産業医の職務 a　健康診断、面接指導等及びストレスチェックの実施並びにこれらの結果に基づく労働者の健康を保持するための措置に関すること b　作業環境の維持管理に関すること c　作業の管理に関すること d　a～cのほか、労働者の健康管理に関すること e　健康教育、健康相談その他労働者の健康の保持増進を図るための措置に関すること f　衛生教育に関すること g　労働者の健康障害の原因の調査及び再発防止のための措置に関すること	安衛則14①
◆産業医の権限 使用者は産業医に、以下の各点を含め、上記職務をなし得る権限を与えなければならない。 a　事業者又は総括安全衛生管理者に対して意見を述べること b　労働者の健康管理等を実施するために必要な情報を労働者から収集すること(労働者から対面で聴取するほか、一定の労働者を対象にアンケート調査を実施するなどといった方法も含む。) c　労働者の健康を確保するため緊急の必要がある場合において、労働者に対して必要な措置をとるべきことを指示すること	安衛則14の4①②
◆産業医の定期巡視等の義務 産業医は、少なくとも2か月に1回作業場を巡視し、作業方法又は衛生状態に有害のおそれがあるときは、直ちに、労働者の健康障害を防止するための必要な措置を講じなければならない。	安衛則15

◆産業医への情報提供 事業者は産業医に対し、以下の情報を提供しなければならない。 a　健康診断、長時間労働者に対する面接指導、ストレスチェックに基づく面接指導実施後のすでに講じた措置又は講じようとする措置の内容に関する情報(講じない場合には、その旨・その理由) b　時間外・休日労働時間が1月あたり80時間を超えた労働者の氏名・当該労働者に係る当該超えた時間に関する情報 c　労働者の業務に関する情報であって産業医が労働者の健康管理等を適切に行うために必要と認めるもの	安衛法13④、安衛則14の2①②
◆産業医による勧告 産業医は、労働者の健康を確保するため必要があると認めるときは、事業者に対し、必要な勧告をすることができ、事業者は、当該勧告を尊重しなければならない。 産業医は、勧告をしようとするときは、あらかじめ当該勧告の内容について事業者の意見を求める。 事業者は、勧告を受けたときは、勧告の内容・当該勧告を踏まえて講じた措置の内容(措置を講じない場合は、その旨・その理由)を衛生委員会等に報告し、また、記録し、3年間保存しなければならない。	安衛法13⑤⑥、安衛則14の3
◆産業医の身分の安定性担保 事業者は、産業医が辞任したとき又は産業医を解任したときは、遅滞なくその旨・その理由を衛生委員会又は安全委員会に報告しなければならない。	安衛則13④

関連事項

1　産業医の業務の内容等の周知

産業医を選任した事業者は、産業医の業務の具体的な内容・産業医に対する健康相談の申出の方法、産業医による労働者の心身の状態に関する情報の取扱いの方法を、①常時各作業場の見やすい場所に掲示し、備え付ける、②書面を交付する、③磁気テープ、磁気ディスクその他これらに準ずる者に記録し、かつ、各作業場に労働者が当該記録の内容を常時確認できる機器を設置する、のいずれかの方法にて労働者に周知しなければならない(安衛法101②、安衛則98の2①②)。

2　産業保健総合支援センター・地域産業保健センター

産業医の選任義務のない常時使用する労働者の数が50人未満の小規模事業場における労働者の健康管理を支援するため、独立行政法人労働者健康安全機構が各都道府県に産業保健総合支援センターを設置し、その地域窓口として、おおむね労働基準監督署の所轄地域ごとに、地域産業保健センターが設置されている。これらのセンターでは、長時間労働者への医師による面接指導の相談、健康相談窓口の開設、希望する事業場への医師等による個別訪問の形での産業保健指導の実施、産業保健情報の提供などの業務を行っている。

参考ウェブサイト

WEB 労働者健康安全機構　「産業保健総合支援センター」

＊　産業保健総合支援センターの業務内容や各地の所在地・連絡先の一覧が掲載されている。

健康診断

関係法条項 安衛法66以下、安衛則43以下

<table>
<tr><th>概　要</th><th>根拠条文等</th></tr>
<tr><td>

◆一般健康診断

（対象）	（実施時期）
①　雇入時健康診断	常時使用する労働者を雇入れるとき
②　定期健康診断	常時使用する労働者に対し１年に１度定期に

<診断項目>
①　既往歴及び業務歴の調査
②　自覚症状及び他覚症状の有無の検査
③　身長、体重、腹囲、視力、聴力の検査
④　胸部エックス線検査及び喀痰検査（後者は定期健康診断のみ）
⑤　血圧の測定
⑥　尿中の糖及び蛋白の有無の検査
⑦　貧血検査
⑧　肝機能検査（GOT，GPT，γ-GTP）
⑨　血中脂質検査（LDL コレステロール、HDL コレステロール、血清トリグリセライド）、
⑩　血糖検査
⑪　心電図検査
</td><td>安衛法66①、安衛則43①、44①

安衛則43①、44①、労働安全衛生規則第44条第２項の規定に基づき厚生労働大臣が定める基準</td></tr>
<tr><td>

◆特殊健康診断

一定の有害な業務に従事する労働者に対しては、法令や行政通達により一定の項目につき医師又は歯科医師による健康診断の実施を義務付けられている。
</td><td>安衛法66②③、じん肺法３、有機則29等</td></tr>
<tr><td>

◆その他の留意点

・事業者は、健康診断の結果を各労働者に遅滞なく通知しなければならない
・健康診断個人票を作成して、５年間保存しなければならない
※当然ながら、HIV のような特殊な病気に関しては、特別な配慮を求められる（HIV 感染者解雇事件　東京地裁　平7.3.30判決　判時1529号42頁）。
・常時50人以上の労働者を使用する事業者は、定期健康診断の結果を記載した報告書を、所轄の労働基準監督署長に対し提出しなければならない。
・健康診断の結果について医師から意見を聴取しなければならない。
※その結果、「必要があると認めるときは、当該労働者の実情を考慮して、就業場所の変更、作業の転換、労働時間の短縮、深夜業の回数の減少等の措置を講ずるほか、作業環境測定の実施、施設又は設備の設置又は整備」などの適切な措置を講じなければならない。
また、意見を聴取した医師等の意見を、衛生委員会もしくは安全衛生委員会または労働時間等設定改善委員会に報告しなければならない。
</td><td>安衛法66の６、安衛則51の４
安衛法66の３、安衛則51

安衛則52

安衛法66の４

安衛法66の５①</td></tr>
</table>

なお、事業者の健康診断実施義務の内容は、健康診断を受けることができる状態を作る義務であって、その受診率が100％に達していなければ罰則の適用があるというものではない。

関連事項

1　雇入時健康診断と採用選考のための健康診断

「雇入時」とは、労働契約成立時（又はそれに近接した時期）をいい、いまだ労働契約が成立していない採用選考過程は含まれないから、採用選考過程における健康診断は、安衛法の関知するところではない。逆に、採用選考時に健康診断を実施していたからといって、雇入時健康診断を省略できるものでもない（なお、安衛則43但書参照）。

2　パートタイマーに対する健康診断

健康診断の受診対象者とされる「常時使用する労働者」には、①期間の定めなく雇用され（有期契約であっても、１年以上の更新が見込まれるか、１年以上更新された者を含む。）、かつ、②その者の１週間の労働時間数が当該事業場において同種の業務に従事する通常の労働者の所定労働時間数の４分の３以上（２分の１以上である者についても実施することが望ましいとされる。）である場合をも含む（平19.10.1基発第1001016号・職発第1001002号・能発第1001001号・雇児発第1001002号）。したがって、パートタイマーであっても、この要件に該当する者に対しては、それぞれの健康診断を実施しなければならない。

3　健康診断と労働者の受診義務

【概要】で述べたとおり、安衛法は、事業者に対し、健康診断の実施を義務付けているが、その一方で、労働者に対しても、その受診を義務付けている（安衛法66⑤。ただし、罰則の適用はない。）。

最高裁も、安衛法上の健康診断におけるＸ線検査に関し、それを受診するよう命じたことは適法であるとしている（愛知県教委（減給処分）事件　最高裁一小　平13.4.26判決　判時1751号173頁）。

もっとも、同法上は、事業者の指定した医師又は歯科医師が行う健康診断を受けることを希望しない場合においては、他の医師又は歯科医師の行うこれらの規定による健康診断に相当する健康診断を受け、その結果を証明する書面を事業者に提出することでも足りるとされている（安衛法66⑤但書）。

以上に対し、同法上の健康診断ではない健康診断（法定外健診）については、就業規則や労働協約などにおいて合理的な定めがあるならば、それに基づき労働者の受診義務を肯定するのが最高裁の立場である（電電公社帯広局事件　最高裁一小　昭61.3.13判決　労判470号６頁）。

4　健康診断の費用負担

安衛法上の健康診断の費用については、法に基づき実施するものであるから、使用者の負担とされている（昭47.9.18基発第602号）。

また、定期健康診断において、①血圧、②血中脂質、③血糖、④肥満度のすべてにおいて異常所見が認められた者であって、脳・心臓疾患の症状を有していない者については、労災保険により無料で二次健診と医師による特定保険指導を受けることができる（労災保険法26）。

ところで、安衛法上の健康診断実施時間の賃金を支給すべきかどうかという点になると、行政解釈では、特殊健康診断についてはそれを肯定するが、一般健康診断については、それを支払うことが望ましいものの、その義務までを負うものではないとされる（前掲通達）。

5　健康診断実施後の措置と安全配慮義務

【概要】で述べたとおり、事業者に対しては、健康診断実施後に一定の措置を取るべきことが義務付けられているが、それを怠ったときには、安全配慮義務違反があるとされる場合がある。例えば、恒常的な長時間労働の状態にあったシステムエンジニアが脳出血で死亡した事案において、会社は、当該労働者に対し、定期健康診断の結果を知らせ、精密検査を受けるよう述べるのみで、業務を軽減する措置を採らなかったとして、安全配慮義務違反が認定されている(システムコンサルタント事件　東京高裁　平11.7.28判決　判時1702号88頁、最高裁二小 平12.10.13決定　労判791号6頁)。

医師による面接指導の制度

関係法条項　安衛法66の8、安衛則52の2以下

<table>
<tr><th>概　　要</th><th>根拠条文等</th></tr>
<tr><td>◆医師による面接指導制度とは
月80時間を超える時間外労働を行い、かつ、疲労の蓄積が認められる労働者に対し、本人の申出に基づき、及び②研究開発業務労働者につき、月100時間を超える時間外労働を行った場合、その労働者からの申出なしに、事業者が実施しなければならないとされる、医師による面接の機会を与える制度のことである。
※月80時間を超え100時間以下の時間外労働を行う研究開発業務労働者が①の要件を満たすときには面接の機会を付与する必要がある。
　この面接指導を実施するため、使用者には労働時間の把握義務及び労働時間の労働者への通知義務が課せられている(→労働時間把握義務181頁)。
　ここにいう「時間外労働」は、週40時間を超える労働のことであり、時間外労働のほかに、休日労働の時間数もカウントされる。</td><td>安衛法66の8①、安衛則52の2、52の3①～③</td></tr>
<tr><td>◆医師による面接指導の機会の付与の努力義務
　上記の基準に該当しない場合であっても、事業者は、事業場で定める基準に該当する労働者に対し、面接指導を実施する、又は面接指導に準ずる措置を講じるよう努めなければならない。
①　長時間の労働(週40時間を超える労働が1月当たり80時間を超えた場合)により疲労の蓄積が認められ、又は健康上の不安を有している労働者であって、面接指導を求める旨の申出を行った労働者
②　事業場で定める基準に該当する労働者
　事業場で定める基準の内容は法定されていないが、例としては、週40時間を超える労働が1月当たり100時間を超えた労働者及び2～6か月間の平均で1月当たり80時間を超えた労働者全てに面接指導を実施するとか、週40時間を超える労働が1月当たり80時間を超えた全ての労働者に、面接指導を実施する、週40時間を超える労働が1月当たり45時間を超えた労働者で産業医が必要であると認めた者には、面接指導を実施するなどが考えられるとされている。</td><td>安衛法66の9、安衛則52の8、平18.2.24基発0224003号</td></tr>
<tr><td>◆面接指導後の措置
　事業者は、医師の意見を聴き、必要があると認めるときは、当該労働者の実情を考慮して、就業場所の変更、作業の転換、労働時間の短縮、深夜業の回数の減少等の措置を講じるほか、医師の意見の衛生委員会等への報告その他の適切な措置を講じなければならない。</td><td>安衛法66の8④、安衛則52の7</td></tr>
</table>

関 連 事 項

医師による面接指導の費用負担と賃金

面接指導の費用については、法で事業者に面接指導の実施の義務を課している以上、当然、事業者が負担すべきものであるとされる(前掲通達)。

面接指導を受けるのに要した時間に係る賃金の支払については、事業者が支払うことが望ましいとされるが、当然には事業者の負担すべきものではないとされている(前掲通達)。

労働時間把握義務

関係法条項 安衛法

概　　要	根拠条文等
◆労働時間把握義務とは 労働安全衛生法に定める医師の面接指導を実施するために、使用者に課せられた労働者の労働時間を把握する義務である。 対象となる労働者には、管理監督者や事業場外労働や裁量労働などのみなし労働時間制の適用者も含まれる。 把握した労働時間の状況は記録し、3年間保存する。また、長時間労働者(1月当たり時間外労働が80時間以上)に対し、労働時間の状況に関する情報を通知することを義務づけている。	安衛則52の7の3②、安衛則52の2③
◆労働時間の把握方法 労働時間の把握方法は、タイムカード、パーソナルコンピュータ等の電子計算機の使用時間(ログインからログアウトまでの時間)の記録、事業者(事業者から労働時間の状況を管理する権限を委譲された者を含む。)の現認等の客観的な方法その他の適切な方法とされている。 「その他適切な方法」とは、やむを得ず客観的な方法により把握し難い場合において、労働者の自己申告による把握が考えられるが、その場合には、①自己申告制の対象となる労働者に対し、適正な自己申告を行うことなどについて十分な説明を行う、②管理者に自己申告制の適正な運用を含め、講ずべき措置について十分な説明を行う、③自己申告と実際の労働時間の乖離がないか必要に応じて実態調査を実施し、所要の労働時間の状況の補正をする、④自己申告した労働時間の状況を超えて事業場内にいる時間又は事業場外において労務を提供し得る状態であった時間について、その理由(自己啓発など)等を労働者に報告させる場合には、当該報告が適正に行われているかについて確認する、⑤労働者が自己申告できる労働時間の状況に上限を設け、上限を超える申告を認めないなど、労働者による労働時間の状況の適正な申告を阻害する措置を講じない、といった対処が求められる。 なお、労基法に定める賃金台帳に記入した労働時間数をもって、それに代えることができるものである。	安衛法66の8の3、安衛則52の7の3①

◆**通知の方法** 通達によれば、1月当たり80時間を超えた時間を書面や電子メール等により通知する方法が適当であるとされ、給与明細に時間外・休日労働時間数が記載されている場合には、これをもって労働時間に関する情報の通知としても差し支えないとしている。 また、時季としては80時間を超えた時間の算定後、概ね2週間以内が望ましいとしている。	

○把握すべき労働時間は

労働者の健康確保措置を適切に実施する観点から、労働者がいかなる時間帯にどの程度の時間、労務を提供し得る状態にあったかを把握するものであるとされている。

通常の労働時間管理対象者は多くの場合、実労働時間と労務を提供しうる状態にあった時間に乖離がないことが想定される(それゆえ、労働時間の把握について、賃金支払い義務の対象となる賃金台帳記載の労働時間の管理で帰ることができる。)。問題となるのは、みなし労働時間制の適用労働者や管理監督者など、その働き方が労働者各人の裁量に委ねられている者である。これらの者の場合には、出勤時と退勤時の間の時間数を把握する(その間全ての時間に労働していたとは限らない。)といった対処が必要となる。

受動喫煙対策

関係法条項 安衛法68の2、健康増進法25

概　要	根拠条文等
労働者の受動喫煙を防止するために、適切な措置を講ずることが事業者の努力義務とされている。	
◆**「受動喫煙」の定義** 「室内又はこれに準ずる環境において、他人のたばこの煙を吸わされること」 健康増進法では、一定の施設管理権者に、受動喫煙を防止するための対策をとる努力義務が課されているが、職場における受動喫煙対策については、直接の法的根拠条文がなかったこともあり、必ずしも進んでいなかった。 こうした状況を受け、平成26年の安衛法の改正の際に上記条項が設けられたものである。 ただし、上記条項も努力義務であることから、労働者に対し、受動喫煙対策を請求する権利を付与しているとまでは考えられていない。受動喫煙対策が取られないために、健康被害を受けた労働者が、使用者の安全配慮義務(労契法5)を根拠に損害賠償を請求する際に、参照される条文の一つとなるにとどまるといえる。	安衛法68の2 健康増進法25

関連事項

1　分煙措置を要求する権利

労働者から使用者に対する分煙措置の要求に関しては、相当高いハードルが設定されている。例えば、ライトスタッフ事件（東京地裁　平24.8.23判決　労判1061号28頁）では、使用者が、一定の範囲内で、受動喫煙による生命、身体の被害から労働者を保護すべき配慮義務を負っていることを認めつつも、「かかる配慮義務に違反した場合、その効果として、直ちに、『使用者に対する分煙又は禁煙の実施を請求し得る権利』が発生するものとは解されず、仮に、そのような権利の発生が認められる余地があるとしても、それは、当該受動喫煙が労働者の生命ないし健康に対して重大な被害を及ぼす具体的かつ高度な危険性を有していると認められる場合に限られるものと解される」とする。

2　受動喫煙対策と損害賠償

受動喫煙対策が採られないために健康被害が生じたことを理由とする損害賠償請求に関しては、会社が、安全配慮義務の不履行または不法行為に基づく損害賠償義務を負うというためには、労働者において、その業務の遂行における受動喫煙による体調の変化を会社に具体的に訴え、会社が、その健康診断により、当該労働者に受動喫煙による健康への悪影響が生じていることを認識し得たにもかかわらず、これを漫然と放置したような場合であるとされる（神奈中ハイヤー〔受動喫煙〕事件（東京高裁　平18.10.11判決　労判943号79頁）。

一方、精神的苦痛に対する慰謝料請求については、非喫煙環境下での就業が望まれる旨が記載された医師作成の診断書が提出された後も、同様の状況下で就業させた事案において、当該労働者の席を喫煙場所から遠ざけるとともに、自席での禁煙を徹底させるなど、適切な措置をとるべきであったのにこれを怠ったとして、５万円の限度で慰謝料請求を認容したケース（江戸川区〔受動喫煙損害賠償〕事件　東京地裁　平16.7.12判決　判時1884号81頁）と、受動喫煙による被害を主張する労働者について、受動喫煙により何らかの疾病に罹患するなど現実に医師の治療を要するほど健康が害されたとまでは認められず、問題となった施設において、どの程度受動喫煙に暴露していたかを客観的に示す証拠もないなどとして、慰謝料請求を棄却したケース（JR 西日本〔受動喫煙〕事件　大阪地裁　平16.12.22判決　労判889号35頁）とがある。

ストレスチェック制度

関係法条項　安衛法66の10、安衛則52の９以下

<table>
<tr><th>概　要</th><th>根拠条文等</th></tr>
<tr><td>◆ストレスチェック制度とは
事業者が、労働者に対して実施する、医師等による心理的な負担の程度を把握するための検査のこと。
<対象>
常時使用する労働者
<実施時期>
１年以内ごとに１回
※定期でなければならない。
<検査項目>
①　職場における当該労働者の心理的な負担の原因に関する項目
②　当該労働者の心理的な負担による心身の自覚症状に関する項目
③　職場における他の労働者による当該労働者への支援に関する項目
※実際には、「職業性ストレス簡易調査票」（57項目）が用いられることが多い。</td><td>安衛法66の10①

安衛則52の９柱書

安衛則52の９一～三</td></tr>
<tr><td>◆ストレスチェック後の措置
・事業者は、受験した労働者に対し、医師から検査結果が通知されるようにする。
↓
・事業者は、上記通知を受け、心理的な負担の程度が高く、検査を行った医師等が面接指導を受ける必要があると判断した労働者であって、医師による面接指導を希望する者に対し、それを受けさせる機会を与える。
↓
・面接指導の際に医師が確認すべき事項とされているのは、上記<検査項目>とされる①～③に加え、④当該労働者の勤務の状況、⑤当該労働者の心理的な負担の状況、⑥当該労働者の心身の状況である。
↓
・事業者は、面接指導の結果に基づき、当該労働者の健康を保持するために必要な措置について医師の意見を聴かなければならない。
↓
・事業者は、その医師の意見を勘案し、必要があると認めるときは、当該労働者の実情を考慮して、就業場所の変更、作業の転換、労働時間の短縮、深夜業の回数の減少等の措置を講ずるほか、当該医師の意見の衛生委員会もしくは安全衛生委員会、または労働時間等設定改善委員会への報告その他の適切な措置を講じなければならない。</td><td>
安衛法66の10③前段

安衛則52の17

安衛法66の10⑤

安衛法66の10⑥</td></tr>
</table>

≪注意点≫

1　労働者のプライバシーとの関係

職場におけるメンタルヘルス対策を進めていくということになれば、労働者の精神的な健康情報を積極的に収集する必要があるとも考えられるが、労働者の精神的な不調は、必ずしも職場の原因のみではなく、私的な領域における問題が複合していることも多い

ところであり、労働者のプライバシー保護との調和を図っていかなければならない。
そこで、ストレスチェック制度においては、事業者は、検査を受けた労働者に対し、検査を行った医師等から当該検査の結果が通知されるようにしなければならないとされてはいるものの、医師等は、事前の労働者の書面等による同意なしに、検査結果を事業者に提供してはならないとされる(安衛法66の10②、安衛則52の13①)。
そして、事業者は、上記の通知を受けた労働者であって、検査の結果、心理的な負担の程度が高く、検査を行った医師等が面接指導を受ける必要があると判断した労働者が、医師による面接指導をうけることを希望する旨申し出たときは、それを実施しなければならない。
いずれの場面でも、労働者の意思が尊重される形となっている。

2　小規模事業者への猶予措置

この制度の実施は、当分の間常時50人未満の労働者を使用する事業場については、努力義務とされる(安衛法附則4)。

関　連　事　項

ストレスチェックの実施費用と賃金

ストレスチェックの費用については、法で事業者に実施の義務を課している以上、当然、事業者が負担すべきものであるとされる(平27.5.1　基発0501第3号)。
面接指導を受けるのに要した時間に係る賃金の支払いについては、事業者が支払うことが望ましいとされるが、当然には事業者の負担すべきものではないとされている(前掲通達)。

労災補償制度

関係法条項　労基法75以下、労災保険法

概　　　要	根拠条文等
◆労災補償制度とは 労災補償制度とは、労働者が仕事の上で被った傷病や死亡(労働災害)に対し、一定の補償をなすよう使用者に義務づける制度のことである。 労基法において基本的枠組みが定められ、労災保険法によって、その補償義務が労災保険によって肩代わりされる仕組みとなっている。	
◆労基法上の労災補償義務 労基法は、労働者が業務上負傷し、疾病に罹り、又は死亡した場合は、使用者は次の補償を行うべきことを定めている。 ①　療養補償 負傷又は疾病について療養を行い、又はその費用を負担する。 ②　休業補償 療養のために労働することができない場合に、療養中、平均賃金の100分の60以上を支給する。 ③　打切補償 療養開始後3年を経過しても負傷又は疾病が治らない場合に、平均賃金の1,200日分を支払うことによって、以後は労基法に基づく	労基法75～82

安全と健康

補償義務を免れる。

④ 障害補償

負傷又は疾病が治ったとき、身体に残った障害に対し、障害の程度に応じて、平均賃金に一定の日数を乗じた金額を補償する。

⑤ 遺族補償

労働者が業務上死亡した場合に、遺族に対して、平均賃金の1000日分を支払う。

⑥ 分割補償

使用者が支払能力のあることを証明し、補償を受けるべき者の同意を得た場合には、障害補償又は遺族補償に替え、平均賃金に一定の日数を乗じて得た金額を6年にわたり毎年補償することができる。

⑦ 葬祭料

業務上の死亡者の葬祭を行う者に対し、平均賃金の60日分を支給する。

◆労災保険制度

(1) 適用事業

労災保険制度は、原則として、法人であれ個人であれ、労働者を1人でも雇用しているすべての事業を適用事業としている。ここにいう労働者には、パートやアルバイトも含まれる。（労災保険法3①）

現在例外的に任意適用事業とされているのは、農林水産の事業のうち常時雇用する労働者数が5人未満の個人経営の事業である。

(2) 保険料

政府は事業主から保険料を徴収する。その徴収に関する具体的事項は、徴収法の定めるところによる。（労災保険法30）

労災保険の保険料は、労働者に支払う賃金の総額に労災保険率を乗じた額であり、事業主がその全額を支払うこととされている。労災保険料率は、事業の種類により異なっているが、同一の事業であっても、個々の事業場の業務災害率に応じて保険料率を増減できる仕組み（メリット制）がとられている。（徴収法12③、20①）

(3) 保険給付

労災保険の給付は、業務上又は通勤による負傷、疾病、障害又は死亡に対してなされる。（労災保険法7①）

具体的な給付の内容は、以下の通りである。（労災保険法12の8以下）

なお、通勤災害に関しては、「補償」という語は用いられない。

① 療養（補償）給付

労災病院等における現実の医療行為（療養の給付）であるが、療養の給付が困難な場合には、療養の費用を支給することがある。

② 休業（補償）給付

傷病により労働することができず、賃金を受けられない場合に、休業4日目から、休業1日につき給付基礎日額の60％が支給される。

③ 障害（補償）給付

傷病が治った後に障害が残った場合に、障害等級に応じ、障害（補償）年金（後遺障害等級1級から7級）又は障害（補償）一時金（8級から14級）として支給される。

④ 遺族（補償）給付

被災者が死亡した場合に、遺族の数に応じ、当該遺族と被災者との関係により一時金又は年金の形で支給される。

⑤　葬祭料(葬祭給付)

被災者が死亡した場合に葬祭を行うときに所定の額が支給される。

⑥　傷病(補償)年金

業務上の負傷・疾病が療養開始後１年６か月を経過しても治っていない場合、又は、１年６か月を経過した日において当該負傷・疾病による障害の程度が厚生労働省令で定める程度に達している場合に支給される。

⑦　介護(補償)給付

障害(補償)年金又は傷病(補償)年金受給者のうち第１級の者又は第２級の者(精神神経の障害及び胸腹部臓器の障害の者)であって、現に介護を受けているときに支給される。

⑧　二次健康診断等給付

定期健康診断等の結果、脳・心臓疾患に関連する一定の項目について異常の所見があるときに、二次健康診断を受診でき、その結果、必要があれば、医師又は保健師の保健指導を受けることができる。

⑨　特別支給金

以上の給付のほかに、特別支給金として、休業特別支給金(給付基礎日額の20%)、障害特別支給金、遺族特別支給金、傷病特別支給金などが給付される。

(4)　給付制限

労働者が、故意に負傷、疾病、障害若しくは死亡又はその直接の原因となつた事故を生じさせたときは、政府は、保険給付を行わないとされ、労働者が故意の犯罪行為若しくは重大な過失により、又は正当な理由がなくて療養に関する指示に従わないことにより、負傷、疾病、障害若しくは死亡若しくはこれらの原因となった事故を生じさせ、又は負傷、疾病若しくは障害の程度を増進させ、若しくはその回復を妨げたときは、政府は、保険給付の全部又は一部を行わないことができるとされている。（労災保険法12の2の2①②）

(5)　保険給付の申請手続き

労災保険の給付は、その大部分が、補償を受けるべき労働者若しくは遺族又は葬祭を行う者からの請求に基づき行うとされているので、事業主が行うものではない。（労災保険法12の8②）

(6)　不服申立手続き

労災保険給付の請求に対し、労働基準監督署長が不支給の決定をしたときは、当該請求者は、都道府県の労働局内に置かれている労働保険審査官に対し審査請求をすることができ、その審査請求に対する決定についても不服があるときは、労働保険審査会に対し再審査請求をすることができる。（労災保険法38①）

そして、労働保険審査会の裁決について不服がある者は、裁判所に対し、処分取消しの行政訴訟を提起することができる。再審査請求がされた日から３か月を経過しても裁決がなされないときも、同様である。（労災保険法40本文／労災保険法40但書一）

ここで注意すべきは、事業主には労働基準監督署長等の決定等に対し不服申立をする制度は用意されていないということである。

ただ、労働基準監督署長の不支給決定につき、保険給付を請求した側

安全と健康

から取消訴訟が提起された場合には、事業主として保険料率のメリット制による利益を維持するために、労働基準監督署長の側の敗訴を防ぐため、当該行政訴訟に補助参加することができる(レンゴー事件　最高裁一小　平13.2.22決定　判時1745号144頁)。

関連事項

1　業務上災害

労基法・労災保険法により「業務上災害」と認定されるためには、業務と当該負傷・疾病等の間に因果関係が認められなければならない。これを「業務起因性」という。ただ、業務遂行中の負傷などについては、なにが業務かということの検討を求められる場面もあり、「業務遂行性」という概念も問題となる。

「業務遂行性」とは、実際の作業にかかっているときというよりは広い概念であり「労働者が労働契約に基づいて事業主の支配下にある状態」と解されている。

「業務起因性」とは、業務と傷病等の間に因果関係が存在することであるが、ここにいう因果関係とは、単なる条件関係ではなく相当因果関係が認められることをいう。

ところで、業務遂行中の負傷については、業務起因性の判断が容易であるが、長期間有害業務に従事したために病に至る疾病については、その発病の原因となる有害作用等の加わった時点が明確でないこと等から、個々の事例について罹患労働者側が具体的にその業務起因性を立証することが困難な場合が多い。そこで、予めそのような疾病の種類を規定しておき、一定の職業に従事する労働者に当該種類の疾病が発生した場合には、一応業務との因果関係を推定し、当該疾病を発生させるに足る作業内容、作業環境条件等が認められるならば、反証のない限り業務上として取り扱うこととされている(労基法75②、労基則35、別表第一の二　一〜十)。

ただ、同表の1ないし10に掲げられていない疾病であっても、「その他業務に起因することの明らかな疾病」と認められる場合には、業務起因性が肯定され、労災補償の対象とされる余地が設けられている(労基則別表第一の二　十一)。

2　通勤災害

通勤災害とは、労働者の通勤による負傷、疾病、障害又は死亡のことであるが(労災保険法7①二)、ここにいう「通勤」とは、労働者が、就業に関し、①住居と就業の場所との間の往復、②一定の要件を満たす就業の場所から他の就業の場所への移動、③一定の要件を満たす住居と就業の場所との間の往復に先行し又は後続する住居間の移動、をすることであって、合理的な経路及び方法により行うことをいい、業務の性質を有しないものである(労災保険法7②)。

「合理的な経路及び方法」とは、当該住居と就業の場所との間を往復する場合に、一般に労働者が用いるものと認められる経路及び手段等のことであって、会社に届け出られている経路とは異なる経路であっても、通常その労働者が使用している経路であれば、合理的な経路と認められるし、交通機関のトラブルにより通常とは異なる経路で通勤した場合のように、通勤のためにやむを得ずとられた経路についても合理的な経路と認められるであろう。

3　特別加入制度

事業主や自営者、海外勤務者については、本来労災保険の保護を受けることはできないが、そうした者のうち一定の者については、任意に労災保険に加入する制度(特別加入制度)が設けられている(労災保険法33以下)。現在特別加入が認められているのは、所定の要件を満たす中小事業主、特定の業種の一人親方、特定作業従事者、海外派遣者の４つである。

4　労災補償と民事損害賠償責任の関係

(1)　過失の存在の要否

労災保険制度では、当該災害と業務との間の因果関係が肯定されるかどうかがポイントとなるが、使用者の責任を追及する民事損害賠償訴訟では、両者間の因果関係のほかに、過失(故意による行為は通常考えにくい。)の存否が問題となってくる。

⑵　労災補償を受けるべき者と民事損害賠償の請求権者

労災保険からの給付は、同制度において受給権者と定められた者に支給される。したがって、例えば、夫婦と子供１人の３人家族の夫が業務災害により死亡したという場合、労災保険からの遺族補償の給付は妻に対してなされ、子供に対しては支給されない(労基則42)。

これに対し、民事損害賠償の請求では、請求権者が限定されているわけではないから、上記の例においても、当該妻のほかに、当該子供も慰謝料の請求は可能であるし、死亡した父親の逸失利益や慰謝料請求権を相続することによって、その範囲で請求権を取得することになる。

⑶　労災補償の給付と損害の填補

労災保険の給付は、被災者又はその遺族に生じた損害の全部を補填するものではない。

(a)　休業補償と休業損害の関係

労災保険から給付される休業(補償)給付は、平均賃金の60%にとどまるから、その余の休業損害については、民事訴訟において請求されることになる。

ところで、労災保険からは、休業特別支給金として平均賃金の20%相当が支給される。最高裁は、「特別支給金の支給は、労働福祉事業の一環として、被災労働者の療養生活の援護等によりその福祉の増進を図るために行われるものであ」ることなどを根拠として、民事損害賠償の際に損害額から控除することはできないとした(コック食品事件　最高裁二小平8.2.23判決　民集50巻２号249頁)。

(b)　慰謝料

労災保険制度では、慰謝料は填補されない。民事損害賠償では、入・通院慰謝料、後遺障害慰謝料、死亡慰謝料などが損害として認定される可能性があるが、労災保険では、かかる精神的損害に対する填補はなされない。

(c)　労災保険の給付と民事損害賠償の調整

労災保険給付と民事損害賠償との関係では、両者の調整も問題となる。

この点、民事損害賠償請求訴訟の判決時(正確には当該訴訟の口頭弁論終結時)までに支払われていた労災保険からの給付については、損害賠償額から控除することが可能であるが、将来支給予定の労災から支給される年金については、控除することはできない。

ただ、それでは著しく公平の理念に反するので、前払一時金の額を損害発生時の金額に引きなおした額に至るまで、履行猶予の抗弁を出すことができることとされている(労災保険法64)。

⑷　過失相殺の可否

労災保険の給付は、業務起因性が認められるのであれば100%支給されるし、それが認められないのであれば１円たりとも支給されない。

これに対し、民事損害賠償訴訟では、被害者側に過失(あるいは基礎疾患など)があるときは、民法722②又は418条の(類推)適用により、過失相殺をなすことが認められるから、損害額の一部が減じられるということがあり得る(NTT東日本北海道支店事件　最高裁一小　平20.3.27判決　判時2003号155頁)。

労災上積補償

概　要	根拠条文等
◆労災上積補償とは 労災上積補償とは、法で定められた労災補償制度の災害補償などとは別に、業務上災害(企業によっては、通勤災害も含めている。)に対して、企業独自に給付を行う制度のこと。「企業内労災」とか、「法定外補償制度」などと呼ばれることもある。 このような制度を設けるかどうかは、それぞれの企業の自由であるが、設ける場合には、就業規則の必要的記載事項であるから、それに規定する必要がある。 制度を設ける場合には、以下の各事項について定めることが重要。 ・支給対象か否かの認定権者　労災の認定に従うとすることもできるし、それに拘束されることなく、会社の判断で認定するか否かを決定することもできるが、誰が認定するのかを明記する。 ・受給権者　労災保険の場合と同様の者を受給権者とすることもできるし、配偶者に限るとか、相続人とするというように、会社独自で受給権者を定めることもできる。 ・第三者行為災害との関係　制度の対象となり得るケースにおいて第三者の不法行為によって損害が生じているときに、なお補償を行うかどうかを明確にしておいた方がよい。	労基法89⑨

≪注意点≫

● **労災保険との関係**

それぞれの企業の制度の性格にもよるが、労災上積補償は、通常は、労災保険給付の不足を補う趣旨、すなわち、労災保険給付に上積みして給付される趣旨のものと解されるとして、それを受けたからといって、労災保険との支給調整が行われることにはならない。

● **民事損害賠償との関係**

労災上積補償によって、企業から一定の給付がなされた場合に、この給付と使用者から労働者への損害賠償の調整が問題となる。すなわち、使用者が安全配慮義務違反などにより、労働者の業務上災害による被災に対する民事損害賠償責任を負う場合、この上積み補償として支払った分を、損害賠償額から控除することができるのか、という点である。この点、裁判例においては、上積み補償が損害の填補の趣旨で支払われたのであれば控除できるが、生活援助をはかる趣旨など別の目的で支払われたものであれば控除できないとされている。このいずれに当たるかは、上積み補償の支払い根拠となる規定などの書きぶり(労災保険給付や民事損害賠償との調整規定があるかなど)やその支給の要件(例えば扶養対象の子の存在に応じ特別に加算される、など、生じた損害と直接関係のない事柄が要件として定められているかなど)などから判断される。

● **労災保険の立替えとの関係**

労災上積補償は、通常は、労災保険からの補償給付とは別に支給されるものであるが、労災保険からの給付については、その支給までに時間がかかることが多いことから、その分も含めて、会社が支給をしておき、事後に労災保険からの給付が実行されたときには、それを会社に返還させるという扱いをするケースもみられる。

しかし、被災者である労働者が労災保険の申請手続きをしない場合には、結局立て替えた金員の返還を受けられないという事態にもなりかねないので、このような立替えをする場合には、労災保険からの給付がなされることが条件であり、一定期間内に、労災保険からの給付がなされない場合には、立て替えた部分の額に相当する額については、会社に返還する旨を明確に約しておくことが重要である。

参考ウェブサイト

WEB 人事院　平成29年度「民間企業の勤務条件制度等調査」
「表10　法定外給付制度の有無別企業数割合(母集団：全企業)」
「表11　法定外給付制度を有する企業における給付額の決定方法別企業数割合(母集団：法定外給付制度を有する企業)」
＊　労災上積補償制度の導入状況や給付水準を知ることができる。

安全配慮義務

関係法条項 労契法５

概　　要	根拠条文等
◆安全配慮義務とは 使用者に対して課せられているもので、「労働者がその生命、身体等の安全を確保しつつ労働することができるよう、必要な配慮をする」義務とされている。 具体的内容については、法令上では示されておらず、裁判例では「具体的内容は、労働者の職種、労務内容、労務提供場所等安全配慮義務が問題となる当該具体的状況等によって異なる」と判示したものがある(後掲川義事件)。 このため、それぞれの事案ごとにどのような内容の義務が生ずるかが個々に検討されることになる。	労契法５
◆安全配慮義務の内容 安全配慮義務の具体的内容は、各事案ごとに異なるものであって、「ここまでのことをやっていれば、安全配慮義務は尽くした」とみられるといった一律の基準があるわけではない。 安衛法上の義務を果たしていれば、安全配慮義務を尽くしたと評価されるわけではないので注意が必要。	

○安全配慮義務は、使用者が労働者に対して負担する義務であって、直接の労働契約関係がない者との間では発生しないとみてよいか？

最高裁が安全配慮義務について最初に判示した判決においては、同義務は、「特別な社会的接触の関係」に入った当事者間に認められるものであるとされている(自衛隊車両整備工場事件　最高裁三小　昭50.2.25判決　民集29巻２号143頁)。そして、構内で作業する下請業者の労働者との関係でも、元請負人に同義務が生ずるとされているから(三菱重工業神戸造船所事件　最高裁一小　平3.4.11判決　判時1391号３頁)、同義務は必ずしも雇用契約の存在を前提とするものではない。

したがって、労働者派遣や適正な請負、あるいは偽装請負における派遣先(注文者)と派遣労働者(請負人の作業者)との間のように、雇用契約関係が認められない場合であっても、雇用契約が存しないということだけから、安全配慮義務の発生が否定されるということにはならない。

関連事項

1　安全配慮義務と労働者の不安全行動

例えば、高所作業であるにもかかわらず、安全帯を装着せずに作業する場合のように、労働者が、自らの判断で不安全行動をとり続ける場合も、使用者の安全配慮義務は消滅するとは限らない。かかる不安全行動は、当該労働者以外の労働者や通行人など第三者にも危険を及ぼすこともあるし、当該労働者自身も、現実に負傷すれば、使用者に責任追及をしないとも限らないからである。

使用者としては、作業標準やマニュアルを作成、周知・教育し、不安全行動をとらせないようにしていかなければならないのである。

2　安全配慮義務と労働者の健康保持義務

【概要】で述べている通り、使用者は、労働者に対し、安全配慮義務を負っているが、他方、労働者の側でも、労働契約に従って十分労務を提供できるよう自らの健康を保持する義務を負っているといえる。例えば、オーク建設(ホームテック)事件(広島高裁松江支部　平21.6.5判決　判時2068号85頁)では、「労働者の側においても、自らの健康保持を図る努力をすべきことも当然である」と述べられており、かかる義務が労働者の側にも課されていることを明らかにしている。

もっとも、仮に労働者が同義務を怠ったことが健康障害発症の一因となったとしても、それを理由に使用者の安全配慮義務違反による損害賠償責任が直ちに認められなくなるわけではない。実際には、使用者が安全配慮義務を尽くしたと評価されない限り、裁判所は、その責任を認めた上で、労働者の健康保持義務違反については、過失相殺により賠償額を調整してバランスをとるという方法をとることが多いといえよう。

代表的裁判例

通常の場合、労働者は、使用者の指定した場所に配置され、使用者の供給する設備、器具等を用いて労務の提供を行うものであるから、使用者は、報酬支払義務にとどまらず、労働者が労務提供のため設置する場所、設備もしくは器具等を使用し又は使用者の指示のもとに労務を提供する過程において、労働者の生命及び身体等を危険から保護するよう配慮すべき義務(以下「安全配慮義務」という。)を負っているものと解するのが相当である。そして、使用者の右の安全配慮義務の具体的内容は、労働者の職種、労務内容、労務提供場所等安全配慮義務が問題となる当該具体的状況等によつて異なるべきものであることはいうまでもない(川義事件　最高裁三小　昭59.4.10判決　民集38巻6号557頁)。

過重労働問題

関係法条項 労基法75②、労基則35、別表第一の二、民法715、709

<table>
<tr><th>概　　要</th><th>根拠条文等</th></tr>
<tr><td>

◆過重労働問題とは

過重労働に起因して脳・心臓疾患を発症するケースや、過重労働が原因でうつ病等の精神疾患を発症するケースのこと。

過重労働により心身の不調をきたした労働者が、国に対し労災保険の支給申請をしたり、使用者に対し損害賠償請求をしたりして、それらが認められる場合があることは周知の通りである。

国は、「過重労働による健康障害防止のための総合対策について」(平14.2.12　基発0212001号)を発し、事業者に対し、過重労働の排除、疲労蓄積の危険のある場合の健康管理対策の強化などの諸措置を講じるべきことを要請し、平成26年には過労死等防止対策推進法を成立させ、過重労働による健康障害の発生防止を図るべく、諸施策を進めている。

一方、労災請求や民事損害賠償請求との関係でも、通達や裁判例が積み重ねられてきている。
</td><td></td></tr>
<tr><td>

◆労災認定の基準

(1)　脳・心臓疾患関係

関連通達…脳血管疾患及び虚血性心疾患等(負傷に起因するものを除く。)の認定基準(平13.12.12　基発1063号)

<業務災害と認定される場合>

①　発症直前から前日までの間において、発生状態を時間的及び場所的に明確にし得る異常な出来事に遭遇したこと

②　発症に近接した時期において、特に過重な業務に就労したこと

③　発症前の長期間にわたって、著しい疲労の蓄積をもたらす特に過重な業務に就労したこと、のいずれかが認められるとき

<業務と当該疾患の発症との関連性が強いと判断される時間数>

発症前1か月間におおむね100時間又は発症前2か月間ないし6か月間にわたって、1か月当たりおおむね80時間を超える時間外労働が認められる場合

(2)　精神疾患関係

関連通達…「心理的負荷による精神障害の認定基準について」(平23.12.26　基発1226第1号)

<業務災害と認定される場合>

①　対象疾病に該当する精神障害を発病していること

※対象疾病とは、ICD −10第Ｖ章「精神及び行動の障害」に分類される精神障害であって、器質性のもの及び有害物質に起因するもの以外のものを指す。

②　対象疾病の発病前おおむね6か月の間に、客観的に当該精神障害を発病させるおそれのある業務による強い心理的負荷が認められること

<業務と当該疾患の発症との関連性が強いと判断される時間数>

ⓘ　発病直前の1か月におおむね160時間を超えるような、又はこれに満たない期間にこれと同程度の時間外労働を行った場合
</td><td>

労基則別表第一の二　八

労基則別表第一の二　九
</td></tr>
</table>

ⅱ　発病直前の連続した２か月間に１月当たりおおむね120時間以上の時間外労働を行った、又は発病直前の３か月間に１月当たりおおむね100時間以上の時間外労働を行った場合（いずれも通常その程度の時間を要する業務に従事していたことを前提とする。）。ただし、労働時間がこの水準に達しない場合であっても、他に業務による心理的負荷が強いと判断されれば、業務災害と認定され得る。

③　業務以外の心理的負荷及び個体側要因により当該精神障害を発病したとは認められないことの３要件を全て備えていることが必要

◆民事損害賠償との関係

最高裁は、労働者が長時間労働を継続させた場合には、心身の健康を害することは「周知」のところであるとしている（電通事件　最高裁二小　平12.3.24判決　民集54巻３号1155頁）。ここに過重労働による健康障害に対する使用者の責任を認める実質的根拠がある。

使用者の責任を肯定した有名な事例としては、システムコンサルタント事件（東京高裁　平11.7.28判決　判時1702号88頁、最高裁二小　平12.10.13決定　労判791号６頁。システムエンジニアとしてコンピューターソフトウェア開発等を目的とする会社で、裁量労働制の下で勤務していた労働者Ａが脳出血で死亡した（当時33歳）ことにつき、当該労働者は、長時間労働で疲労困憊していたなどと指摘し、使用者の損害賠償責任を肯定した。）や前掲電通事件（広告代理店の若手社員が、恒常的な長時間労働を続ける中で自殺したことにつき、長時間労働等が原因でうつ病に罹患して自殺したものと考えられるとして、使用者責任を肯定した。）がある。

関連事項

１　自殺と労災補償

自殺については、本来、「自殺」は労働者が故意に死亡という結果を招いているのであるから、労災保険給付の対象とはならないはずであるが（労災保険法12の２の２①）、「業務上の精神障害によって、正常の認識、行為選択能力が著しく阻害され、又は自殺行為を思いとどまる精神的な抑制力が著しく阻害されている状態で自殺が行われたと認められる場合には、結果の発生を意図した故意には該当」せず、同条の適用はないとされている（「精神障害による自殺の取扱いについて」　平11.9.14　基発第55号）。

２　過重労働による健康障害と取締役の責任

労働者が長時間労働により死亡したと認定される事案において、取締役個人が、任務懈怠の責任（会社法429①）を問われるケースも存する（大庄ほか事件　大阪高裁　平23.5.25判決　労判1033号24頁）。

参考ウェブサイト

WEB　厚生労働省　「平成30年度『過労死等の労災補償状況』」

＊　過労死・過労自殺に関する労災の支給決定等の状況が紹介されている。

セクシュアルハラスメント

関係法条項　雇用均等法11

概　要	根拠条文等
◆セクシュアルハラスメントとは 性的嫌がらせのことで、職場におけるセクシャルハラスメント(以下「セクハラ」という。)には下記の２種類があるといわれている。 ⑴　対価型セクシャルハラスメント 上司が部下に対し、雇用維持や昇進の条件として性的関係を求めたり、性的な言動について咎めた労働者に不利益な配置転換を命じたりするような場合で、「職場において行われる労働者の意に反する性的な言動に対する労働者の対応により、当該労働者が解雇、降格、減給等の不利益を受けること」をいう。 ⑵　環境型セクシャルハラスメント 男性労働者が女性労働者が嫌がる写真やポスターを掲示するなど、「職場において行われる労働者の意に反する性的な言動により労働者の就業環境が不快なものとなったため、能力の発揮に重大な悪影響が生じる等当該労働者が就業する上で看過できない程度の支障が生じること」をいう。 (事業主が職場における性的な言動に起因する問題に関して雇用管理上講ずべき措置についての指針　平18.10.11厚生労働省告示第615号) セクハラは男性労働者から女性労働者に対するものだけではなく、女性から男性、男性同士、女性同士でも起こり得るとされている。また、被害者の性的指向または性自認にかかわらない。	
◆セクハラにあたるかどうかの判断基準 どんな言動がセクハラに該当して違法の評価を受けるのかという点については、次の裁判例が参考となる。 すなわち、「職場において、男性の上司が部下の女性に対し、その地位を利用して、女性の意に反する性的言動に出た場合、これがすべて違法と評価されるものではなく、その行為の態様、行為者である男性の職務上の地位、年齢、被害女性の年齢、婚姻歴の有無、両者のそれまでの関係、当該言動の行われた場所、その言動の反復・継続性、被害女性の対応等を総合的にみて、それが社会的見地から不相当とされる程度のものである場合には、性的自由ないし性的自己決定権等の人格権を侵害するものとして、違法となるというべきである」というものである(金沢セクシュアル・ハラスメント事件　名古屋高裁金沢支部　平8.10.30判決　労判707号37頁、最高裁二小　平11.7.16判決　労判767号14頁)。 なお、今日では、男性から女性に対する言動に限られないことは、前述のとおりである。	

関連事項

1　社外の者によるセクハラ

セクハラ行為が取引先の社員などによって行われた場合、当該取引先の社員（及び場合によってはその使用者である会社）が不法行為責任（民法709、715①）を負う可能性があることは言うまでもないが、それと共に、その被害者を雇用する会社も、当該被害者がセクハラ行為を受けていることを知り又は知ることができた場合には、職場環境配慮義務違反として債務不履行の責任（民法415）を負うことになる。

2　派遣労働者に対するセクハラ

⑴　派遣先の責任

裁判例では、派遣先は、派遣労働者に対し、直接の雇用関係にある従業員と同様に、労務の提供に関して良好な職場環境の維持確保に配慮すべき義務（職場環境配慮義務）を負っており、セクハラに関してもその予防や発生したときの適切な対処をすべき義務を負うとされている（東レエンタープライズ事件　大阪高裁　平25.12.20判決　判時2229号101頁。なお、派遣法47の2参照）。

⑵　派遣元の責任

派遣元は、派遣労働者の使用者として、当然に雇用均等法11条の義務を負っている。ただ、労働者派遣の場合には、派遣労働者の実際の就業が派遣先で行われていることから、セクハラの予防という局面でも、事後の対応という局面でも、事実の調査や事態の是正に困難を伴うことが多い。

この点、裁判例では、派遣元は、派遣先が上記のセクハラに関する義務を遵守して適正な派遣就業が行われるよう，派遣先との連絡体制の確立、関係法令の関係者への周知等の適切な配慮をすべき義務があり（派遣法31参照）、派遣元がこれに違反したときは、その責任を負うとする（前掲東レエンタープライズ事件）。

3　セクハラ被害と労災

セクハラ被害を受けた労働者が精神障害を発症したケースにおいて、それが業務に起因するものであるとして、労災保険法に基づく補償請求がなされることも少なくない。

厚生労働省が、精神障害の業務上外の認定をする際に用いる判断基準（心理的負荷による精神障害の認定基準　平23.12.26　基発1226第1号）によれば、発病前おおむね6か月の間に、①強姦や、本人の意思を抑圧して行われたわいせつ行為などのセクシュアルハラスメントを受けた場合、②胸や腰等への身体接触を含むセクシュアルハラスメントであって、継続して行われた場合、③胸や腰等への身体接触を含むセクシュアルハラスメントであって、行為は継続していないが、会社に相談しても適切な対応がなく、改善されなかった又は会社への相談等の後に職場の人間関係が悪化した場合、④身体接触のない性的な発言のみのセクシュアルハラスメントであって、発言の中に人格を否定するようなものを含み、かつ継続してなされた場合、⑤身体接触のない性的な発言のみのセクシュアルハラスメントであって、性的な発言が継続してなされ、かつ会社がセクシュアルハラスメントがあると把握していても適切な対応がなく、改善がなされなかった場合、などの場合は、業務上発症した疾病と認定される可能性があるとしている。

パワーハラスメント

<table>
<tr><th>概　　要</th><th>根拠条文等</th></tr>
<tr><td>

◆パワーハラスメントとは

現行法上定義は存しないが、職場のパワーハラスメント（以下、「パワハラ」という。）とは、一般的には、同じ職場で働く者に対して、職務上の地位や人間関係などの職場内の優位性を背景に、業務の適正な範囲を超えて、精神的・身体的苦痛を与える又は職場環境を悪化させる行為をいう。

すなわち、以下の３つの要素から検討される。

①　優越的な関係に基づいて（優位性を背景に）行われること
　当該行為を受ける労働者が行為者に対して抵抗又は拒絶することができない蓋然性が高い関係に基づいて行われること

②　業務の適正な範囲を超えて行われること
　社会通念に照らし、当該行為が明らかに業務上の必要性がない、又はその態様が相当でないものであること

③　身体的もしくは精神的な苦痛を与えること、又は就業環境を害すること
　当該行為を受けた者が身体的もしくは精神的に圧力を加えられ負担と感じること、又は当該行為により当該行為を受けた者の職場環境が不快なものとなったため、能力の発揮に重要な悪影響が生じるなど、当該労働者が就業する上で看過できない程度の支障が生じること。平均的な労働者の感じ方を基準とする。

なお、令和元年６月５日に公布された労働施策総合推進法の改正（公布後１年以内の政令で定める日に施行される）により、①優越的な関係を背景とした②業務上必要かつ相当な範囲を超えた言動により③就業環境を害すること（身体的若しくは精神的な苦痛を与えること）の３つの要素をすべて満たすものをパワーハラスメントとする旨が定められた（関連事項３参照）。

</td><td>

職場のパワーハラスメント防止対策についての検討会報告書

改正後の労働施策総合推進法30の２①

</td></tr>
<tr><td>

◆パワハラ行為の類型

上記検討会報告書では、典型的なパワハラの類型として下記の６つを挙げている。

上記①から③までのいずれかの要素を欠く場合にはパワハラに当たらない場合があるとしている。

①　暴行・傷害（身体的な攻撃）
②　脅迫・名誉毀損・侮辱・ひどい暴言（精神的な攻撃）
③　隔離・仲間外し・無視（人間関係からの切り離し）
④　業務上明らかに不要なことや遂行不可能なことの強制、仕事の妨害（過大な要求）
⑤　業務上の合理性なく、能力や経験とかけ離れた程度の低い仕事を命じることや仕事を与えないこと（過小な要求）
⑥　私的なことに過度に立ち入ること（個の侵害）

</td><td></td></tr>
</table>

◆パワハラにあたるかどうかの判断基準

パワハラについては、業務上必要とされる注意・指導の域を超えているのかどうかという点の判断が難しい事例もある。

例えば、不正経理を隠匿していた営業所長が自殺した事案において、上司らによる指導や叱責は、正当な業務の範囲内にあるとして、会社の責任を否定したケースである前田道路事件(高松高裁　平21.4.23判決　判時2067号52頁)も、一審では会社の責任が肯定されていた(松山地裁　平20.7.1判決　判時2027号113頁)。結局は、社会通念上許容される業務上の指導の範囲内にあるかどうかで判断するほかなく、事例ごとの判断とならざるを得ないが、当該注意指導をするに至った経緯、注意指導の目的、態様、頻度等を基礎に、個別に検討していくこととならざるを得ない。

関連事項

1　パワハラと労災

厚生労働省が、精神障害の業務上外の認定をする際に用いる判断基準(心理的負荷による精神障害の認定基準　平23.12.26　基発1226第1号)は、発病前おおむね6か月の間に、①部下に対する上司の言動が、業務指導の範囲を逸脱しており、その中に人格や人間性を否定するような言動が含まれ、かつ、これが執拗に行われた場合、②同僚等による多人数が結託しての人格や人間性を否定するような言動が執拗に行われた場合、③治療を要する程度の暴行を受けた場合であって、同基準が掲げる対象疾病を発症したときは、業務上発症した疾病と認定され得るとしている。

なお、自殺が上司のパワハラ言動によるものであるとして、労働基準監督署長による労災の不支給決定の効力が争われ、裁判所によって同決定が取り消されたケースとして、国・静岡労基署長(日研化学)事件(東京地裁　平19.10.15判決　労判950号5頁)がある。

2　マタニティハラスメント

妊産婦への嫌がらせを指す用語として「マタニティハラスメント」(以下、「マタハラ」という。)も広く用いられるようになってきているが、この用語についても法令上の定義規定はない。

① 不利益取扱い

従来、マタハラについては、雇用均等法9条3項に定められる妊娠したこと等を理由とする解雇その他不利益取扱いの禁止規定との関係が問題とされてきた(育児休業等を取得している者等に対する不利益取扱いに関しては、育児介護休業法10参照)。

最高裁は、妊娠中の女性労働者からの請求により軽易な業務へ異動させ、また同人の了解を得て副主任の役職をはずし、同人が育児休業を終えて復職した後も、別の者が副主任の地位に就いていたために、その地位には戻さなかったという事案において、雇用均等法9条3項は強行規定であり、軽易業務転換に際し副主任を外した不利益がある以上、同条が禁止する不利益取扱いに原則として該当し、特段の事情(当該女性労働者の同意につき自由意思と認めるに足る合理的事情の存在又は業務上の特段の必要性)がない限り、同条に違反すると判示した(広島中央保健生協(C生協病院)事件　最高裁一小　平26.10.23判決　民集68巻8号1270頁)。

この最高裁判決を受けて、行政通達が発せられ(平27.1.23　雇児発0123第1号)、雇用均等法9条3項の「理由として」については、妊娠・出産等の事由を契機として不利益取扱いが行われた場合は、原則として妊娠・出産等を理由として不利益取扱いがなされたと解されるとされた(例外に当たる場合も、同通達に掲げられている。)。育児休業等を取得したこと等を理由とする不利益取扱いの禁止規定である育児介護休業法10条の解釈に関しても、同通達において、同様の解釈が示されている。

② 就業環境を害する言動

また、平成29年１月から施行された改正雇用均等法11条の２では、「職場における妊娠、出産等に関する言動に起因する問題に関する雇用管理上の措置」として、改正育児介護休業法25条では、「職場における育児休業等に関する言動に起因する問題に関する雇用管理上の措置」として、事業主に対し、職場において行われる上司・同僚からの、妊娠・出産したことや、育児休業等の利用に関する言動等により、妊娠・出産した女性労働者や、育児休業等を申出・取得した男女労働者の就業環境が害されることがないようにするための体制整備等の措置を講じることが義務付けられた。こういった中で、職場における上司や同僚の妊娠したことなどに対する嫌がらせ的な言動なども「マタニティハラスメント」と呼ばれている。

なお、労働者派遣の場合、上述の不利益取扱いの禁止や、就業環境が害されないようにする措置を講じる義務に関しては、派遣元だけでなく、派遣先も義務の主体となる（派遣法47の２、47の３）。

３ パワハラ防止義務化

パワハラについて、その防止義務を使用者に課すなどする法改正が令和元年５月29日に成立し、６月５日に公布された（公布後１年以内の政令で定める日に施行）。具体的には労働施策総合推進法30条の２第１項において、「事業主は職場において行われる優越的な関係を背景とした言動であって、業務上必要かつ相当な範囲を超えたものによりその雇用する労働者の就業環境が害されることのないよう、当該労働者からの相談に応じ、適切に対応するために必要な体制の整備その他の雇用管理上必要な措置を講じなければならない」と定め、この言動につき事業主に相談したことや、同相談に関する事業主の対応（調査等）時に事実を述べたことを理由として、解雇等の不利益な取扱いをしてはならないと定めている（なお、この不利益取扱いの禁止については、職場における性的な言動や妊娠・出産・育児休業等の利用に関する言動を相談したことや、事業主の対応時に事実を述べたことについても、同趣旨の改正が、男女雇用機会均等法・育児介護休業法にてなされる。）。

また、労働施策総合推進法、男女雇用機会均等法及び育児介護休業法中に、パワハラ、セクハラ等の防止に関する国、事業主及び労働者の努力義務を定める規定が設けられた。

§8

解雇・退職

解　雇

概　　要	根拠条文等
◆解雇とは 使用者による雇用契約を解消する一方的意思表示のこと。 なお、試用期間中または満了時の本採用拒否も、解雇の一種である。	
◆解雇の分類 解雇は、普通解雇(→208頁)と懲戒解雇(→211頁)に分けられ、普通解雇はさらに狭義の普通解雇と整理解雇(→209頁)に分けられる。したがって、「懲戒解雇」も「整理解雇」も解雇の１種である。	

○有期の労働契約が終了したことにより契約が終了することも解雇に当るのか？

有期労働契約の期間が満了した後更新されないことは、雇止め(→212頁)と呼ばれるが、これは解雇ではない。

関 連 事 項

1　解雇の形式

解雇は意思表示であるから、相手方に到達しなければ効力を生じない。

解雇の意思表示は、書面によってなし得ることはもちろん、口頭でもなし得る。

2　解雇の手続き

一般的には、解雇に際し、行政官庁その他の許可や同意を要するものではないが、就業規則や労働協約において、「懲戒解雇は、行政官庁の認定を経て行う」とか、「組合三役を解雇する場合は、組合の同意を要する」といった定めがなされているときは、それに従う必要がある。

また、解雇に際し事前の手続きが要求されているわけではないが、労働協約に、「組合員を解雇しようとするときは、事前に、組合と協議しなければならない」といった定めがあるときは、その手続きを踏まずになされた解雇は無効とされる可能性がある。

障害者を解雇する場合、高年齢者を解雇する場合、一時期に多数の労働者を解雇する場合、外国人を解雇する場合などであって、一定の条件に該当するときは、所定の行政庁へ届出をし、あるいは報告をする義務が課されている(障害者雇用促進法81①、高年法16①、労働施策総合推進法27①、28①等)。

3　解雇理由の制限

無期労働契約の場合、解雇理由を制限する法令はない(ただし、解雇の効力については、労契法16条が規定する解雇権濫用法理(→207頁)による審査がなされる)。

有期労働契約の解雇については、やむを得ない理由が要求される(労契法17①)。

解雇予告後、対象労働者から請求があったときは、遅滞なく、解雇理由書を交付しなければならない(労基法22①②)。

参考ウェブサイト

WEB 東京労働局　様式集　労働基準法関係「解雇理由証明書」

＊　解雇理由証明書の参考例である。

WEB 厚生労働省　モデル就業規則第７章(解雇に関する就業規則の例)

＊　就業規則の解雇に関する条項の参考例である。

解雇予告制度

関係法条項 労基法20、21

概　要	根拠条文等
◆解雇予告制度とは 使用者が労働者を解雇する場合において、原則として、30日以上前に予告をするか、平均賃金の30日分以上の金員を支払うべきことを求める制度のこと（なお、上記予告期間については、平均賃金の１日分を支払った日数だけ短縮することができる。）。	労基法20
◆民法の規定との違い 民法上は、雇用契約に期間の定めがないときは、14日前までに申入れを行えば、解約の効力が生じるとされているが、労基法により、これが修正されている。	民法627①
◆解雇予告義務に違反した解雇の効力 解雇予告義務に違反した解雇についても、そのことだけで解雇が無効になるとは限らない。即時解雇としては効力を生じないが、使用者が即時解雇に固執する趣旨でない限り、解雇の意思表示到達後30日の期間を経過するか、またはその意思表示の後に予告手当の支払いをしたときは、そのいずれかのときから解雇の効力を生ずる、とされている（細谷服装事件　最高裁二小　昭35.3.11判決　民集14巻３号403頁）。	

○解雇予告義務に違反した使用者には制裁があるのか？

解雇予告義務に違反した解雇をなした使用者については、６か月以下の懲役または30万円以下の罰金の刑罰に処せられる可能性がある（労基法119一）。

さらに、裁判所の判断により、未払いの予告手当と同額の付加金の支払いを命じられる可能性がある（労基法114）。

関 連 事 項

１　解雇予告制度の例外

①天災事変その他やむを得ない事由のために事業の継続が不可能となった場合および②労働者の責に帰すべき事由に基づいて解雇する場合であって、行政官庁（労働基準監督署長）の認定を得た場合には、解雇予告を要しない（労基法20①但書、③）。

２　解雇予告制度の適用除外

被解雇者が、(a)日々雇入れられる者、(b)２か月以内の期間（季節的業務の場合は４か月以内の期間）を定めて使用される者、(c)試用期間中の者、である場合（労基法21）については、解雇予告制度は適用されない。ただし、(a)については、１か月を超えて引き続き使用されるに至った場合、(b)の者が所定の期間を超えて引き続き使用されるに至った場合、(c)の者が14日を超えて引き続き使用されるに至った場合においては、原則に立ち返って解雇予告が必要とされる（労基法21但書）。

３　解雇予告の除外認定

前記１の行政官庁による認定は、「（解雇予告の）除外認定」と呼ばれる。

このうち、前記②の除外認定が発せられる場合は、通達に掲げられている以下の場合であるが(昭23.11.11基発1637号、昭31.3.1基発111号)、そこに掲げられたケースは例示であって、それ以外の場合に除外認定が発せられないというわけではない。

また、除外認定が発せられたとしても、それはあくまで行政監督機関が解雇予告制度の適用がないことを確認したにすぎず、解雇権濫用法理(労契法16)の適用が排除されることを意味するものではない。したがって、除外認定が発せられている解雇についても、裁判所が、解雇権を濫用した解雇であるとして、無効とすることはあり得る。

＜通達に列挙された除外認定を発するケース＞

① 原則として極めて軽微なものを除き、事業場内における盗取、横領、傷害等刑法犯に該当する行為のあった場合、また、一般的にみて「極めて軽微」な事案であっても、使用者があらかじめ不祥事件の防止について諸種の手段を講じていたことが客観的に認められ、しかもなお労働者が継続的に又は断続的に盗取、横領、傷害等の刑法犯又はこれに類する行為を行った場合、あるいは事業場外で行われた盗取、横領、傷害等刑法犯に該当する行為であっても、それが著しく当該事業場の名誉もしくは信用を失ついするもの、取引関係に悪影響を与えるもの又は労使間の信頼関係を喪失せしめるものと認められる場合

② 賭博、風紀紊乱等により職場規律を乱し、他の労働者に悪影響を及ぼす場合。また、これらの行為が事業場外で行われた場合であっても、それが著しく当該事業場の名誉もしくは信用を失ついするもの、取引関係に悪影響を与えるもの又は労使間の信頼関係を喪失せしめるものと認められる場合

③ 雇入れの際の採用条件の要素となるような経歴を詐称した場合及び雇入れの際、使用者の行う調査に対し、不採用の原因となるような経歴を詐称した場合

④ 他の事業場へ転職した場合

⑤ 原則として２週間以上正当な理由なく無断欠勤し、出勤の督促に応じない場合

⑥ 出勤不良又は出欠常ならず、数回に亘つて注意を受けても改めない場合

参考ウェブサイト

WEB 東京労働局　様式集　労働基準法関係「解雇予告除外認定申請書」

＊ 解雇予告の除外認定を申請する際の書式例である。

解雇制限

関係法条項 労基法19①、雇用均等法６四等

概要	根拠条文等
◆労基法その他の関係法令において解雇が(実質的に)制限される場合 代表的なものを列挙すれば、以下のとおりである。 ※直接的に解雇を制限する条文もあれば、包括的に不利益取扱いを禁ずる条文、更には間接的に解雇その他の不利益取扱いを禁じているものと解されている条文もある。	
①　業務上の負傷疾病による休業、産前産後休業中及びその後の30日の解雇禁止	労基法19①
②　国籍、信条等を理由とする解雇の禁止	労基法３
③　公民権行使を理由とする解雇の禁止	労基法７
④　監督機関に対する申告を理由とする解雇の禁止	労基法104②、安衛法97②、賃確法14②、派遣法49の3②、じん肺法43の２②等
⑤　性別を理由とする解雇の禁止	雇用均等法６四
⑥　婚姻、妊娠、出産、産前産後休業等を理由とする解雇の禁止	雇用均等法９②③
⑦　育児休業・介護休業等を取得したことを理由とする解雇の禁止	育介法10、16、16の４、16の７、16の９、18の２、20の２、23の２
⑧　不当労働行為となる解雇の禁止	労組法７
⑨　公益通報者に対する解雇の無効	労組法３～５
⑩　労働者が過半数代表者であること、又は、過半数代表者として正当な行為をしたことを理由とする解雇の禁止	労基則６の２③、派遣則33の５等
⑪　行政機関に対し、紛争の解決手続き等を求めたことを理由とする解雇の禁止	雇用均等法17②、18②、育介法52の４②、52の５②、パート労働法24②、25②、個別紛争解決法４③、５②等

《注意点》

業務上の負傷疾病による休業中及びその後30日の解雇制限に関しては、以下の各点に注意が必要である。

⑴　業務上の負傷疾病の意義

業務上の疾病かどうかは、客観的に判断され、労災申請が認められているかどうかに関わりはない(東芝(うつ病・解雇)事件　東京高裁　平23.2.23判決　判時2129号121頁)。

⑵　症状固定との関係

療養のために休業する期間とは、治癒すなわち症状固定までの休業期間のことであり、業務上負傷した場合においても、症状固定時(正確にはその後30日経過日)以降は前記1⑴による解雇制限は適用されない。

⑶　通勤災害による休業との関係

通勤災害は、「業務上」の負傷、疾病ではないので、それに起因する療養期間等は、前記1⑴の解雇制限の対象ではない。

⑷　例外

①使用者が打切補償(労基法81)を支払った場合及び打切補償を支払ったものとみなされる場合(労災保険法19)、並びに、②「天災事変その他やむを得ない事由のために事業の継続が不可能となつた場合」であって、そのことについて所轄労基署長の認定を受けた場合には、解雇が可能となる(労基法19①但書、②)。

上記①に関し、労基法81条が、同法75条による補償を受ける労働者であることを前提としているところから、使用者自ら療養補償給付を行ってきた場合でなければ、たとえ労災保険から同給付がなされてきたとしても、同法81条の打切補償を支払って解雇することはできないとする立場もあるが、最高裁は、かかる場合でも、前記解雇制限の例外たり得るとする(学校法人専修大学事件　最高裁二小　平27.6.8判決　民集69巻4号1047頁)。

解雇権濫用法理

関係法条項 労契法16、17①

概　　　要	根拠条文等
◆解雇権濫用法理とは 民法で保障されている解雇の自由を制約する考え方。使用者に解雇権があることを前提としつつ、権利の濫用に当たる解雇を無効とする理論である。 わが国では、裁判例において古くから広く承認されてきたが（後掲日本食塩製造事件、高知放送事件等）、今日では、労契法16条に、「解雇は、客観的に合理的な理由を欠き、社会通念上相当であると認められない場合は、その権利を濫用したものとして、無効とする。」と規定され、明文の根拠を持つに至っている。	
《注意点》 **有期契約労働者の期間途中の解雇** 解雇権濫用法理は、期間の定めのある契約であろうと、期間の定めのない契約であろうと、等しく適用されるものであるが、前者については、民法および労働契約法において特例が定められており、「やむを得ない事由」が必要とされる（民法628、労契法17①）。期間途中で契約を解消するには、期間満了まで待てないほどの「やむを得ない理由」が必要である、という趣旨である。 この結果、有期労働契約の期間途中の解雇については、無期労働契約における解雇権濫用の判断基準よりも強度のものが必要であると解されることになる（NHK神戸放送局事件　神戸地裁　平26.6.5判決　労判1098号５頁等）。	

○30日以上前に予告しさえすれば、解雇は有効なのではないか？

解雇に解雇予告制度（→203頁）が適用されることはもちろんであるが、解雇権濫用法理が適用されるため、30日以上前に予告した解雇であっても、客観的で合理的な理由がないとか、社会通念上相当として是認できないという場合は、その解雇は無効になる。

代表的裁判例

1　思うに、使用者の解雇権の行使も、それが客観的に合理的な理由を欠き社会通念上相当として是認することができない場合には、権利の濫用として無効になると解するのが相当である（日本食塩製造事件　最高裁二小　昭50.4.25判決　民集29巻４号456頁）

2　普通解雇事由がある場合においても、使用者は常に解雇しうるものではなく、当該具体的な事情のもとにおいて、解雇に処することが著しく不合理であり、社会通念上相当なものとして是認することができないときには、当該解雇の意思表示は、解雇権の濫用として無効になるものというべきである（高知放送事件　最高裁二小　昭52.1.31判決　労判268号17頁）。

普通解雇

概　　要	根拠条文等
◆普通解雇とは 広義では、解雇のうち懲戒解雇(→211頁)以外のものを指すが、狭義では、広義の普通解雇から整理解雇(→209頁)を除いたものを指す。要するに、労働者の義務不履行あるいは労働者との信頼関係の喪失を理由とする解雇である。	

関連事項

1　普通解雇と就業規則の解雇事由

懲戒解雇の場合には、その対象たる行為は就業規則に列挙されたものに限られるのが原則であるが、普通解雇の場合は、裁判例上も学説上も見解が分かれている。ただ、就業規則の解雇に関する条項中には、「その他前各号に準ずる事由があるとき」といった包括条項が設けられているので、実際上の結論には大差は生じない。

2　懲戒解雇事由による普通解雇

懲戒解雇の項(→211頁)参照

3　懲戒解雇の普通解雇への転換

懲戒解雇の項(→211頁)参照

4　予備的解雇

懲戒解雇の項(→211頁)参照

5　解雇の承認

解雇は、将来に向かって雇用契約を終了させるという効果を持つ意思表示であるから、使用者の一方的意思表示により効力を発するものであって、労働者の同意や承認を前提とするものではない。したがって、労働者が「解雇を承認する」と言ってみても、法律的には特に何らの効力も生ずるわけではない。

しかし、労働者側に一定の事情が認められるときは、以後解雇を争う権利を放棄したとか、信義則上解雇の無効を主張し得なくなるとされることがあり、これを指して「解雇の承認」と呼ぶことがある。

ただ、単に解雇を通告されても異議を述べなかったとか、退職金を受領したとか、離職票の交付を請求したというだけでは「解雇の承認」と評価されることにはならない。退職するからこそ支給される特別な意味を持った金員をそれと知りながら受領したり、当初解雇の効力を争う意図で受領を拒否していた退職金を受領するというような挙に出たりしたといった事情が認められるに至って、「解雇の承認」と評価されることがあるようである(八幡製鉄事件　最高裁一小　昭36.4.27判決　民集15巻4号974頁参照)。

6　解雇が無効とされた後の法律関係

法令に違反する解雇も、解雇権を濫用した解雇も、無効である。

この場合、被解雇者は、使用者に対し、労働契約上の権利を有する地位にあることの確認を請求し得るほか、民法536条2項に基づき、解雇後職場復帰までの間の未払賃金の支払を請求し得る。

7　解雇と損害賠償

解雇が解雇権の濫用として無効とされる場合に、当該無効な解雇は不法行為に該当するとして損害賠償請求がなされることがあるが、不法行為の要件(民法709)を満たしているかどうかが別途判断されるため、解雇権を濫用した解雇と判断されても、損害賠償が認められるとは限らない(伊藤忠テクノサイエンス事件　東京地裁　平17.11.22判決　労判910号46頁)。不法行為の成立が認められるのは、解雇自体が十分な調査・検討をせずになされたものである場合や、解雇の事実の公表方法に誇張や虚偽があるような場合である。

整理解雇

関係法条項 労契法16

概　　要	根拠条文等
◆整理解雇とは 法令に定義があるわけではないが、使用者が現在及び将来予測される経営不振などのために従業員数を縮小する必要に迫られ、余剰人員と判断した一定数の労働者との労働契約を一方的に終了させる使用者による意思表示である。	
◆整理解雇の効力を判断する基準 整理解雇が解雇権を濫用したものでないかどうかについては、一般的に下記の「整理解雇の４要件」により判断されるといわれている。 ①　人員削減の必要性があること ②　使用者が解雇を回避するための努力を尽くしたこと ③　被解雇者の選定が合理的なものであること ④　労働組合や労働者に対して解雇に関する協議や説明を行ったこと (先例は、大村野上事件　長崎地裁大村支部　昭50.12.24判決　判時813号98頁、東洋酸素事件　東京高裁　昭54.10.29判決　判時948号111頁)。 なお、上記①～④については、一つの要素でも充足しないものがあれば当該整理解雇を無効とするという考え方も有力であるが、裁判例の主流は、それら四つの要素を総合的に判断する立場といえる(一例として、学校法人専修大学事件　札幌地裁　平25.12.2判決　労判1100号70頁)。	
◆各要素の意義 (1)　人員整理の必要性 人員整理の必要性とは、不況、経営不振などのために、人員削減をすることがやむを得ないと判断されることをいう。 (2)　解雇回避措置の実施 配転、出向、一時帰休、採用停止、希望退職の募集等で人員の調整を行うことが可能な場合は、その先行実施が求められる。これを「解雇回避努力義務」と呼ぶ(あさひ保育園事件　最高裁一小　昭58.10.27判決　労判427号63頁参照)。 しかし、上記のありとあらゆる解雇回避措置の実施が求められるわけではなく、「その当時の会社の置かれた状況下において信義則上相当の経営上の努力をすれば足りるものというべきである」とされている(ケイエスプラント事件　鹿児島地裁　平11.11.19判決　労判777号47頁)。 (3)　被解雇者選定基準の合理性 整理解雇がやむを得ないと認められる場合であっても、使用者として	

は、客観的で合理的な被解雇者の選定基準を設定し、それを公正に適用して選定作業を行う必要がある。

整理基準の具体的内容としては、勤務成績や勤務態度を考慮する基準も考えられるし、対象者の年齢や家族状況を基準とすることも考えられる。

(4) 手続きの妥当性

労働組合のある会社では労働組合と協議を尽くし、労働組合のない会社では整理解雇せざるを得ないことやその方法・手続等について労働者に十分説明し、納得を得る努力をすることが必要である。

○なぜ整理解雇がとりたてて問題とされるのか？

整理解雇についても、解雇権濫用法理によりその効力が判断されるが、同法理の適用にあたって、実務上、その他の解雇とは異なる基準を用いて、その有効性が判定されている。というのは、それが労働者に対し、何ら責められるべき事情がないのに解雇という重大な不利益を与える処分であるからである。

参考ウェブサイト

WEB 独立行政法人労働政策研究・研修機構　「整理解雇にいたる前の解雇回避措置」（従業員の採用と退職に関する実態調査　図表４－３－12）

「解雇の際の労働組合等との協議状況」（同上　図表４－３－21）

＊　各企業において、整理解雇を回避するための措置としてどのような措置が講じられているか、労働組合との協議の状況はどうかといったことを知ることができる。

懲戒解雇

関係法条項 労契法15、16

概　　要	根拠条文等
◆懲戒解雇とは 使用者が労働者に対してなす制裁であって、労働契約を一方的に解消する処分のことであり、最も重い懲戒処分である。	
◆各種規制の適用関係 懲戒解雇は、懲戒処分に関する諸原則(→158頁)を充足している必要があるほか、懲戒権濫用法理の適用も受ける。同時に、懲戒解雇も解雇の一種である以上、解雇制限(→205頁)や解雇予告制度(→203頁)の適用も受ける。	労契法15

○普通解雇と懲戒解雇とで労働者にとって最も大きな相違が出るのはなにか？

法令に定めがあるわけではないが、ほとんどの企業の就業規則においては、普通解雇であれば、(会社都合の率で計算された)退職金が支給されることとされているのに対し、懲戒解雇の場合には、退職金は不支給とする旨定められている。労働者にとっては、この点は大きな違いがあるといえる。

関連事項

1　懲戒解雇と解雇制限

労基法19条1項本文の解雇制限は、懲戒解雇にも適用があるし、その他解雇の制約となる不利益取扱いの禁止に関する諸規定は、懲戒解雇にも適用がある。

2　懲戒解雇と解雇予告制度

懲戒解雇にも解雇予告(労基法20条。→203頁)に関する規定は適用される。ただし、同条1項但書に定められる「労働者の責に帰すべき事由に基いて解雇する場合」であって、所轄労働基準監督署長の認定を受けたときは、解雇予告義務を免れる。

もっとも、「懲戒解雇は、行政官庁の認定を受けて行う」といった定めが就業規則や労働協約に存するときは、除外認定を得ることが懲戒解雇の前提として労使の契約内容となっているとみられ、それを受けない懲戒解雇は私法上も無効となる可能性がある(フットワークエクスプレス事件　大阪高裁　平7.10.25判決　労民集46巻5・6号1351頁)。

3　懲戒解雇と普通解雇

⑴　懲戒解雇事由による普通解雇は認められるか

これを認めるのが裁判例の立場である(高知放送事件　最高裁二小　昭52.1.31判決　労判268号17頁)。

就業規則において、「懲戒解雇事由に該当するとき」という条項を普通解雇の規定中に加えておくことで明確化できる。

⑵　懲戒解雇の普通解雇への転換は認められるか

これを認める裁判例もあるが(日本経済新聞社事件　東京地裁　昭45.6.23判決　労民集21巻3号980頁)、近時は否定する裁判例が散見される(第一化成事件　東京地裁　平20.6.10判決　労判972号51頁、日本通信(懲戒解雇)事件　東京地裁　平24.11.30判決　労判1069号36頁)。

⑶　予備的解雇は許容されるか

懲戒解雇が無効と判断される場合に備えて、普通解雇の主張をすることは許容されている(西日本アルミニウム工業事件　福岡高裁　昭55.1.17判決　判時965号111頁、最高裁二小　昭

60.7.19判決　労判460号４頁）。

４　懲戒解雇と退職金

懲戒解雇の際の退職金の不支給措置は、就業規則に明定されていなければできないし、就業規則に定められていても、全額不支給とするためには、当該労働者の在職中の功をすべて抹消してしまうほどの著しい不行跡があった場合に限られるとされている（橋元運輸事件　名古屋地裁　昭47.4.28判決　判時680号88頁、小田急電鉄（退職金請求）事件　東京高裁　平15.12.11判決　判時1853号145頁）。

雇止め　関係法条項　労契法19

概　要	根拠条文等
◆雇止めとは 使用者が、有期労働契約の更新を拒否することである。新たな契約をしないという点で、契約継続中にそれを終了させる解雇とは異なる。	
◆雇止め法理 後掲の最高裁の２判例を踏まえ、労契法19条は、①実質的に期間の定めのない契約と同視されるもの、及び、②実質的に期間の定めのない契約とまではいえないが、契約の更新に対する合理的期待が認められるもの、の２つのタイプの有期労働契約における雇止めについては、解雇に関する法理が類推される旨定めている。 解雇に関する法理が「類推される」という意味は、解雇権濫用法理（→207頁）に従って判断されるということである。	労契法19

○有期契約は期間が満了すれば当然に終了するのではないのか？

そもそも期間の定めのある契約は、期間の満了によって当然に終了するはずであるが、更新を繰り返し、しかも契約更新時に何らの手続きもとらずに漫然と更新してきた者に対し、突如更新を拒絶することは解雇に等しい側面を持つ。そこで、古くから、期間満了による契約の終了についても、一定の制限を課す裁判例が積み重ねられてきた。

関連事項

１　有期労働契約の黙示の更新と雇止め

民法の原則によれば、期間の定めのある労働契約の期間が満了すれば、契約は当然に終了し、いずれの当事者もそれに対する異議を述べることはできないはずである。

しかし、期間満了後も、労働者が引き続き労務提供を行い、使用者がそれに対して異議を述べないという事実があれば、双方に契約を存続させようとする意思のあることが推察されるとともに、期間満了後相当の日時を経過した後に、期間満了後の労働契約は成立していないとして扱うことは、いたずらに事態を紛糾させることになることから、民法629条前段は、かかる場合には、従前と同一の条件にて雇用契約をしたものと推定すると定めている。

これは、有期労働契約の期間満了時までに、事後の契約に関し、労使双方とも何らの意思も表明していなかった場合を前提とし、かつ、契約期間終了後、労働者が労務を提供し続け、使用者が異議を述べていない場合を対象とするものであるから、使用者において、契約の更新はしない旨を表明している場合、すなわち、雇止めがなされている場合とは場面を異にする。

２　雇止めと解雇予告制度

雇止めに関し、解雇予告制度(労基法20。→183頁)が適用されるかどうかについては、争いがあるが、「有期労働契約の締結、更新及び雇止めに関する基準」(平15.10.22　厚労省告示357号)では、３回以上更新している労働契約か、１年を超えて継続勤務している労働者の労働契約の更新を拒絶する場合には、その契約の期間の満了する日の30日前までに予告をすべきこととされており、この限度では、解雇に準じる取扱いが求められている。

３　雇止めと解雇に関する法理の類推

労契法19条１号は、後掲東芝柳町工場事件判決を意識した実質無期型につき、同条２号は、後掲日立メディコ事件を意識した合理的期待型につき、それぞれ定めるものであるが、それらに該当する場合に、当該労働者が所定の申込みをしたときには、使用者が当該申込みを拒絶することが、客観的に合理的な理由を欠き、社会通念上相当であると認められるかどうかが審査されることになる。これが、「解雇に関する法理が類推される」の意義である。

どのような条件を満たした雇止めであれば、「客観的に合理的な理由があり、社会通念上相当であると認められる」のかは、解雇権濫用法理(→207頁)の適用事例なども参考に、個々の事案ごとに、個別に判断していくほかない。

なお、労契法19条には明記されていないが、前記日立メディコ事件判決の判示に従い、同条によって解雇に関する法理が類推されて当該雇止めの効力が判断される場合であっても、期間の定めのない社員を解雇する場合とは、自ずから合理的な差異があることを前提に判断すべきものと解されている。

４　雇止め法理発動の基準

雇止め事案につき、解雇に関する法理が類推されるか否かについては、各事案ごとに個別に判定されるものであり、ある一つの事情の存否によって一義的に決定されるというものではない。

例えば、業務自体に恒常性がなければ、20回更新されても同法理の類推適用は否定され(亜細亜大学事件　東京地裁　昭63.11.25判決　労判532号63頁)、同様の立場にある者が例外なく更新されてきており、契約書の取り交わしが形式的なものとなっているような場合には、１回目の更新時における雇止めであっても、その効力が否定される場合もある(龍神タクシー事件　大阪高裁　平3.1.16判決　労判581号36頁)。

これまでの裁判例をみると、①従事業務が臨時的なものであるかどうか、②契約の更新回数や通算の雇用期間がどうか、③業務内容や責任ないし権限についての正社員のそれとの同一性の有無及び程度、④契約更新手続きが厳格に行われているかどうか、⑤使用者において長期雇用を期待させるような言動をしてきた事実があるかどうか、⑥同様の立場にある者が更新されてきているかどうか、といった事情を総合して判断されているようである。

５　雇止めが無効とされた後の法律関係

労契法19条に基づき、当該雇止めによる契約終了の効果が否定された場合には、「従前の有期労働契約の内容である労働条件と同一の労働条件で当該申込みを承諾したものとみなす」という効果がもたらされることとされている。

「みなす」とは、異なるものを同一に取り扱うことであり、反対立証を許さないものを指す。本条でいえば、「承諾」したものとみなされるわけであるから、実際には承諾はされていないけれども、承諾したのと同様に扱うという意味であり、いくら承諾していないことを示す証拠を積み上げても、それはなんの意味も持たない。

６　雇止めと不更新条項

有期労働契約締結時に、今回の契約で最終とし、更新しない旨を明らかにする条項(不更新条項）が挿入され、あるいは、あらかじめ更新回数や通算の契約年限を定める条項（更新の限度条項）が設けられているときは、労働者が任意にそれを承諾して契約を締結している限り、契約更新に対する合理的期待が生ずる余地は乏しく、労契法19条が適用されることにはならない（近畿コカ・コーラボトリング事件　大阪地裁　平17.1.13判決　労判893号150頁等）。

しかし、既に契約の更新に対する合理的期待が生じている有期労働者に対し、新たに契約期間の上限を設けたとしても、それについて納得を得ていない場合には、その上限に達したことを理由とする契約の終了は認められない（学校法人立教女学院事件　東京地裁　平20.12.25判決　労判981号63頁）。

代表的裁判例

1　本件各労働契約は、期間の満了毎に当然更新を重ねてあたかも期間の定めのない契約と実質的に異ならない状態で存在していたものといわなければならず、本件各傭止めの意思表示は右のような契約を終了させる趣旨のもとにされたのであるから、実質において解雇の意思表示にあたり、また、そうである以上、本件各傭止めの効力の判断にあたっては、その実質に鑑み、解雇に関する法理を類推すべきである（東芝柳町工場事件　最高裁一小　昭49.7.22判決　民集28巻５号927頁）。

2　柏工場の臨時員は、季節的労務や特定物の製作のような臨時的作業のために雇用されるものではなく、その雇用関係はある程度の継続が期待されていたものであり、現に５回にわたり契約が更新されているのであるから、このような労働者を契約期間満了によって雇止めにするに当たっては、解雇に関する法理が類推される（日立メディコ事件　最高裁一小　昭61.12.4判決　判時1221号134頁）。

変更解約告知

関係法条項 労契法10、16

概　　　要	根拠条文等
◆変更解約告知とは 法令に定義があるわけではないが、通常、労働条件の変更の申込みをし、それを拒否した場合には解雇するという内容の使用者による意思表示であるといわれている。	
◆解雇権濫用法理の適用 変更解約告知がなされた場合に、労働者がその労働条件変更に合意すれば、解雇されることにはならないが、労働者が同意しなかったときは、解雇の効力が生ずる。しかし、ここでの解雇についても、解雇権濫用法理(→207頁)が適用され、解雇権を濫用したものと判断されるならば、当該解雇は無効となる。そして、その解雇の効力は簡単には認められない(後掲の裁判例参照)。	労契法16

○変更解約告知は、どのような場面で問題となるのか？

例えば、財政状況が厳しくなった会社が、労働者に対し、基本給を１割減額することを申込み、それに応じなかった労働者を解雇するような場合が、これに当たる。労働条件を引き下げるための手段として用いられることが多い。

関連事項

1　変更解約告知の概念の必要性

変更解約告知は、労働条件変更の一つの手段であるが、これを認めるとすれば、就業規則による労働条件の不利益変更の要件を規定した労契法10条以外にも労働条件の変更手段が確保されることになるとして、かかる概念を認めることに否定的な裁判例もある(大阪労働衛生センター第一病院事件　大阪地裁　平10.8.31判決　労判751号38頁)。

このため、明文の規定を欠くわが国においては、変更解約告知という概念を認めることができるのか、仮に認めるとしても、その要件をどのように考えるかという点については、いまだ定説はないといえる。

2　有期労働契約と変更解約告知

有期労働契約において、使用者が、労働条件を切り下げるならば契約を更新してもよいが、当該労働者が切り下げられた労働条件に合意しないならば更新はしないという態度をとることがある。これは、条件付の雇止めであって、変更解約告知の一場面と見ることもできる。

当該有期労働契約が、労契法19条の適用される余地のない契約であるならば、かかる雇止めも有効になるであろうが、同条が適用される場合には、解雇に関する法理が類推されることになる。たしかに、労働者は、提案された更新後の労働条件を拒否して契約を締結しないという選択をしているわけであるが、そのように労働者の意思が介在しているからといって解雇に関する法理が一切適用される余地はないとすると、労働者は、いかなる労働条件の変更であっても、それに合意しない限り雇止めをされる危険を負うことになり、結論が不当であるからである(ドコモ・サービス(雇止め)事件　東京地裁　平22.3.30判決　労判1010号51頁)。

代表的裁判例

変更解約告知における解雇については、労働者の職務、勤務場所、賃金及び労働時間等の労働条件の変更が会社業務の運営にとって必要不可欠であり、その必要性が労働条件の変更によって労働者が受ける不利益を上回っていて、労働条件の変更をともなう新契約締結の申込みがそれに応じない場合の解雇を正当化するに足りるやむを得ないものと認められ、かつ、解雇を回避するための努力が十分に尽くされているときは、会社は新契約締結の申込みに応じない労働者を解雇することができるものと解するのが相当である（スカンジナビア航空事件　東京地裁平7.4.13決定　判時1526号35頁）。

参考ウェブサイト

WEB 独立行政法人労働政策研究・研修機構　「ここ５年間での退職の可能性を説明したうえでの労働条件の変更の状況」（従業員の採用と退職に関する実態調査　図表４－４－１）

＊　各企業における変更解約告知の実施状況を知ることができる。

退職

関係法条項 民法627、雇用均等法６四、９①、高年法８

概要	根拠条文等
◆退職とは 労働者からなされる労働契約終了の意思表示である。	
◆退職に関する法令の定め 退職の定義を定める法令は存しないが、関連するものとしては下記の通り。 (1) 雇用均等法 ・女性労働者について、婚姻、妊娠、出産を退職事由とすることを禁じる。 ・同じく退職勧奨や定年等について性別を理由に差別的取扱いをすることを禁じる。	 雇用均等法９① 雇用均等法６四
(2) 高年法 60歳を下回る定年年齢の定めを原則として禁止。	 高年法８
(3) 労基法 ・退職した労働者が、使用者に対し、所定の事項を記載した証明書を請求したときは、使用者は、遅滞なく交付しなければならない。 ・就業規則の必要的記載事項とする。 ・労働契約締結時の明示事項とする。	 労基法22① 労基法89三 労基法15①、労基則５①四
◆退職の意思表示の効力発生時期 ① 原則として２週間を経過したとき ② 完全月給者の場合については当期の前半になされた退職の意思表示は次期の初日 民法627条の規定については、実務上、労働者にとって不利に変更することは許されないとの立場が有力であり（片面的強行規定）、就業規則において、「従業員が退職しようとするときは、所定の退職願を退職日の１か月前までに提出し、会社の承認を得なければならない」といった規定を定めたとしても、当該規定は上記民法の条項に反する限度で法的効力を否定されることになる。	 民法627①②

○退職と解雇はどう違うのか？

退職も解雇も、労働契約を終了させる事由であるが、退職は労働者の発意によるものであり、解雇は使用者の発意によるものである。ただ、休職期間満了による退職、定年退職及び死亡退職などは、必ずしも労働者が労働契約を終了させる意思を持っていたわけではないが、退職と扱われている。

関連事項

1　退職の意思表示の撤回

労働者から契約終了の意思が示された場合、それが辞職の意思を表示したものなのか、合意退職の申入れをなしたものなのかは、実際の事案では判断が難しいこともある。

前者であれば、それは使用者の承諾を要するものではないから、民法627条・628条の制限には服するが、それ以外に効力を制限されることはない。これに対し、後者であれば、労働契約についての合意解約の申入れであるから、使用者の承諾があって効力を生ずるものである。

ところで、上記の「承諾」については、「就業規則等に特段の定めがない限り、辞令書の交付等一定の方式によらなければならないというものではな」く、人事部長など会社の諸規則によって権限を付与されたとみられる者が受理したことをもって足りるとされており（大隈鉄工所事件　最高裁三小　昭62.9.18判決　判時1296号15頁）、実務においては、退職処理をなす権限を有する者が決裁を完了した後は撤回できないと考えられている。ただ、就業規則などにおいて、「退職しようとする者は、退職予定日の１か月前までに所属長を通じて人事部長に対し退職願を提出し、その承認を得なければならない」などといった記載がある場合には、会社が承認を与えるまでの間は撤回可能であると解される可能性が高い。

2　退職の意思表示の瑕疵

退職の意思表示が詐欺又は強迫によってなされた場合には、民法96条に基づき取り消し得るものとなるし、錯誤に基づいて退職の意思表示をなしても、それは同法95条に基づき無効である。

例えば、客観的には懲戒解雇に相当する事由はないのに、懲戒解雇処分や告訴のあり得べきことを告知し、そうなった場合の不利益を説いて同人から退職届を提出させることは、強迫行為であって、労働者は、当該退職の意思表示を取り消し得る（ニシムラ事件　大阪地裁　昭61.10.17決定　労判486号83頁）。

3　早期退職優遇制度

一般に、早期退職優遇制度は、転職や独立を支援するため、社員が退職する場合は、通常の自己都合退職金に加えて特別加算金を支給することを主な内容とするものであり、従業員がその適用を申請し、使用者が適用を認めることが要件とされ、一定の場合には適用されないこともあるという内容である。このことを前提とすると、使用者がこうした制度を社内に案内することは、申込みの誘引であると解され、従業員が同制度の適用を申請することが申込みとなり、使用者においてその適用を認める行為が承諾になるものと解される。

早期退職優遇制度の実施によって企業にとって有能な人材が流出するのを避けるために、同制度に応募してきた者全員に適用するのではなく、適用対象者を会社の承諾にかからしめることも有効である。

同様に、出向者を適用対象から除外したとしても特段違法となるものでもなく（NTT 西日本（出向者退職）事件　大阪地裁　平15.9.12判決　労判864号63頁）、競業他社就職者を適用対象から除外しても公序良俗違反となるものではない（富士通（退職金特別加算金）事件　東京地裁　平17.10.3判決　労判907号16頁）。

参考ウェブサイト

WEB 東京労働局　様式集　労働基準法関係「退職証明書」
＊　退職時の証明の参考例である。

WEB 人事院
「早期退職優遇制度の退職一時金の割増率の状況」（平成28年民間企業退職給付調査　表14）
＊　各企業における早期退職制度の条件等を知ることができる。

希望退職

概　　要	根拠条文等
◆希望退職とは 労働者と使用者との合意に基づいて労働契約を解約するものであって、一般的には、使用者が通常の退職よりは有利な条件を提示し、その条件にて退職する者を募る形をとるものである。	
◆希望退職の際に一般的に提示される条件 希望退職の際に提示される有利な条件としては、未消化年休の買取り、求職のための特別休暇の付与、再就職支援会社を利用した再就職のあっせん、社宅明渡期限の延長などがある。	

○希望退職と退職勧奨はどう違うのか？

希望退職と退職勧奨(勧告)の両者は、いずれも労働契約の合意解約の申入れであるが、希望退職が使用者の誘引に対する労働者側からの解約申入れであるのに対し、退職勧奨は使用者側からの解約の申し入れという点で異なるといえる。いずれについても、法令に規定があるわけではないが、最終的に労使間で退職の合意が成立した場合は、「解雇」ではなく、あくまでも「合意解約」ないし「退職」に該当する。

関連事項

1　希望退職と使用者による対象者の選定

希望退職の募集は、申込みの誘引にすぎず、労働者が希望退職の申込みをしたとしても、信義に反するような特段の事情がある場合でない限り、企業は、それを承諾するかどうかの自由を有し、例えば必要な人材の流出を防止するといった観点から、希望退職制度の適用を拒否することも可能である(大和銀行事件　大阪地裁　平12.5.12判決　労判785号31頁、ソニー事件　東京地裁　平14.4.9判決　労判829号56頁ほか)。

2　希望退職実施時の情報提供の程度

希望退職者を募る場合における企業の情報提供の程度については、「その制度の具体的内容及びこれを選択した場合の利害得失に関する情報を、従業員が自らの自由意思においてこれに応募するか否かの判断ができる程度に、提示すべきことは当然である」とする一方、「当該企業が雇用する従業員に対し、希望退職制度実施に当たり、同制度採用当時における業務状況の詳細や再建策実施後の将来の見通しについて具体的根拠を示して説明をすべき法的義務は、特段の事情がない限り、これを肯定することはできない」とされている(東邦生命保険事件　東京地裁　平17.11.2判決　労判909号43頁)。

3　整理解雇と希望退職の募集

希望退職を実施せずになされた整理解雇については、これを無効としたもの(あさひ保育園事件　最高裁一小　昭58.10.27判決　労判427号63頁)と有効としたもの(東洋酸素事件　東京高裁　昭54.10.29判決　判時948号111頁)とに分かれている。

4　雇止めと無期社員の希望退職

有期契約を反復更新してきた労働者の雇止めをする前に、無期契約の労働者に対し、希望退職を実施することまでは要求されていないといえる(日立メディコ事件　最高裁一小　昭61.12.4判決　判時1221号134頁)。

ただし、その場合でも、有期契約労働者に対し、希望退職を実施せずに雇止めをするときは、その効力が否定されることもある(三洋電機事件　大阪地裁　平3.10.22判決　労判595号28頁等)。

参考ウェブサイト

WEB 人事院
「希望退職制度における退職一時金以外の措置の状況」（平成28年民間企業退職給付調査の状況 表15）
＊　各企業における希望退職を実施する際の提示条件等を知ることができる。

退職勧奨

概　　　　要	根拠条文等
◆退職勧奨とは 法令に定義規定があるわけではないが、使用者が、労働者に対し、自発的な退職意思の形成を促すためになす説得行為である。退職勧奨は、使用者からの労働契約解約の申入れであって、これに労働者が任意に応じたときは、労働契約終了の効果が生じるが、労働者がこれを拒否したときは、労働契約に何ら影響はない。	
◆限度を超えた退職勧奨の問題 退職勧奨の態様が、退職に関する労働者の自由な意思形成を促す行為として許容される限度を逸脱し、労働者の退職についての自由な意思決定を困難にするものであったと認められるような場合には、当該退職勧奨は、労働者の退職に関する自己決定権を侵害するものとして違法性を有し、不法行為を構成し得る（日本アイ・ビー・エム事件　東京高裁平24.10.31判決　労経速2172号３頁）。 また、労働者が拒否する姿勢であることが明確になっているにもかかわらず、なお退職勧奨が繰り返されるなど、使用者からの退職勧奨が行き過ぎたものとなるときは、実質的に解雇に当たるものと評価され、解雇制限や解雇権濫用法理が適用されることもあり得る。	

○労働者が退職勧奨に応じたときは解雇になるのか？
退職勧奨自体は使用者からの働きかけであるが、労働者がそれを受け入れて退職することを決意してその旨の意思を表示すれば、労働契約は労使の合意によって終了することになる。したがって、使用者の意思によって労働契約を一方的に終了させる解雇とは異なる。

関　連　事　項

1　退職勧奨と意思表示の瑕疵
退職勧奨に詐欺又は強迫があったと評価されるならば、労働者がこれに応じたとしても、民法96条により取消しの対象となることもある。例えば、非違行為を犯した労働者に対し、その行為では客観的に見れば懲戒解雇になるほどではないのに、懲戒解雇になる旨を指摘して、「懲戒解雇になるよりは、任意に退職したほうがよいのではないか」などといった話をする場合である。

2　退職勧奨と不法行為

【概要】で述べた通り、行き過ぎた退職勧奨は不法行為を構成する可能性がある。例えば、執拗な退職勧奨が行われた場合(下関商業高校事件　最高裁一小　昭55.7.10判決　労判345号20頁)、名誉感情を不当に害するような言辞を用いてなされた場合(兵庫県商工会連合会事件　神戸地裁姫路支部　平24.10.29判決　労判1066号28頁)、懲戒解雇の可能性を示唆しつつ長時間の面談をした場合(日本航空事件　東京高裁　平24.11.29判決　労判1074号88頁)、退職に追い込むために種々の嫌がらせ行為がなされた場合(アールエフ事件　長野地裁　平24.12.21判決　労判1071号26頁)などでは、退職勧奨が不法行為に当たるとされている。

3　退職勧奨拒否者の異動

退職勧奨を拒否した労働者に対する異動命令であっても、直ちに違法・無効となるものではないが、業務上の必要性がなく、嫌がらせやいじめ目的が推知されるときは、違法・無効となり得る(フジシール(配転・降格)事件　大阪地裁　平12.8.28判決　労判793号13頁、明治ドレスナー・アセットマネジメント事件　東京地裁　平18.9.29判決　労判930号56頁、リコー(子会社出向)事件　東京地裁　平25.11.12判決　判時2210号113頁等)。

4　退職勧奨と労災

退職勧奨を受けた者が精神障害を発症した場合、その方法、頻度等からして強要とはいえないときには、それ単独では業務上の疾病と認定されることにはならないが、その退職勧奨が退職強要に及んでいたと評価されるときは、そのことだけで、業務上の疾病と認定され得る(心理的負荷による精神障害の認定基準について　平23.12.26　基発1226第１号)。

定　　年

関係法条項　高年法８、高年則４の２、労基法89三

概　　要	根拠条文等
◆定年とは 労働者が所定の年齢に達したことを理由として、自動的に又は解雇の意思表示によって、その地位(職)を失わせる制度である。 定年制には、次の２種類がある。 ・「定年退職」制　　定年に達したことによって自動的に退職する。 ・「定年解雇」制　　定年に達したことを理由として解雇する。	
◆定年年齢 ⑴　最低定年年齢 定年年齢は原則として60歳を下回ることは許されない。 ※60歳を下回る定年年齢を定めたときの扱いについては、定年制を定めなかったことになるとする考え方と60歳定年制になるとする考え方とがある。	高年法８本文
⑵　定年年齢における男女の差 男女別の定年年齢を定めることは、無効である。	雇用均等法６四
⑶　定年年齢の就業規則等への記載 定年退職にせよ、定年解雇にせよ、就業規則の必要的記載事項である。	労基法89三

解雇・退職

○一定の年齢に達したことだけをもって労働契約を終了させるのは年齢差別ではないのか？

定年制は、一定の年齢に達したことのみを理由として労働契約を終了させるのであるから、年齢差別ではないかとの疑問もあり得るが、判例は有効であるとし（秋北バス事件　最高裁大法廷　昭43.12.25判決　民集22巻13号3459頁）、高年法においても、定年制が有効であることを前提とする規定が設けられている（高年法８本文）。

関連事項

１　定年制の新設と不利益変更

判例は、労働契約において定年の定めがないということは、雇用期間に定めがないということを意味するにとどまり、終身雇用を保障したり、将来にわたって定年制を採用したりしないことを意味するものではないとし、定年制の新設は、労働者の既得の権利を侵害するものではないとの見方を示している（前掲秋北バス事件）。

２　定年年齢の引下げと不利益変更

いったん定められていた定年年齢を引き下げる変更は、実際上、定年制が雇用保障の機能を営んでいることに鑑みると、労働者が抱く、定年年齢に達するまでの雇用が保障されるものとの合理的期待を侵害するものであって、就業規則の不利益変更の有効性に関する判断基準（労契法10）によって審査されるべきことになる（芝浦工業大学（定年引下げ）事件　東京高裁　平17.3.30判決　労判897号72頁、大阪経済法律学園（定年年齢引下げ）事件　大阪地裁　平25.2.15判決　労判1072号38頁）。

３　定年年齢の引上げと賃金額の不利益変更

例えば、定年年齢が60歳から65歳に引き上げられた場合、60歳から65歳までの労働条件については、従来定めがなかったものを新たに定めることになるのであって、60歳時点での賃金額を下回る賃金額を設定したうえで、定年年齢を引き上げるという対応は、いわゆる労働条件の不利益変更に該当するものではないと考えられる（協和出版販売事件　東京高裁　平19.10.30判決　労判963号54頁）。

もっとも、かかる場合は、実質的には労働条件の不利益変更に近い状況が生じているとして、労契法10条の問題と整理する見方もある。ただ、その立場でも、定年延長という労働者にとって有利な変更との抱き合わせで行われる変更であるから、変更の合理性が肯定される可能性は十分ある（第四銀行事件　最高裁二小　平9.2.28判決　民集51巻２号705頁参照）。

参考ウェブサイト

WEB　厚生労働省　モデル就業規則第７章（定年に関する就業規則の規定例）

＊　就業規則における定年に関する参考規定例が掲げられている。

WEB　厚生労働省　「定年制の有無、定年制の定め方別企業割合」（平成29年就労条件総合調査（定年制等）　第16表）

「一律定年制を定めている企業における定年年齢階級別企業割合」（同上　第17表）

＊　各企業における定年制の状況を知ることができる。

高年齢者雇用確保措置

関係法条項　高年法８〜10、高年則４の３

概　　要	根拠条文等
◆高年齢者雇用確保措置とは 65歳未満の定年制を定めている事業主が、導入を義務付けられる、労働者を65歳まで雇用するための措置で、下記①〜③のいずれかを実施しなくてはならない。 ①　65歳までの定年の引上げ ②　継続雇用制度の導入 ③　定年の廃止 ※定年制を採用する場合において、60歳を下回る定年年齢の設定は禁止。	高年法９①
◆経過措置 平成24年の改正前は、②の継続雇用制度の導入を選択した場合、労使協定において対象者の選別基準を定め、その基準に該当する者のみを継続雇用するという方法が認められていた。 この規定は既に廃止されているが、下記の通り経過措置が設けられており、該当期間につき、一定の年齢の労働者までは、労使協定に定める基準により選別することができる ・平成31年３月31日までは　62歳以上 ・平成34年３月31日までは　63歳以上 ・平成37年３月31日までは　64歳以上 ※平成25年３月31日までに同条項に基づき継続雇用制度の対象者の選別基準を労使協定で定めていた事業主に限る。	旧高年法９② 高年法の一部を改正する法律（平成24年法律第78号）附則③
◆違反に対する効果 事業主が、高年齢者雇用確保措置をとらない場合には、厚生労働大臣による助言、指導の対象となり、それにも従わなければ勧告の対象となり、勧告にも従わなければ公表の対象とされる(高年法10)。 他方、高年法９条１項には私法的効力は認められないとするのが裁判例における支配的な見方であり(NTT西日本(高齢者雇用・第１)事件　大阪高裁　平21.11.27判決　労判1004号112頁、東日本電信電話事件　東京高裁　平22.12.22判決　判時2126号133頁等)、定年を迎えた労働者が、事業主に対し、同条項に基づき、高年齢者雇用確保措置の導入や自らを継続雇用の対象とするよう求めるといったことはできないと解される。ただし、就業規則等に、定年後再雇用の規定が存し、かつ、そこに定められた条件を満たす労働者が、当該制度に従った再雇用を請求するときは、認容される可能性がある(東京大学出版会事件　東京地裁　平22.8.26判決　労判1013号15頁。定年後１年間の嘱託期間満了時に、再雇用に関する協定の要件を満たしている労働者を再雇用せずに雇止めとした措置を無効とした事例として、津田電気計器事件　最高裁一小　平24.11.29判決　労判1064号13頁がある。)。	

○どんなことがあっても、65歳までの雇用を確保しなければならないのか？

上記の通り、労使協定で選別基準を定めることはできなくなったため、継続雇用を希望する労働者については全員65歳まで雇用することが原則である。

ただし、心身の故障のため業務に堪えられないと認められること、勤務状況が著しく不良で引き続き従業員としての職責を果たし得ないこと等就業規則に定める解雇事由又は退職事由(年齢に係るものを除く。)に該当する場合には、継続雇用しないことができるとされている(高年法９③、高年齢者雇用確保措置の実施及び運用に関する指針(平24.11.9　厚生労働省告示560号)。

関 連 事 項

1　特殊関係事業主による継続雇用

高年法９条２項は、「特殊関係事業主」における雇用も継続雇用制度として認めている。すなわち、一定の要件を満たすならば、それまで雇用していた企業における雇用ばかりでなく、グループ企業における雇用も、高年齢者雇用確保措置における継続雇用と認められ得る。

ここにいう「特殊関係事業主」とは、「当該事業主の経営を実質的に支配することが可能となる関係にある事業主その他の当該事業主と特殊の関係のある事業主として厚生労働省令で定める事業主」のことであり、具体的には、①当該事業主(筆者注：定年まで高年齢者を雇用していた事業主)の子法人等、②当該事業主を子法人等とする親法人等、③当該事業主を子法人等とする親法人等の子法人等(当該事業主及び①②を除く。)、④当該事業主の関連法人等、⑤当該事業主を子法人等とする親法人等の関連法人等(④を除く。)である(高年則４の３①)。

上記の条件に当てはまる特殊関係事業主との間で、自己が雇用する高年齢者であってその定年後に雇用されることを希望するものをその定年後に当該特殊関係事業主が引き続いて雇用することを約する契約を締結したときは、高年法９条１項２号の措置をとったこととなる。

2　継続雇用後の労働条件

高年法９条１項２号の「継続雇用制度」は、勤務延長制と再雇用制の双方を含む。

「勤務延長制」は、定年に達したとき、退職手続きをとることなく勤務を継続するものであり、「再雇用制」は、いったん退職して嘱託等として期間を定めて再雇用する制度である。いずれの制度であっても、その実質に鑑み、定年までの勤務と継続雇用制度適用後の勤務とは、その連続性が肯定されるであろう(高年法に基づく再雇用に関する事案ではないが、年休の発生要件たる勤続年数との関係で、正規職員時代からの勤務の継続性を肯定した裁判例として、東京芝浦食肉事業公社事件　東京地裁　平2.9.25判決　労判569号28頁がある。)。

もっとも、退職金や休職制度との関係では、継続雇用者をそれらの制度の対象とするかどうかは、各企業の定めるところによるのであり、それらの対象と定めた企業に限ってのみ勤務期間の通算が意味のあることになる。

ところで、定年後再雇用者の労働条件を新たに定める場合については、高年法による規制があるわけではなく、労働条件の不利益変更に当たるものでもないから、60歳までの労働条件を維持すべき義務があるとは解されない。特に勤務日数や時間が短縮され、あるいは、業務や責任が軽減された上での雇用の場合には、たとえ有期契約であるとしても、労契法20条にいう不合理な労働条件の相違には当たらないとみられる(労働契約法の施行について　平24.8.10　基発0810第２号)。

参考ウェブサイト

WEB 厚生労働省 「平成29年　高年齢者の雇用状況」
　＊ 各企業における高年法に基づく継続雇用の状況を知ることができる。

WEB 厚生労働省 「改正高年齢者雇用安定法Ｑ＆Ａ（高年齢者雇用確保措置関係）」
　＊ 高年法に基づく継続雇用制度の解説である。

労働者派遣期間の制限

関係法条項　派遣法

概　　要	根拠条文等
◆労働者派遣期間の制限とは 労働者の派遣を受けることができる期間について設けられている制限のこと。従前は業種により期間制限に差が設けられていたが、平成27年施行の労働者派遣法改正により、業種を問わず、①派遣先の事業所その他派遣就業の場所ごとの期間制限（事業所単位の制限）、②同一の派遣労働者に係る期間制限（個人単位の制限）がなされることとなった。	派遣法40の２、40の３
◆事業所単位の制限 派遣先の同一の事業所その他就業場所（事業所等）ごとの業務につき、派遣受入期間の上限は原則３年である。	派遣法40の２①②、35の２
ただし、抵触日（その日以降その事業所等で派遣労働者を受け入れると違法となる最初の日）の１か月前までの日に派遣先の事業所の過半数労働組合（過半数労働組合がない場合には過半数代表者）の意見を聴取することにより、３年を限度に延長することができる（延長した期間の満了日後も同じ）。	派遣法40の２③④
意見聴取にあたっては、派遣先から過半数労働組合等への書面での通知や意見聴取結果の保存等の手続が定められている。	派遣法規則33の３、33の４
◆個人単位の制限 派遣先の事業所等における組織単位ごとの業務において、同じ派遣労働者の受入期間の上限は原則３年である。この期間は派遣労働者ごとに決まるので、派遣元を変更しても通算される。	派遣法40の３、35の３

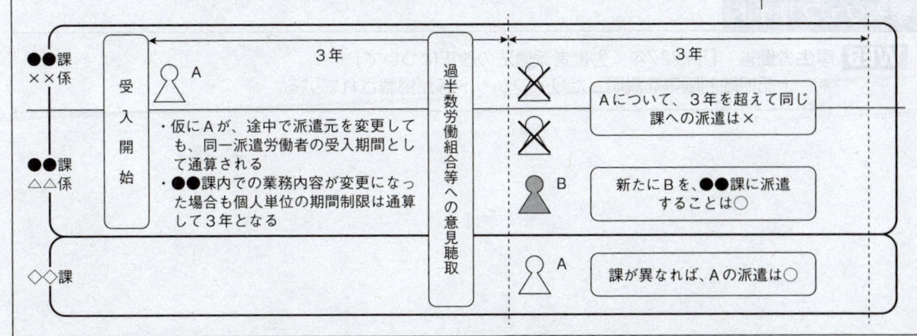

◆期間制限の例外 ・派遣労働者が派遣元において無期雇用労働者 ・派遣労働者が60歳以上 ・「有期プロジェクト業務」又は「日数限定業務」について労働者派遣の提供を受ける場合 ・産前産後休業・育児休業・介護休業等を取得する労働者の代替には、事業所単位及び個人単位の期間制限を受けない。	派遣法40の2①但書、40の3

《注意点》

1　「事業所等」の定義

事業所単位の期間制限の単位となる「同一の事業所その他就業場所」については、労働者業務取扱要領にて、雇用保険の適用事業所と基本的に同一であり、①工場や店舗など、場所的に他の事業所から独立していること、②経営(又は業務)単位としてある程度の独立性を有すること、③一定期間継続し、施設としての持続性を有すること、の点から判断される。

2　「組織単位」の定義

個人単位の期間制限の対象となる「組織単位」とは、「業務の関連性に基づいて派遣先が設定した労働者の配置の区分であって、配置された労働者の業務の遂行を指揮命令する職務上の地位にある者が当該労働者の業務の配分及び当該業務に係る労務管理に関して直接の権限を有するもの」(派遣法規則21条の2)とされており、課やグループといった単位がイメージされている。

○クーリング期間とはなにか

法令上定義はないが、①事業所単位の期間制限につき、一旦労働者派遣受入が終了した後、3か月を経過して新たに当該事業所等にて派遣労働者の受け入れを行った場合②個人単位の期間制限につき、従前の労働者派遣が終了した後、3か月を経過した後、新たに同じ派遣労働者を受け入れた場合には、それぞれ継続して受け入れたものとはみなされず、期間制限に抵触しない。この契約と契約の間の期間を「クーリング期間」などと呼ぶ。

但し、派遣労働者が希望していないにもかかわらず、同一の組織単位の業務について、同じ派遣労働者を派遣することは、派遣労働者のキャリアアップの観点から望ましくないとされている(派遣元指針第2の8(7))。

参考ウェブサイト

WEB 厚生労働省　「平成27年　労働者派遣法の改正について」

＊　上記期間制限等を説明したリーフレット等が掲載されている。

§9

労働組合関係

労働組合

関係法条項 憲法28、労組法2、5

概　　　要	根拠条文等
◆労働組合とは 労働者が主体となって、その経済的利益を守ることを主たる目的として自主的に結成する団体。	

《注意点》

1　労働者ではない者が参加している団体の労働組合性

構成員の一部に労働者でない者が参加していても、労働者が主体となっていれば、労働組合性は失われない。

2　労働組合とボランティア活動

労働組合は、労働者の経済的地位の向上を主たる目的とするものでなければならないが、付随的にそれ以外の活動を目的としても構わない。

3　使用者の意を受けた管理職者が主導して作った組合の労働組合性

労組法上の労働組合とはみなされない。

4　1人組合の労働組合性

構成員が1人である組合は、組合員の増加の可能性を有する場合でない限り、労働組合とはいえない。

○「憲法上の労働組合」という用語を聞いたことがあるが、これは労組法上の「労働組合」と違うのか

憲法上の労働組合とは、労組法の要件を満たしていない労働組合のこと。当然労組法に基づく保護は受けられないが、憲法に基づく団体交渉権等を持つ。

関連事項

1　労働組合の形態

労働組合の組織形態には、いくつかのタイプがあるが、いずれも労組法2条本文の要件を満たすならば、労働組合である。

(1)　企業別組合と産業別組合

我が国の主流は、企業内におけるあらゆる職種の労働者を組織化した企業別組合であるが、欧米では、同一産業に従事する労働者が直接加入する大規模な横断的労働組合である産業別労働組合が主流である(我が国における産業別労働組合の例としては、全日本海員組合、全日本港湾労働組合、全国建設労働組合総連合等がある。)。

(2)　合同労組、コミュニティ・ユニオン

合同労組とは、主に中小企業労働者を組織対象とし、企業の枠や職種の枠を超えて一定地域を団結の場として組織された労働組合である。近時は、特定の地域を基盤に、企業別組合に組織されていない非正社員や企業別組合に加入しないあるいは脱退した労働者を組織化している「コミュニティ・ユニオン」と呼ばれる組合の活動も多くみられる。

(3)　単位組合と連合組合

構成員が労働者個人である労働組合を「単位組合」といい、構成員が労働組合である組合を「連合組合(連合団体である労働組合)」という。

単位組合が産業ごとに結集して連合体を作ることがあり、一般に「単産」と呼ばれる。

2　ナショナル・センター
　単産や単位組合が集まって形成される全国的な連合体は、ナショナル・センターと呼ばれる。今日わが国では、連合(日本労働組合総連合会)、全労連(全国労働組合総連合)、全労協(全国労働組合連絡協議会)という3つのナショナル・センターがある。
3　資格審査
　我が国の労組法は、労働組合の結成に関し、届出や許可などを求めてはおらず、自由設立主義を採用しているが、労働組合が労組法の規定する手続に参与する場合等においては、当該労働組合は労働委員会に対し証拠を提出して、労組法に適合する組合であることの審査を受けなければならない。この審査を「資格審査」という。
4　労働組合の登記
　労働組合は、労組法に適合する旨の労働員会の証明を受ければ、登記をすることによって法人となることができる(労組法11①)。
　もっとも、法人格取得の有無も登記の有無も、労働組合が憲法および労組法の保護を受けるための要件ではない。

参考ウェブサイト

WEB 厚生労働省　「平成30年　労働組合基礎調査の概況」
　＊　我が国における労働組合及び組合員に関する基礎的なデータを確認することができる。

利益代表者

関係法条項 労組法2

概　要	根拠条文等
◆利益代表者とは 次の4つの者をいう。 ①　役員 ②　雇入解雇昇進又は異動に関して直接の権限を持つ監督的地位にある労働者(人事・労務関係の部課長等) ③　使用者の労働関係についての計画と方針とに関する機密の事項に接し、そのためにその職務上の義務と責任とが当該労働組合員としての誠意と責任とに直接に抵触する監督的地位にある労働者(人事・労務・給与・秘書係長等) ④　その他使用者の利益を代表する者(社長秘書、守衛等) 労組法は、これらに該当する者の参加を許す労働組合を同法上の労働組合ではないとする。	
◆利益代表者の参加を許す組合が労組法上の組合性を否定される理由 利益代表者が組合に加入していると、労働組合の意思決定等に影響を及ぼし、労働組合の自主性が損なわれるから。	

《注意点》

1　管理職と利益代表者

管理職の地位にある者がすべて使用者の利益代表者に当たるわけではない。社内で管理職と扱われている者であっても、「雇入解雇昇進又は異動に関して直接の権限を持つ監督的地位にある労働者」とはいえず、「使用者の労働関係についての計画と方針とに関する機密の事項に接し、そのためにその職務上の義務と責任とが当該労働組合の組合員としての誠意と責任とに直接に抵触する監督的地位にある労働者」ともいえない者は、利益代表者には当たらない。営業課長などは、その例である。

2　利益代表者が参加している組合の労働組合性

利益代表者の参加を許す組合は、労組法上の労働組合としての保護を受けられないという意味である。言い換えれば、そうした組合であっても、労組法２条本文の要件を満たすものは、憲法上の労働組合として、一定の保護を受け得る。

便宜供与

関係法条項　労組法２、７

概　　要	根拠条文等
◆便宜供与とは 組合事務所や掲示板の提供など、労働組合が、使用者から受ける利益のこと。	

《注意点》

1　便宜供与が許容されている場合

労組法では、労働者が労働時間中に賃金を失うことなく使用者と協議・交渉すること、組合の福利基金などに使用者が寄付をすること、及び最小限の広さの事務所を供与することは、経理上の援助ではないとして、自主性の欠格要件から除外し(労組法２二但書)、また、不当労働行為たる経費援助にも当たらないと定めている(労組法７三但書)。

2　便宜供与を請求する権利の有無

労働組合が便宜供与を請求するためには、使用者の合意(多くは労働協約の条項)を必要とし、労働組合に一方的に便宜供与を請求する権利はない。

組合専従

関係法条項 労組法７、２

概　　要	根拠条文等
◆組合専従とは 労働組合員たる従業員が専ら労働組合の業務に従事すること。 従業員としての地位を保ったままその地位に就くことを「在籍専従」、いったん退職してその地位に就くことを「離籍専従」などと呼ぶ。	
◆在籍専従期間中の処遇 在籍専従を実施する場合は、労使間の合意の存在が前提となっているのであって、通常は専従者の処遇も含めて、協定(労働協約)により定められている。 多くの例では、専従者は期間中休職扱いとされ、労働義務が免除される一方、賃金は支払われないという形がとられる。	
◆専従を請求する権利 組合から専従制度を設けたい旨の要求を受けた使用者であっても、使用者が必ずそれを認めなければならないというものではない。 ただ、労働協約中にその定めがあるのにそれを認めないことや、正当な理由なく特定の組合員が専従者となることを拒むこと、複数組合が併存する場合に、一方の組合の専従のみを認め、正当な理由なく他方の組合の専従を認めないことなどは、不当労働行為と評価される可能性がある。	

参考ウェブサイト

WEB 厚生労働省　「平成20年　労働組合実態調査」第16表(専従者の有無別労働組合の割合、性別専従者の割合及び１労働組合平均専従者数)

＊　専従制度の存否等の実情を知ることができる。

組合民主主義

関係法条項 労組法５②

概　　要	根拠条文等
◆組合民主主義とは 労働組合に求められる、組合員が平等に組合の意思決定に参加し、多数決に基づく民主的な運営がなされるべきであるという原則。	
◆労働組合に組合民主主義が要請される理由 労働組合には、憲法28条及び労組法によって、特別の権限が与えられている。例えば、ユニオンショップ協定(→233頁)が有効に締結されるならば、労働者は自己の意思に関係なく労働組合員とされることになるし、正当なストライキ(→240頁)によって労務を提供しなかったとしても、使用者から損害賠償を請求されたり、懲戒処分を受けたりすることはない。また、使用者により労働組合又は組合員に対して、一定の行為がなされたときは、労働組合や組合員は、労働委員会に対して不当労働行為救済命令の申立てをすることができる(→250頁)。 このため、労働組合は、そうした保護を受けるにふさわしい団体である必要があるため、このようなことを要請されている。	憲法28、労組法７
◆組合民主主義の位置づけ 組合民主主義は、単なる労働組合の運営原則にとどまらず、これを逸脱した取扱いがなされるときは、裁判所による救済対象とされるのであって、強行的に適用される法原則と考えられる。したがって、この原則に反する規約の定めや決議の効力は、公序に反するものとして無効となり、あるいは、不法行為の成立が認められる可能性もある。	
◆組合加入資格の制限との関係 労働組合が組合規約で一定の加入資格を設け、その資格を有しない者の加入を拒否することは、原則として自由である(加入資格を正社員に限定し、パートタイマーの加入を認めないなど)。 しかし、組合員を特定の人種、宗教、政治的信条に限ることは、組合民主主義に反し、不法行為を構成すると評価される可能性がある。	
◆組合役員への立候補の制限と組合民主主義 組合役員の選挙に立候補するための条件として、一定期間の組合員資格の継続、一定数以上の組合員の推薦、一定年数以上の下位役職の経験などを定めることは有効であるが、組合の特定の機関の承認や推薦を条件とすることは、組合民主主義に反すると解される。	
◆表現の自由との関係 組合支部の役員選挙に際し、選挙管理委員会が、立候補者のビラの記載を一部削除したことにつき、組合民主主義に鑑み、組合内部における選挙運動においては、表現の自由は最大限に尊重されなければならないとして、不法行為の成立を認めた裁判例がある(全日通労働組合事件　大阪地裁　平21.9.25判決　労判995号70頁)。	

労働組合の統制権・統制処分

関係法条項 憲法28

概　要	根拠条文等
◆労働組合の統制権・統制処分とは 労働組合の統制権とは、労働組合が、その内部の秩序を定立したり、秩序維持のために制裁処分を課すことができる権能のこと。 統制処分とは、労働組合員に対してなされる制裁処分のこと。	
◆統制処分の種類 組合の統制処分の種類や手続は、組合規約の定めるところによる。言い換えれば、規約に定めのない統制処分は許されない。実際には、除名、権利停止、罰金、戒告、けん責などが予定されていることが多い。	
◆統制権の限界 しかし、いくら規約で定めたとしても、違法な行為を強制したり、組合員の基本的自由を侵害したりするような統制権の行使が許されないことは当然であり、それに従わなかったことを理由とする統制処分は無効とされ、不法行為を構成するとされることがある。 統制処分をどの機関で決定するかも、通常は規約において定められているが、組合員の意に反して不利益を課すものであるから、大会ないし中央委員会で決するとしている例が多い。	

ユニオンショップ制度

関係法条項 労組法７一

概　要	根拠条文等
◆ユニオンショップ制度とは 使用者が自己の雇用する労働者のうち、特定労働組合に加入しない者及びその組合員資格を失った者を解雇することを内容とする制度	
◆ユニオンショップ制度の導入要件 ユニオンショップ制度は、労働協約（協定）に定めることによって導入されるが、それを締結できるのは、事業場における過半数労組である。 ユニオンショップ協定の条項の例としては、以下のようなものが考えられる。 〈参考協定例〉 （完全なユニオン・ショップ条項の例） 会社の従業員は、すべて組合員でなければならない。会社は、組合より除名された者、組合に加入しない者、組合を脱退した者を解雇する。	労組法７一但書

（いわゆる尻抜けユニオン・ショップ条項の例）

> 会社の従業員は、すべて組合員でなければならない。会社は、組合より除名された者、組合に加入しない者、組合を脱退した者を原則として解雇する。

> 会社の従業員は、すべて組合員でなければならない。ただし、会社は、組合より除名された者、組合に加入しない者、組合を脱退した者であっても、業務上の必要性があるときは、その解雇について組合と協議する。

◆別組合に加入する自由の保障

ユニオンショップ制度も有効であり、労働者個人の組合に加入しない自由がその限度で制約されるとしても、別の組合に加入する自由まで否定されるのかという問題がある。我が国の判例は、この論点との関係では、同制度の効力を無限定に認める立場にはない（後掲三井倉庫港運事件）。

現時点での裁判実務の取扱いをまとめると、当該協定締結当時、別の組合の組合員である者にはその効力は及ばないし、同協定締結組合から除名され、もしくは脱退した労働者が、別組合に加入したり新組合を結成したりした場合にも、当該協定の効力は及ばないと解されている（後掲三井倉庫港運事件、日本鋼管鶴見製作所事件　最高裁一小　平元.12.21判決　判時1340号135頁）。そして、組合がなした除名処分が無効な場合は、同組合との間のユニオンショップ協定に基づいてなされた解雇も無効になる（前掲日本食塩製造事件）。したがって、同協定に基づく解雇が解雇権濫用と評価されないのは、脱退者ないし被除名者（除名が有効な場合に限る）がいずれの労組にも加入せず、また新たな労組を結成していないという場合だけである（→解雇権濫用法理（207頁）参照）。

◆ユニオンショップ協定の効力とその及ぶ範囲

ユニオンショップ協定中には、当該工場事業場に雇用される労働者は、当該組合に加入しなければならない旨定められているが、当該組合に加入しない労働者について、当然に組合に加入したことになるわけではない。そのような労働者は、解雇される可能性があることを意味するにとどまる。

ユニオンショップ協定の効力を肯定する立場では、同協定締結後に雇用された労働者ばかりでなく、締結前から雇用されていた労働者であって、いずれの労働組合にも属していない者にも、同協定の効力が及ぶから、それらの者が相当な期間内に同労組に加入しなければ、解雇される危険を負うことを免れない。

この他、除名されあるいは脱退した労働者との関係でのユニオンショップ協定の効力については、上記参考協定例の通り。

○ユニオンショップ制度は、労働者個人の組合に加入しない自由を侵すもので憲法違反なのではないか

ユニオンショップ制度は、組合に加入しない自由(消極的団結権)を制約するものであり、憲法28条に違反するとの見解もあるが、団結権は、団結する自由(積極的団結権)をその内容とするものであって、団結しない自由(消極的団結権)を含まないことおよび労組法７条１号但書がユニオンショップ協定を許容していると解されることを指摘し、実務上は、その効力を肯定する立場が多数である。

関連事項

1　オープンショップ制度

労働組合に加入するか否かが労働者の意思に任されている制度のことであり、ユニオンショップ制度の反対概念である。

2　クローズドショップ制度

その協約(協定)を締結している労働組合の組合員のみを雇用することができ、また、自己の被用者が当該組合の組合員でなくなったときはこれを解雇しなければならないという制度であって、既に特定の組合に加入していることを雇用条件とする点において、雇用後に特定の組合に加入することを雇用条件とするユニオンショップ制度と異なる。我が国では、クローズドショップ制度を採用している例はあまりみられない。

3　黄犬契約(こうけんけいやく・おうけんけいやく)

労働者が労働組合に加入せず、又は労働組合から脱退することを雇用条件とする契約を「黄犬契約」という。

労組法７条１号本文後段は、このような契約は不当労働行為に該当すると定めているが、同号但書により、同所に規定された要件を満たすユニオンショップ協定を締結することは、不当労働行為に該当しない。

代表的裁判例

1　ユニオンショップ制度は、労働者が労働組合の組合員たる資格を取得せず又はこれを失った場合に、使用者をして当該労働者との雇用関係を終了させることにより間接的に労働組合の組織の拡大強化をはかろうとする制度である(日本食塩製造事件　最高裁二小　昭50.4.25判決　民集29巻４号456頁)。

2　ユニオンショップ協定によって、労働者に対し、解雇の威嚇の下に特定の労働組合への加入を強制することは、それが労働者の組合選択の自由及び他の労働組合の団結権を侵害する場合には許されないものというべきである(三井倉庫港運事件　最高裁一小　平元.12.14判決　民集43巻12号2051頁)。

参考ウェブサイト

WEB 厚生労働省 「平成28年　労働組合活動等に関する実態調査」 第14表(ユニオン・ショップ協定の有無別労働組合の割合(単位労働組合))

＊　ユニオンショップ協定の締結状況を知ることができる。

団体交渉

関係法条項 憲法28、労組法６、７二

概要	根拠条文等
◆団体交渉とは 労働組合ないしその委任を受けた者が、使用者又は使用者団体と、労働条件その他の問題に関して行う交渉のこと。	

《注意点》

１　外部組合・上部団体の団交権

団交権を持つのは、企業内組合ばかりではない。外部の組合も、当然に団交権を持つ。

また、組合単位で加入する上部団体であって、加入組合に対して統制権を持つ上部団体は、上部団体として独自の団交権を持つ(これに対し、加入組合に対して統制権を持たない、単なる連絡協議会のような団体は、独自の団交権を持つものではない。)。

２　法不適合組合の団交権

労組法２条及び５条の要件を充足している組合が労組法上の労働組合であるが、これらを満たしていない組合であっても、憲法28条に基づいて団体交渉権を有すると解されている。

ただ、かかる組合は、労組法上の組合ではないため、同法27条以下に定められる不当労働行為救済手続きを申し立てることはできないから、仮に使用者が正当な理由なく団交を拒否したとしても、その手続きにより団交の実施を命じられることにはならない。組合としては、無形の損害を主張するなどして、損害賠償の請求をしていくことになろう。

３　雇用主以外の者の使用者性

団交の使用者側当事者の代表は雇用主であるが、雇用主以外の事業主であっても、雇用主から労働者の派遣を受けて自己の業務に従事させ、その労働者の基本的な労働条件等について、雇用主と部分的とはいえ同視できる程度に現実的かつ具体的に支配、決定できる地位にある者は、その限りにおいて、当該事業主は、労組法７条の使用者に当たるとされている(朝日放送事件　最高裁三小　平7.2.28判決　民集49巻２号559頁)。

○ユニオンショップ協定を締結した組合があるときは、その組合とだけ団交をすればよく、別の組合ができても、その組合とは団交をしなくともよいのか

団体交渉を求める権利は、少数組合にも認められ、使用者は、複数の組合が併存する状況下では、それぞれの組合との団交に応じなければならない。のみならず、使用者には、各組合を平等に取扱い、各組合に対して中立的な態度をとることが求められている。したがって、ユニオンショップ協定を締結した組合がある企業において、後日、別の組合が結成されたときでも、その新たな組合から団交を申し入れられれば、使用者はこれに応じなければならない。

関連事項

１　義務的団交事項と任意的団交事項

義務的団交事項とは、法によって使用者に団体交渉が強制される事項である。義務的団交事項の範囲は、組合員の労働条件や団体的労使関係の運営に関する事項で、かつ使用者に処分可能なものである。

他方、任意的団交事項は、法による団体交渉の義務づけはなく、労使が任意に団交の対象となしうる事項である。

2　誠実団交義務

使用者は、団交において、組合の要求を受け入れる義務を負うものではないが、議題解決に向けて誠実に交渉を行う必要がある。これを「誠実交渉義務」という。

3　団交拒否の正当理由

使用者による「正当な理由」のない団交拒否は、不当労働行為となるが、逆にいえば、「正当な理由」に基づく団交拒否は許容されるということである。

正当な理由があるとされる場合は、①団交の申入れをなした当事者に問題がある場合(労働組合とは認められない場合、交渉主体が一本化されていない場合など)、②交渉事項に問題がある場合(義務的団交事項ではない場合、交渉事項につき既に労働協約が締結されている場合など)、③交渉が平行線となり行き詰まった場合、等である。

参考ウェブサイト

WEB 厚生労働省　「平成29年　労使間の交渉等に関する実態調査」　第４表～第７表
＊　団体交渉の実施状況を知ることができる。

労働協約

関係法条項 労組法14～18

概　要	根拠条文等
◆労働協約とは 労働組合と使用者又は使用者団体が、交渉の結果締結した「労働条件その他」に関する協定書のこと。	
◆労働協約の成立要件 労働協約の成立要件は、①書面に作成すること、②両当事者が署名又は記名押印することである。したがって、書面化されない労使間の合意は、少なくとも、労働協約に認められる規範的効力は与えられない（後掲都南自動車教習所事件）。	労組法14、16
◆労働協約の期間 労働協約には、期間を定めても定めなくてもよいが、定めをおく場合には、３年を超えることができない。３年を超える期間を定めた場合には、３年の有効期間を定めたものとみなされる。	労組法15①②

○「覚書」、「協定書」、「確認書」は労働協約たり得ないという理解でよいか

労組法14条の要件を充足しているならば、その名称が、「協定書」「確認書」「覚書」といったものでも、労働協約たり得る。

関　連　事　項

労働協約締結義務

団体交渉を行い、労使で合意に至れば、通常は、労働協約を締結することになろう。合意が成立しているのに、合理的な理由なく協定書の調印を拒否すれば、不当労働行為とされる可能性がある。この限度では、「労働協約締結義務がある」と言われることがある。

代表的裁判例

書面化されない労使間の合意は、少なくとも、労働協約に認められる規範的効力（労組法16）は与えられない（都南自動車教習所事件　最高裁三小　平13.3.13判決　民集55巻２号395頁）。

参考ウェブサイト

WEB 厚生労働省 「平成29年　労使間の交渉等に関する実態調査」 第10、11表

＊ 労働協約の締結状況、締結事項などがわかる。

規範的効力と債務的効力

関係法条項 労組法16、17

概　　要	根拠条文等
◆規範的効力とは 労働組合員の労働条件を決定する労働協約の効力のこと。	労組法16
◆債務的効力とは 労働協約の締結当事者である使用者と労働組合を拘束する労働協約の効力のこと。 債務的効力は、一般の債権債務関係としての効力である。労働協約も労使の合意であり契約と考えれば、「契約は守られなければならない」のであるから、通常の契約と同様、使用者も労働組合も、労働協約で書かれた義務については履行義務を負うことになる。 債務的部分としては、団体交渉のルール、非組合員の範囲、組合活動に関する便宜供与、争議行為中のルール等がある。	

《注意点》

労働協約では組合員を拘束し得ない事項

労働組合が取り上げる事項の中には、多数決原理になじまず、労働者個人に留保されるべきものもあり、そうした事項については、たとえ労働協約が締結されたとしても、個人の授権がない限り、規範的効力は及ばない(例えば、すでに労働したことにより具体的に発生した賃金請求権の一部放棄を定める労働協約の条項など)。

関連事項

1　有利原則

労働協約で定められる基準よりも労働者に有利な労働契約の部分は有効なのか、それとも労働協約に定められる基準が優先するのかについては、争いがある(有利原則の肯否の問題)。ただし、当該労働協約において、それより有利な労働契約を認める趣旨が明らかにされているならば、かかる労働契約も効力を有する。

2　労働協約の効力の拡張

労働協約の効力は組合員にのみ及ぶのが原則である。しかし、労組法は、その例外として、17条において事業場単位の一般的拘束力を定めるとともに、18条において地域的な一般的拘束力を定め、組合員以外の者についても、一定の場合には労働協約の拡張適用を認める。

なお、拡張適用が認められるのは前述の規範的部分であり、債務的部分については、一般的拘束力は認められていない。

3　労働協約の余後効

契約が終了すれば、そこで定められていた権利義務も当然に消滅することになるから、労働協約が失効すれば、当該協約にはなんの効力もないはずである。

しかし、労働協約の規範的部分については、種々の議論がなされている。労働協約の規範的部分は、協約失効後も他の新たな定めがなされるまでは効力を失わない(これを「労働協約の余後効」という。)は認められるかという問題である。裁判例は、一般論としては、協約自体の「いわゆる余後効のごときものはありえない」としつつ、当事者間の合理的な意思解釈を通じて、事情変更など特段の事情がない限り、従前の労働協約に定められた条件が当事者間で通用することがあり得るとしている(朝日タクシー事件　福岡地裁小倉支部　昭48.4.8判決　労判181号62頁)。

4　労働協約による労働条件の不利益変更

労働組合が存する企業においては、労働組合との団体交渉等の協議を通じて労働条件の変更を行うという方法が考えられる。この場合、組合員の労働条件を不利にするような内容の労働協約であっても、その規範的効力を認め得るのかという問題がある。

最高裁は、かかる場合にも当該協約は規範的効力を有するとの立場をとっている（朝日火災海上保険（高田）事件　最高裁三小　平8.3.26判決　民集50巻4号1008頁）。

ただし、労働協約が、「特定の又は一部の組合員を殊更不利益に取扱うことを目的として締結された」場合には、労働協約による労働条件の不利益変更の効力は否定される可能性がある（朝日火災海上保険（石堂・本訴）事件　最高裁一小　平9.3.27判決　判時1607号131頁）。

争議行為

関係法条項　憲法28、労組法1、7一、8、労調法7

概　　要	根拠条文等
◆争議行為とは 多数説によれば、労働組合が行う争議行為とは、ストライキ、すなわち、集団的な労務の不提供を典型とするが、それにとどまらず、組合が自己の主張の実現のために行う使用者の正常な業務を阻害する行為のこと	
◆争議行為に対する労組法の保護 労組法は、正当な争議行為に対し、以下の3つの保護を与えている。 第1は、刑事免責である。争議行為は、威力業務妨害罪、強要罪などに当たり得るものであるが、正当な争議行為については、刑法35条の「正当行為」に当たるものとして違法性が阻却され、処罰の対象とはならないとされている。ただし、暴力の行使がそれによって容認されるわけではないことは言うまでもない。 第2は、民事免責である。争議行為により、使用者に対し損害を与えた場合であっても、労働組合ないし組合員は、不法行為ないし債務不履行責任に基づく損害賠償責任を負うことはない。 第3は、懲戒処分その他の不利益取扱いからの保護である。正当な争議行為を行った組合員に対し、解雇、懲戒処分その他の不利益取扱いを行うことは、不当労働行為として禁止される。	労組法1② 労組法8 労組法7一
◆争議行為と賃金カット ストライキに参加した組合員については、その期間中、労務を提供しない以上、「ノーワーク・ノーペイの原則」により賃金請求権は発生せず、使用者が賃金カットを行うのは当然である。 一方、争議不参加者との関係では難しい問題を生ずる。 労働組合がストを実施しても、使用者は操業の継続ができるわけであり、スト不参加者がその業務に従事できるのであれば、特段問題は生じない。しかし、ケースによっては、ストが実施されることによって、不参加者の労務提供は不能ないし無価値となることがある。代表的なケースは、部分スト（一部の組合員が実施するスト）におけるスト実施要員以	

外の組合員の労務提供が不能ないし無価値となった場合、一部スト(労働者の一部により組織されている組合が実施するスト)における他の組合員ないし非組合員の労務提供が不能ないし無価値となった場合である。
見解は分かれるが、最高裁は、部分ストの場合であると一部ストの場合であるとを問わず、労務提供ができなかった者の賃金請求を認めていない(ノースウエスト航空(賃金請求)事件　最高裁二小　昭62.7.17判決　民集41巻5号1350頁)。
一方、そうした労働者の休業手当請求権(労基法26)については、部分ストの事例では、請求権は否定され(ノースウエスト航空(休業手当請求)事件　最高裁二小　昭62.7.17判決　民集41巻5号1283頁)、一部ストに関しては、不参加者の休業手当請求権を認めた下級審の裁判例がみられる(明星電気事件　前橋地裁　昭38.11.14判決　判時355号71頁)。

◆公益事業における争議行為の予告

運輸、電気通信、医療などの公益事業において、争議行為を行おうとする当事者は、その少なくとも10日前までに、労働委員会及び厚生労働大臣又は都道府県知事にその旨を通知しなければならない(労調法37)。

関連事項

1　争議行為の正当性

争議行為が法的保護を受けるのは、それが「正当な」ものである場合に限られる。
いかなる場合に正当性が肯定されるのかについて明文の定めはないが、個々の争議行為ごとに、主体、目的、態様、手続きの諸点を総合し、社会通念に照らして判断するとの考え方が一般的である。

2　出張拒否スト

出張という業務を拒否するものであるが、労務の不提供という範囲にあるので、原則として正当性は否定されない。ただし、この場合は、たとえ内勤業務に就いたとしても、使用者が求める労務の提供ではないのであるから、債務の本旨に従った履行ではなく、使用者は賃金支払を免れる(水道機工事件　最高裁一小　昭60.3.7判決　労判449号49頁)。

3　一斉休暇闘争

労働者がその所属の事業場において、その業務の正常な運営の阻害を目的として、全員一斉に休暇届を提出して職場を放棄・離脱する一斉休暇闘争も、ストライキという位置づけになって、正当性は否定されない。ただ、争議行為と評価される以上、年休としては認められない。

4　怠業

組合員が一応就労しながら、通常どおりに作業を行わないことによって業務阻害をもたらす闘争手段として、「怠業」と呼ばれるものがあるが、これも、単に作業能率を低下させるだけの消極的怠業(スローダウン)であれば、正当性が認められる。

5　順法闘争

安全法規その他の法規を厳格に遵守することによって能率を低下させる闘争手段として、「順法闘争」があるが、当該法規が客観的に要求する程度の基準・手続を遵守する限りにおいては、これを不当とすることはできないであろう。

6　ボイコット

組合が使用者の製品の不買を顧客、一般大衆に訴える行動である「不買同盟(ボイコット)」は、虚偽宣伝等を行わず、単に買わないことを呼びかける限り、正当性を失わないが、使用者の取引先等、労使交渉の直接の相手方でない第三者企業の製品のボイコット(第2次ボイコット)を行うことは、争議の当事者でない者に損害を与えるものとして、原則として正当でないとされている。

7　職場占拠・生産管理

組合員を使用者の施設内に滞留させる、あるいはこれを占拠してしまう戦術である「職場占拠・生産管理」は、使用者の占有を完全に排除してしまわない部分的な占拠で、組合員以外の者の立入りや操業を妨害しないものは、正当性を失わないが、全面的・排他的な職場占拠の場合には、もはや正当と認められない。

労働者が使用者を排除して、職場を占拠した上で設備を利用して生産を行う生産管理も、正当性を認められる可能性は低い。

8　ピケッティング

ストライキの実効性を確保するために、組合員が職場の入口を見張り、他の労働者や顧客などに対して、就労、原料搬入、出荷、取引等をやめるように働きかける行為を「ピケッティング(ピケ)」というが、最高裁は、平和的説得にとどまる限りはともかく、その範囲を超える行為に及んだ場合には、正当性を欠くとする(朝日新聞社事件　最高裁大法廷　昭27.10.22判決　民集6巻9号857頁)。

9　抜打ちスト

予告なしのいわゆる「抜打ちスト」については、労働協約にストの予告時期が明記されている場合は格別、それに関する協約がないときは、そのことだけで正当性を失うとは限らない。ストの目的や態様なども総合して、正当制の有無が検討されることになる。

参考ウェブサイト

WEB 厚生労働省　「平成30年　労働争議統計調査」
＊　労働争議行為の状況を知ることができる。

ロックアウト

関係法条項 労調法７

概　　要	根拠条文等
◆ロックアウトとは 使用者が行う争議行為の典型であって、使用者が争議行為の相手方である労働者の労務の受領を集団的に拒絶したり、事業場から集団的に閉め出したりする行為のこと	
◆ロックアウトの「正当性」 問題は、どのようなロックアウトについて正当性が認められるのかということである。 一般には、労働者側の争議行為に対する受動的防衛的ロックアウトのみが正当とされるものと理解されている。したがって、労働組合がいまだ争議行為に入っていないのに、先制攻撃的にロックアウトを行うことは違法とされる。	

○ロックアウトをすることは、使用者にとってどのようなメリットがあるのか

団体交渉が暗礁に乗り上げれば、組合はストライキをして自己の要求を貫徹しようとし、ストライキに入れば、使用者は賃金支払い義務を免れるのであるから、使用者がロックアウトを実施する意味がどこにあるのかと思われるかもしれないが、例えば、労働組合が時限ストを抜き打ちで行うような場合には、そのスト実行時間はもとより、全体として事実上業務を停止せざるを得ない状況に追い込まれるにもかかわらず、使用者が何等の対策も採り得ないとすれば、時限ストに参加している組合員は、当該時限スト実行時間以外の時間については労務を提供している（あるいは労務を提供する意思を表示している）として、賃金請求をしてくることになる。その結果、使用者は、実質的に無意味な就労に対して賃金を支払わなければならない状況に追い込まれてしまう。

このような事態を避けるために使用者に認められた対抗手段がロックアウトであって、法律においても、そのような行動を前提とした条文が設けられている上に（労調法７。ただし、「作業所閉鎖」という用語が用いられている。）、最高裁も、正当性の認められるロックアウトについてはその適法性を肯定している（後掲丸島水門事件）。

代表的裁判例

ロックアウトの正当性の有無は、個々の具体的な労働争議における労使間の交渉態度、経過、組合側の争議行為の態様、それによつて使用者側の受ける打撃の程度等に関する具体的諸事情に照らし、衡平の見地から見て労働者側の争議行為に対する対抗防衛手段として相当と認められるかどうかによってこれを決すべきである（丸島水門事件　最高裁三小　昭50.4.25判決　民集29巻４号481頁）。

不当労働行為

関係法条項 労組法7

概　　要	根拠条文等
◆不当労働行為とは 労働者や労働組合の活動に対する使用者の反組合的行為であるが、労組法との関係で問題とされるときは、そうした行為を受けた労働者又は労働組合が、不当労働行為を除去するよう、労働委員会に対して公的な救済を求めることができるという「不当労働行為救済制度」の対象となる行為を指す。	
◆不当労働行為の３類型 労組法上の不当労働行為は、同法７条に列挙したものに限定される。 労組法７条は、不当労働行為として、「不利益取扱い」「団体交渉拒否」「支配介入」の３類型を掲げる。これらに当てはまらないものは、労働組合又は労働組合員から見て不当な取扱いであっても、労組法上の保護が受けられるわけではない。	

関連事項

1　不利益取扱い

「不利益取扱い」とは、組合員であるがゆえに、組合に加入、結成しようとしたがゆえに、又は正当な組合活動を行ったがゆえに、解雇その他不利益な取扱いをすることである。不利益取扱いが成立するためには、①労働者が労働組合の組合員である、労働者が労働組合に加入し若しくはこれを結成しようとした、又は、労働者が労働組合の正当な行為をしたという事実、②使用者が、その労働者に対し解雇その他不利益な取扱いをしたという事実、③上記①と②の間に因果関係が存在するという事実、が必要である。

2　団体交渉拒否

「団体交渉拒否」とは、労働組合から申し入れられた団体交渉を正当な理由なく拒否することである。正当な理由があるとされる場合を整理すると、①団交の申入れをなした当事者に問題がある場合(労働組合とは認められない場合、交渉主体が一本化されていない場合など)、②交渉事項に問題がある場合(義務的団交事項ではない場合、交渉事項につき既に労働協約が締結されている場合など)、③交渉が平行線となり行き詰まった場合、等である。

3　支配介入

「支配介入」とは、労働組合の結成・運営を支配し、介入することである。経費の支払いにつき経理上の援助を与えること(経費援助)も、資金面での支配介入に当たる。支配介入の態様には、様々なものがある。組合結成に対する非難、組合の中心人物の解雇や配転、従業員や組合員への不加入や脱退の働きかけ、正当な組合活動に対する妨害行為、批判派への援助、別組合の結成援助など、多種多様である。組合員に対する不利益取扱いと支配介入の双方が成立するとみられることも、少なくない。

§10

労働紛争の処理

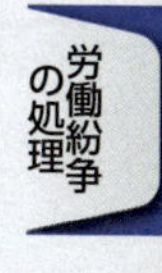

労働審判制度

関係法条項 労審法、労審則

概　　要	根拠条文等
◆労働審判制度とは 裁判所において行われる個別労使紛争の処理のための手続であって、調停による解決を試みた上で、それが成立しないときは、一定の結論(労働審判)が発せられることになる制度のこと。	労審法１
◆労働審判制度の特徴 ①　個別労働紛争が対象 事業主と個々の労働者の間の労働関係のトラブルが対象となる。 ②　労働関係の専門家が関与 地方裁判所の裁判官である労働審判官１名のほか、雇用関係の実情や労使慣行等に関する詳しい知識と豊富な経験を持つ民間の労働審判員２名で構成される労働審判委員会が処理に当たる。 ③　３回以内の期日で決着 原則として３回以内の期日での審理となる。また、主張及び証拠の提出ができるのは、やむを得ない事由がない限り、第２回目の期日までとされる。 ④　事案の実情に即した柔軟な解決 調停の成立による解決の見込みがある場合にはこれを試み、解決に至らない場合には、当事者間の権利関係を踏まえつつ事案の実情に即した判断(労働審判)を行い、柔軟な解決を図る。 ⑤　異議申立て等で訴訟へ移行 労働審判に対する異議申立てによって労働審判が失効した場合や、労働審判委員会が労働審判を行うことが不適当であると判断して労働審判を終了させた場合等は、訴訟へ移行する。 ⑥　手続は非公開 労働審判手続は非公開とされる。 ※通常の民事訴訟事件の場合には、傍聴は自由であり、記録の閲覧は原則としてだれでも可能	

《注意点》

不出頭者に対する措置

労働審判官の呼出を受けた事件の関係人が正当な理由がなく出頭しないときは、裁判所は、５万円以下の過料に処することができるとされる(労審法31)。

参考ウェブサイト

WEB 最高裁判所　「労働審判手続」

＊　労働審判手続の概略を知ることができる。

WEB 最高裁判所　「労働審判事件数(事件の種類及び新受、既済、未済　全地方裁判所)」(平成29年度　司法統計年報〈民事・行政〉第91表)

WEB 最高裁判所　「労働審判既済事件数(事件の種類及び終局区分別　全地方裁判所)」(前同 第92表)

＊　労働審判事件の処理状況を知ることができる。

労働局による個別労使紛争の解決援助制度

関係法条項 個別紛争解決法

概　　要	根拠条文等
◆個別労働紛争の解決手続きとは 個別労働関係紛争の解決のために、都道府県労働局が行う下記の２つの制度のこと。 ①　都道府県労働局長による助言・指導 ②　紛争調整委員会によるあっせん	
◆都道府県労働局長による助言・指導 手続きを進める機関…都道府県労働局長(具体的には都道府県労働局職員) 対象…個別労働関係紛争(労働条件その他労働関係に関する事項についての個々の労働者と事業主との間の紛争(労働者の募集及び採用に関する事項についての個々の求職者と事業主との間の紛争を含む。)) 手続きの開始…当事者の一方又は双方から紛争解決について援助を求められた場合に開始する。 効力…助言・指導がなされたとしても、当事者を法的に拘束する効力はない。	個別紛争解決法４
◆紛争調整委員会によるあっせん 手続きを進める機関…紛争調整委員会 対象…個別労働関係紛争(労働条件その他労働関係に関する事項についての個々の労働者と事業主との間の紛争(労働者の募集及び採用に関する事項についての個々の求職者と事業主との間の紛争を除く。)) 開始…紛争当事者の一方又は双方からあっせん申請があった場合であって、紛争解決のために必要があると認められる場合に開始する。 効力…あっせんが成立すれば、通常の和解と同様の効力を持つ。	個別紛争解決法５以下
◆不利益取扱いの禁止 助言・指導及びあっせんのいずれについても、使用者が、労働者がそれらの手続を申し立てたことを理由とする不利益取扱いをすることは明文で禁止されている。	個別紛争解決法４③、５②

関　連　事　項

1　個別紛争解決法以外の行政による紛争解決制度

雇用均等法では、同法が定める差別禁止規定等に関わる紛争の解決に関しては、個別紛争解決法の制度を適用せず、雇用均等法の紛争解決制度(労働局長による助言・指導又は勧告あるいは機会均等調停会議による調停)によることとしている(雇用均等法16以下)。

パート労働法及び育児介護休業法でも、同様の仕組みがとられている(パート労働法23以下、育介法52の４以下。なお、パート労働法における調停実施機関は「均衡待遇調停会議」であり、育介法における調停実施機関は「両立支援調停会議」である。)。

また、労働者派遣法所定の事項に関わる派遣労働者と派遣元事業主間の紛争及び派遣労働者と派遣先間の紛争についても、同様の枠組みが用意されており、令和２年４月１日から適用されることとなっている（労働者派遣法47条の６（現在国会で審議中の同法の改正法が成立した場合には、その施行後は47条の７）以下）。

さらに、現在国会で審議中の労働施策総合推進法の改正案の30条の４以下では、パワハラに関連する労働者と事業主間の紛争に関しては、前述の雇用均等法における紛争解決の枠組みを適用することが提案されている（30条の５以下）。

２　労働委員会による個別労使紛争の解決手続

都道府県労働委員会は、本来、使用者と労働組合等との間における集団的労使紛争の解決機関としての役割を担うものであるが、今日では、東京・兵庫・福岡を除く各道府県労働委員会において、個別労使紛争の解決のための手続が実施されている（個別紛争解決法20参照）。

参考ウェブサイト

WEB 厚生労働省　「平成30年度　個別労働紛争解決制度の施行状況」
WEB 厚生労働省　「平成30年度　都道府県労働局雇用環境・均等部における法施行状況について」
＊　いずれも各制度の事件処理状況がまとめられている。

地位保全の仮処分手続

関係法条項 民事保全法

概　　要	根拠条文等
◆地位保全の仮処分手続とは 労働関係においては、労働者が一定の地位にあることを暫定的に定める命令を発するかどうかを審理する裁判手続を指す。 解雇されるなどし、労働契約が終了したものと扱われている労働者が、当該解雇の効力を争う場合には、最終的には、訴訟を提起して裁判所による判決を求めなければならない。 ところが、通常の訴訟の手続（以下、「本案訴訟」ないし「本案」という。）は、始まってから結論が出るまでに数か月から数年を要するのが通例である。そうすると、労働者の側に立ってみれば、その結論が出るまでの間労働契約が存在しない状態、すなわち賃金を得られない状態が続くことになる。しかし、それでは当該労働者本人のみならず、その収入によって生活をしていた家族が経済的に困窮することも予想される。そこで、本案の結論が出るまでの間、「仮に」かかる労働者の身分を定めておく手続が用意されている。 この手続が「地位保全等の仮処分」手続である。同手続は、労働事件だけを想定したものではないが、労働事件との関係では、上記のような事例で利用されている。	民事保全法23

◆**地位保全の仮処分手続の流れ**

※申立をした側は「債権者」、申立を受けた側は「債務者」と呼ばれる。

※解雇された労働者が申し立てる場合は、自らが労働契約上の権利を有する地位にあることを仮に定めることと、解雇日以降の賃金の仮払を求めるのが一般的である。

債権者が裁判所に申立書と疎明資料の提出

↓

申立てから２ないし３週間前後に第１回審尋期日（仮処分の当否を審理する裁判期日）を設定し、債務者に申立書及び疎明資料（裏づけとなる資料）の写しならびに審尋期日呼出状及び答弁書催告を送達

↓

第１回期日までに債務者が答弁書と疎明資料を提出

↓

第１回審尋期日から３週間前後の間隔で審尋期日が２ないし３回設けられ、双方主張と疎明資料を提出

（この間に和解の話し合いが持たれることもある）

↓

（通常は尋問手続は実施されず、書面化された資料のみにより判断される）

↓

和解が成立しない場合は、第１回審尋期日から数か月ないし半年程度で裁判官が決定を書き、それが双方に送達される

《注意点》

１　保全の必要性の要件

労働事件としての地位保全の仮処分は、本裁判の結論を待っていたのでは、債権者ないしその家族に著しい損害が出るのを防ぐために発せられるものである。たとえ解雇された労働者であっても、数千万の預貯金を有している者については、通常は、地位保全（及び賃金仮払）の仮処分命令を発する必要はない。

法律上も、地位保全の仮処分は、債権者に生ずる著しい損害又は急迫の危険を避けるためこれを必要とするときに発することができるとされている（民事保全法23②）。これは「保全の必要性」と呼ばれ、仮処分が発せられるための特有の要件である。

２　仮処分手続における結論と本裁判における結論の関係

仮処分決定の結論は、本裁判の結論が出るまでの「仮」のものであるから、本裁判の判決で仮処分の結論と逆の結論が出て確定すると、その結論の方が最終結論となる。すなわち、仮処分の決定で、一定金額を仮払せよと命ぜられても、本裁判の判決で、労働者の請求が排斥されれば、会社は、仮処分に基づいて仮払をしてきた金額を取り戻すことができるし、反対に、仮処分の決定で債務者（会社）側が勝訴し、何の支払もしてこなかった場合であっても、本裁判の判決で労働者の請求が認められると、解雇の日から支払日までの賃金総額を支払わねばならなくなる。

不当労働行為の救済手続

関係法条項 労組法27以下

概　　要	根拠条文等
◆不当労働行為の救済手続とは 使用者が労組法７条に定められた一定の行為を犯した場合に、労働者ないし労働組合が、労働委員会に対し、その救済を求める手続のこと。 不当労働行為の救済は、第一次的には、労働委員会という専門的行政機関で行われる。労働委員会には、各都道府県に一つ置かれた都道府県労働委員会と、東京に置かれた中央労働委員会がある。	
◆都道府県労働委員会における不当労働行為の審査手続 不当労働行為の救済の申立を受けた都道府県労働委員会は、通常、公益委員１名と労使双方の代表(参与委員と呼ばれる。)各１名により、審査手続を進める。 都道府県労働委員会における不当労働行為救済の手続きの流れは、以下のとおりである。 労働者ないし労働組合による不当労働行為救済の申立（使用者の行為が労組法７条各号に該当することを理由とする） ↓ 労働委員会による調査手続（双方の主張と証拠を提出させせ、争点を整理する階段の）開始 ↓ 調査手続によって双方の主張と争点が整理されると、審問手続（関係者への尋問をする階段）に入る ↓ （この階段に限られるものではないが）和解に向けた話し合いの場の設定 ↓ 審問が終結すると、労使の参与委員の意見を聴いた上で、公益委員による非公開の合議が行われる ↓ 労働委員会は、その申立てにつき理由があると判断する限度で救済命令を発する ↓ 不服のある側は所定の期間内に所定の機関に対し不服申立	

《注意点》

１　申立ての期間

申立ができる期間は、不当労働行為の日から１年以内である(労組法27②)。ただし、「継続する行為」については、その終了した日から１年以内となる。

２　救済命令の内容

救済命令は、その不当労働行為がなかったのと同様の状態に戻すこと、すなわち原状回復を原則とする。

例えば、解雇を不当労働行為と認めれば、当該労働者の原職復帰を命じるとともに、復帰までの賃金の支払を命じ、団交拒否にあっては団交開始を命じる。

このほか、ポスト・ノーティスと呼ばれる、使用者に対し、自らの行為が不当労働行為と認定されたことを確認し、同様の行為を繰り返さないことを公約する、文書の掲示ないし組合への手交を命ずる場合もある。

3　救済命令に従わない使用者に対する措置

使用者が、確定した救済命令に従わないときは、過料に処せられる（労組法32後段）。

また、救済命令に対して取消訴訟が提起され、当該命令が裁判所の確定判決により支持された場合には、その違反者は１年以下の禁錮若しくは100万円以下の罰金又はその双方の刑に処せられる（労組法28）。

4　不服申立の期間と申立先

(1)　使用者が不服申立をする場合

都道府県労働委員会の命令の交付を受けた日から15日以内に中央労働委員会（中労委）に再審査を請求するか（労組法27の15①本文）、30日以内に地方裁判所に救済命令の取消を求める行政訴訟を提起することができる（労組法27の19①）。

ただし、取消訴訟を提起した場合には、労働委員会の申立てにより、受訴裁判所が、当該労働委員会の命令の全部または一部に従うべき旨を命ずること（緊急命令）ができる（労組法27の20。使用者が緊急命令に違反したときは、50万円（当該命令が作為を命ずるものであるときは、その命令の日の翌日から起算して不履行の日数が５日を超える場合にはその超える日数１日につき10万円の割合で算定した金額を加えた金額）以下の過料に処せられる（労組法32前段））。

中労委の命令に不服の使用者は、30日以内に地方裁判所に救済命令の取消を求める行政訴訟を提起できる（労組法27の19①）。この場合も、緊急命令の対象となり得る（労組法27の20）。

(2)　労働者ないし労働組合が不服申立をする場合

労働委員会の命令に不服があれば、命令交付の日から15日以内に中労委に再審査の申立てをすることも、地方裁判所に提訴することもでき、使用者の場合と異なりその両方を並行して行うこともできる（労組法27の15②）。

また、都道府県労働委員会及び中労委の命令に不服な場合の裁判所への出訴期間は命令のあったことを知った日から６か月である（行政事件訴訟法14①）。

関連事項

1　不当労働行為の救済の利益

不当労働行為は成立したが、それによって生じた状態がすでに是正され、当事者間で正常な労使関係秩序が回復したため、救済の必要性が認められない場合には、労働委員会は、救済の利益がないものとして、救済申立てを棄却する命令を発することができる（新宿郵便局事件　最高裁三小　昭58.12.20判決　判時1102号140頁）。

2　不当労働行為救済手続における和解

労働委員会は、審査の途中において、いつでも和解を勧告することができ（労組法27の14①）、現に、多くの事案で和解の場が持たれている。

和解が成立し、調書が作成されると、それは債務名義（強制執行を申し立てる根拠となる文書）となる（労組法27の14⑤）。

参考ウェブサイト

WEB 東京都労働委員会 「不当労働行為救済制度の概要」

＊ 不当労働行為となる事例や不当労働行為救済手続の流れなどが紹介されている。

WEB 中央労働委員会 「不当労働行為事件処理状況」

＊ 不当労働行為救済申立事件の申立件数や終局状況がわかる。

参考資料

<労働政策審議会について>

労働分野の立法や法改正等については、厚生労働省に設置された労働政策審議会(労政審)の審議を経ることとされている。

労政審はILO (International Labour Organization：国際労働機関)条約の公労使三者構成原則に基づき、同数の公益代表委員(大学教授、弁護士等)、労働者代表委員、使用者代表委員で構成され、下図のとおり、７つの分科会と16の部会が設置されている。各分科会の扱う主な分野等は次頁の通り。

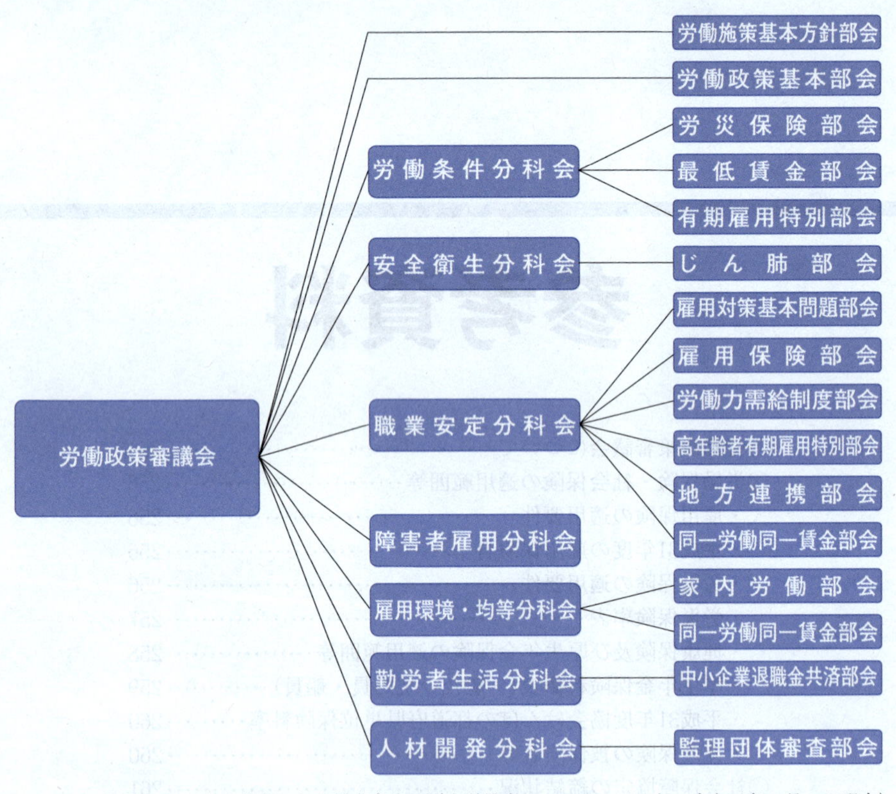

(組織図及び各分科会の主な所掌事務は厚生労働省ホームページより。令和元年７月１日現在)

(各分科会の主な所掌事務)

●労働条件分科会

・労働者の団結する権利及び団体交渉その他の団体行動をする権利の保障や労働関係の調整に関すること
・政府が管掌する労働者災害補償保険事業に関すること
・労働契約、賃金の支払、最低賃金、労働時間、休息、災害補償その他の労働条件に関すること

●安全衛生分科会

・産業安全、労働衛生に関すること

●職業安定分科会

・政府が行う職業紹介及び職業指導に関すること
・高年齢者の雇用の確保、再就職の促進、就業の機会の確保に関すること
・地域雇用開発、失業対策その他雇用機会の確保に関すること
・政府が管掌する雇用保険事業に関すること
・民間等の労働力需給制度に関すること

●障害者雇用分科会

・障害者の雇用の促進その他の職業生活における自立の促進に関すること

●雇用環境・均等分科会

・雇用の分野における男女の均等な機会及び待遇の確保等に関すること
・育児又は家族介護を行う労働者の福祉の増進その他の労働者の家族問題に関すること
・短時間労働者の福祉の増進に関すること
・家内労働者の福祉の増進に関すること
・労働契約、賃金の支払、最低賃金、労働時間、休息、災害補償その他の労働条件に関すること(雇用環境・均等局の所掌に属するものに限る。)

●勤労者生活分科会

・勤労者の財産形成の促進、中小企業退職金共済に関すること
・福利厚生及び労働金庫の事業に関すること

●人材開発分科会

・公共職業訓練、技能検定、職業能力の開発及び向上に関すること
・勤労青少年の福祉の増進に関すること
・失業対策その他雇用機会の確保に関すること(人材開発統括官の所掌に属するものに限る。)

＜労働保険・社会保険の適用範囲等＞

●雇用保険の適用要件

	要件等	備考
適用事業（雇用保険法５）	労働者を使用する事業（従業員を１名以上雇用している事業所は強制加入）	農林水産の事業のうち常時雇用する労働者の数が５人未満の個人事業は暫定任意適用事業
被保険者（雇用保険法４①）	原則として、適用事業に雇用されるすべての労働者（事業所が法人か個人か、また雇用形態が正社員かパート・アルバイト等であるかを問わない）	個人事業主及び法人役員は対象外 ＜適用除外＞（雇用保険法６） ① １週間の所定労働時間が20時間未満である者 ② 同一の事業主に継続して31日以上雇用されることが見込まれない者 ③ 季節雇用者* ④ 日雇労働者* ⑤ 国、都道府県、市町村等に雇用される者 ⑥ 昼間学生*

*一定の要件で被保険者となるケースもあり。

●平成31年度の雇用保険料率 WEB ＊例年３月末に改訂

負担者 ＼ 事業の種類	① 労働者負担（失業等給付の保険料率のみ）	② 事業主負担			①＋② 雇用保険料率
			失業等給付の保険料率	雇用保険二事業の保険料率	
一般の事業	3/1000	6/1000	3/1000	3/1000	9/1000
農林水産・清酒製造の事業	4/1000	7/1000	4/1000	3/1000	9/1000
建設の事業	4/1000	8/1000	4/1000	4/1000	12/1000

（厚生労働省ホームページより）

●労災保険の適用要件

	要件等	備考
適用事業（労災保険法３）	労働者を使用する事業（従業員を１名以上雇用している事業所は強制加入）	農林水産の事業のうち常時雇用する労働者の数が５人未満の個人事業は暫定任意適用事業
被保険者	適用事業に雇用されるすべての労働者（事業所が法人か個人か、また雇用形態が正社員かパート・アルバイト等であるかを問わない）	原則として個人事業主及び法人役員は対象外だが特別加入制度あり

●労災保険率表 WEB ＊保険料は全額事業主負担

(単位：1/1,000)　　　　(平成30年4月1日施行)

事業の種類の分類	業種番号	事業の種類	労災保険率
林業	02又は03	林業	60
漁業	11	海面漁業(定置網漁業又は海面魚類養殖業を除く。)	18
	12	定置網漁業又は海面魚類養殖業	38
鉱業	21	金属鉱業、非金属鉱業(石灰石鉱業又はドロマイト鉱業を除く。)又は石炭鉱業	88
	23	石灰石鉱業又はドロマイト鉱業	16
	24	原油又は天然ガス鉱業	2.5
	25	採石業	49
	26	その他の鉱業	26
建設事業	31	水力発電施設、ずい道等新設事業	62
	32	道路新設事業	11
	33	舗装工事業	9
	34	鉄道又は軌道新設事業	9
	35	建築事業(既設建築物設備工事業を除く。)	9.5
	38	既設建築物設備工事業	12
	36	機械装置の組立て又は据付けの事業	6.5
	37	その他の建設事業	15
製造業	41	食料品製造業	6
	42	繊維工業又は繊維製品製造業	4
	44	木材又は木製品製造業	14
	45	パルプ又は紙製造業	6.5
	46	印刷又は製本業	3.5
	47	化学工業	4.5
	48	ガラス又はセメント製造業	6
	66	コンクリート製造業	13
	62	陶磁器製品製造業	18
	49	その他の窯業又は土石製品製造業	26
	50	金属精錬業(非鉄金属精錬業を除く。)	6.5
	51	非鉄金属精錬業	7
	52	金属材料品製造業(鋳物業を除く。)	5.5
	53	鋳物業	16
	54	金属製品製造業又は金属加工業(洋食器、刃物、手工具又は一般金物製造業及びめつき業を除く。)	10
	63	洋食器、刃物、手工具又は一般金物製造業(めつき業を除く。)	6.5
	55	めつき業	7
	56	機械器具製造業(電気機械器具製造業、輸送用機械器具製造業、船舶製造又は修理業及び計量器、光学機械、時計等製造業を除く。)	5
	57	電気機械器具製造業	2.5
	58	輸送用機械器具製造業(船舶製造又は修理業を除く。)	4
	59	船舶製造又は修理業	23
	60	計量器、光学機械、時計等製造業(電気機械器具製造業を除く。)	2.5
	64	貴金属製品、装身具、皮革製品等製造業	3.5
	61	その他の製造業	6.5
運輸業	71	交通運輸事業	4
	72	貨物取扱事業(港湾貨物取扱事業及び港湾荷役業を除く。)	9
	73	港湾貨物取扱事業(港湾荷役業を除く。)	9
	74	港湾荷役業	13
電気、ガス、水道又は熱供給の事業	81	電気、ガス、水道又は熱供給の事業	3
その他の事業	95	農業又は海面漁業以外の漁業	13
	91	清掃、火葬又はと畜の事業	13
	93	ビルメンテナンス業	5.5
	96	倉庫業、警備業、消毒又は害虫駆除の事業又はゴルフ場の事業	6.5
	97	通信業、放送業、新聞業又は出版業	2.5
	98	卸売業・小売業、飲食店又は宿泊業	3
	99	金融業、保険業又は不動産業	2.5
	94	その他の各種事業	3
	90	船舶所有者の事業	47

(厚生労働省ホームページより)

●健康保険及び厚生年金保険の適用範囲等

事業主区分		適用関係
法人事業主		強制適用(従業員が１名でも加入が義務付けられる)
個人事業主(農林漁業、水産業、飲食業、ホテル、理美容、レジャー等の一部の業種を除く)	常時雇用の従業員５名以上	強制適用
	常時雇用の従業員５名未満	任意適用

・健康保険75歳*
・厚生年金保険70歳
} を上限とする

*75歳以降は後期高齢者医療制度

○短時間労働者の場合

・１日の所定労働時間が正社員等の常時雇用者の概ね４分の３以上
かつ
・１か月の所定労働日数が正社員等の常時雇用者の労働日数の概ね４分の３以上
} 両方を満たせば加入対象

※上記の基準を満たさない場合でも、加入対象となる場合あり(特定適用事業所に勤務し、一定の要件を満たす場合等)

●厚生年金保険料額表（一般及び坑内員・船員） WEB （H31.4.4現在）

○平成29年９月分（10月納付分）からの厚生年金保険料額表

（単位：円）

標準報酬		報酬月額			一般・坑内員・船員（厚生年金基金加入員を除く）	
					全　額	折半額
等級	月額				18.300％	9.150％
		円以上		円未満		
1	88,000		～	93,000	16,104.00	8,052.00
2	98,000	93,000	～	101,000	17,934.00	8,967.00
3	104,000	101,000	～	107,000	19,032.00	9,516.00
4	110,000	107,000	～	114,000	20,130.00	10,065.00
5	118,000	114,000	～	122,000	21,594.00	10,797.00
6	126,000	122,000	～	130,000	23,058.00	11,529.00
7	134,000	130,000	～	138,000	24,522.00	12,261.00
8	142,000	138,000	～	146,000	25,986.00	12,993.00
9	150,000	146,000	～	155,000	27,450.00	13,725.00
10	160,000	155,000	～	165,000	29,280.00	14,640.00
11	170,000	165,000	～	175,000	31,110.00	15,555.00
12	180,000	175,000	～	185,000	32,940.00	16,470.00
13	190,000	185,000	～	195,000	34,770.00	17,385.00
14	200,000	195,000	～	210,000	36,600.00	18,300.00
15	220,000	210,000	～	230,000	40,260.00	20,130.00
16	240,000	230,000	～	250,000	43,920.00	21,960.00
17	260,000	250,000	～	270,000	47,580.00	23,790.00
18	280,000	270,000	～	290,000	51,240.00	25,620.00
19	300,000	290,000	～	310,000	54,900.00	27,450.00
20	320,000	310,000	～	330,000	58,560.00	29,280.00
21	340,000	330,000	～	350,000	62,220.00	31,110.00
22	360,000	350,000	～	370,000	65,880.00	32,940.00
23	380,000	370,000	～	395,000	69,540.00	34,770.00
24	410,000	395,000	～	425,000	75,030.00	37,515.00
25	440,000	425,000	～	455,000	80,520.00	40,260.00
26	470,000	455,000	～	485,000	86,010.00	43,005.00
27	500,000	485,000	～	515,000	91,500.00	45,750.00
28	530,000	515,000	～	545,000	96,990.00	48,495.00
29	560,000	545,000	～	575,000	102,480.00	51,240.00
30	590,000	575,000	～	605,000	107,970.00	53,985.00
31	620,000	605,000	～		113,460.00	56,730.00

○　厚生年金保険料率（平成29年９月１日～　適用）
　一般・坑内員・船員の被保険者等　…18.300％　（厚生年金基金加入員　…13.300％～15.900％）
○　子ども・子育て拠出金率（平成31年４月１日～　適用）　…0.34％
　［参考］平成30年４月分～平成31年３月分までの期間は0.29％
　※子ども・子育て拠出金については事業主が全額負担することとなります。

- 平成29年９月分（10月納付分）から、一般の被保険者と坑内員・船員の被保険者の方の厚生年金保険料率が同率となりました。
- 被保険者負担分（厚生年金保険料額表の折半額）に円未満の端数がある場合
  - ①事業主が、給与から被保険者負担分を控除する場合、被保険者負担分の端数が50銭以下の場合は切り捨て、50銭を超える場合は切り上げて１円となります。
  - ②被保険者が、被保険者負担分を事業主へ現金で支払う場合、被保険者負担分の端数が50銭未満の場合は切り捨て、50銭以上の場合は切り上げて１円となります。
  - （注）①、②にかかわらず、事業主と被保険者の間で特約がある場合には、特約に基づき端数処理をすることができます。
- 納入告知書の保険料額について
  納入告知書の保険料額は、被保険者個々の保険料額を合算した金額となります。ただし、その合算した金額に円未満の端数がある場合は、その端数を切り捨てた額となります。
- 賞与に係る保険料について
  賞与に係る保険料は、賞与額から1,000円未満の端数を切り捨てた額（標準賞与額）に、保険料率を乗じた額になります。また、標準賞与額には上限が定められており、厚生年金保険と子ども・子育て拠出金は１ヶ月あたり150万円が上限となります。
- 子ども・子育て拠出金について
  厚生年金保険の被保険者を使用する事業主の方は、児童手当等の支給に要する費用の一部として子ども・子育て拠出金を全額負担いただくことになります。この子ども・子育て拠出金の額は、被保険者個々の厚生年金保険の標準報酬月額及び標準賞与額に拠出金率（0.34％）を乗じて得た額の総額となります。
- 全国健康保険協会管掌健康保険の都道府県別の保険料率については、全国健康保険協会の各都道府県支部にお問い合わせください。また、全国健康保険協会管掌健康保険の保険料率及び保険料額表は、全国健康保険協会から示されております。
- 健康保険組合における保険料額等については、加入する健康保険組合へお問い合わせください。

※厚生年金保険料率の段階的な引上げは平成29年９月で終了し、以後は18.3％で固定される。

（日本年金機構ホームページより）

平成31年度協会けんぽの都道府県単位保険料率（平成31年３月分（４月納付分）から適用） WEB　＊例年２月下旬に改訂

（任意継続被保険者については４月分（４月納付分）から変更）

平成31年度都道府県単位保険料率

	平成30年度	平成31年度		平成30年度	平成31年度
北海道	10.25%	10.31%	滋賀県	9.84%	9.87%
青森県	9.96%	9.87%	京都府	10.02%	10.03%
岩手県	9.84%	9.80%	大阪府	10.17%	10.19%
宮城県	10.05%	10.10%	兵庫県	10.10%	10.14%
秋田県	10.13%	10.14%	奈良県	10.03%	10.07%
山形県	10.04%	10.03%	和歌山県	10.08%	10.15%
福島県	9.79%	9.74%	鳥取県	9.96%	10.00%
茨城県	9.90%	9.84%	島根県	10.13%	10.13%
栃木県	9.92%	9.92%	岡山県	10.15%	10.22%
群馬県	9.91%	9.84%	広島県	10.00%	10.00%
埼玉県	9.85%	9.79%	山口県	10.18%	10.21%
千葉県	9.89%	9.81%	徳島県	10.28%	10.30%
東京都	9.90%	9.90%	香川県	10.23%	10.31%
神奈川県	9.93%	9.91%	愛媛県	10.10%	10.02%
新潟県	9.63%	9.63%	高知県	10.14%	10.21%
富山県	9.81%	9.71%	福岡県	10.23%	10.24%
石川県	10.04%	9.99%	佐賀県	10.61%	10.75%
福井県	9.98%	9.88%	長崎県	10.20%	10.24%
山梨県	9.96%	9.90%	熊本県	10.13%	10.18%
長野県	9.71%	9.69%	大分県	10.26%	10.21%
岐阜県	9.91%	9.86%	宮崎県	9.97%	10.02%
静岡県	9.77%	9.75%	鹿児島県	10.11%	10.16%
愛知県	9.90%	9.90%	沖縄県	9.93%	9.95%
三重県	9.90%	9.90%			

※40歳から64歳までの人（介護保険第２号被保険者）は、これに全国一律の介護保険料率（1.73%）を加算（下記参照）。

（表は全国健康保険協会（協会けんぽ）ホームページより）

介護保険の被保険者等

40歳以上の全ての人が加入（海外在住者、育児休業該当者等は適用除外）

		保険料負担
第１号被保険者	65歳以上の者	市町村が徴収（原則、年金からの天引）
第２号被保険者	40歳～65歳未満の医療保険加入者	医療保険者が医療保険の保険料と一括徴収

保険料は保険者ごとに異なる。

例：協会けんぽの場合　平成31年３月分（５月７日納付期限分）から　1.73%

●社会保障協定の締結状況（厚生労働省） WEB （2019.7.1現在）＊随時更新

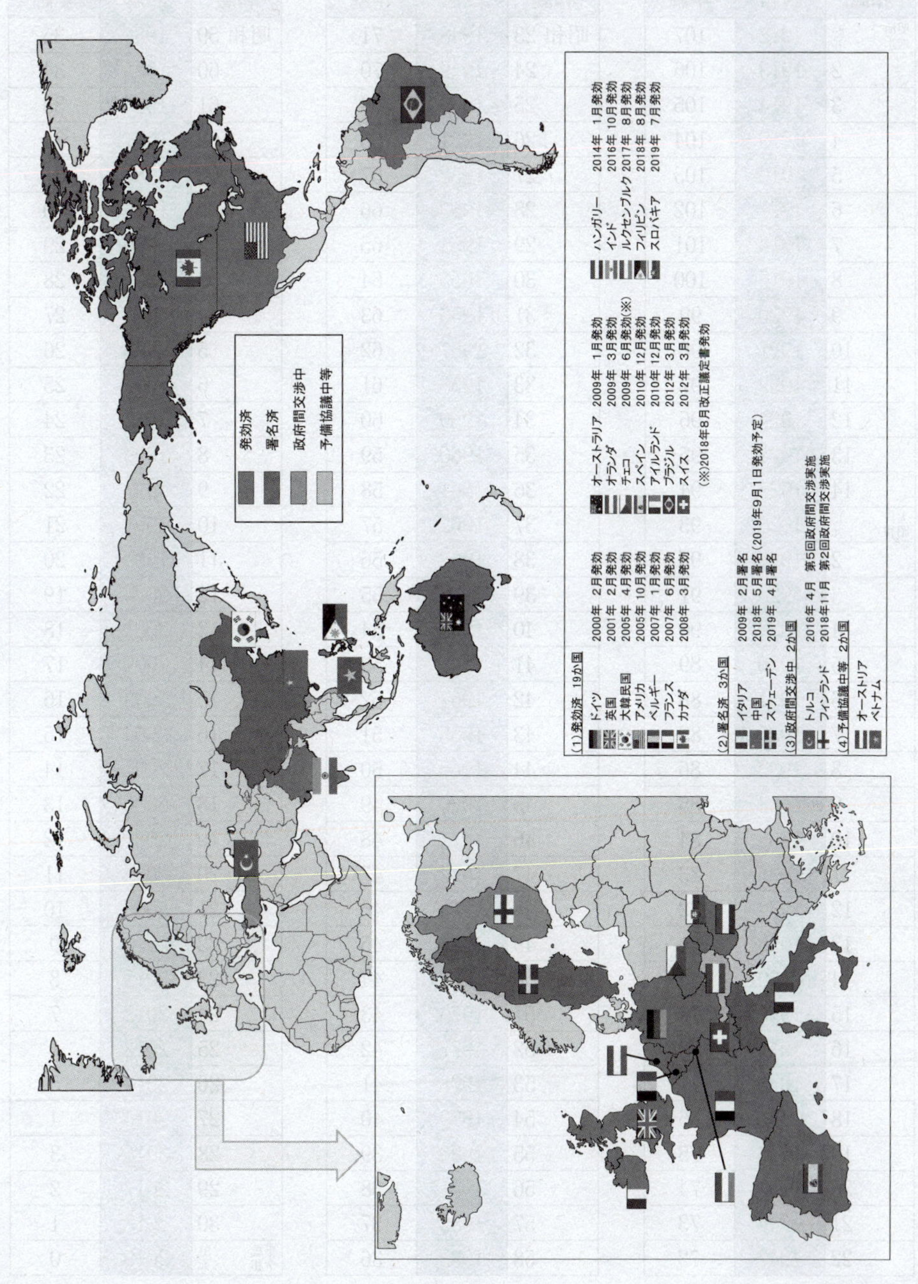

（厚生労働省ホームページより）

●年齢早見表　＊令和元年（平成31年、2019年）における誕生日以降の年齢

和暦	西暦	年齢
明治45 大正元	1912	107
2	1913	106
3	1914	105
4	1915	104
5	1916	103
6	1917	102
7	1918	101
8	1919	100
9	1920	99
10	1921	98
11	1922	97
12	1923	96
13	1924	95
14	1925	94
大正15 昭和元	1926	93
2	1927	92
3	1928	91
4	1929	90
5	1930	89
6	1931	88
7	1932	87
8	1933	86
9	1934	85
10	1935	84
11	1936	83
12	1937	82
13	1938	81
14	1939	80
15	1940	79
16	1941	78
17	1942	77
18	1943	76
19	1944	75
20	1945	74
21	1946	73
22	1947	72

和暦	西暦	年齢
昭和 23	1948	71
24	1949	70
25	1950	69
26	1951	68
27	1952	67
28	1953	66
29	1954	65
30	1955	64
31	1956	63
32	1957	62
33	1958	61
34	1959	60
35	1960	59
36	1961	58
37	1962	57
38	1963	56
39	1964	55
40	1965	54
41	1966	53
42	1967	52
43	1968	51
44	1969	50
45	1970	49
46	1971	48
47	1972	47
48	1973	46
49	1974	45
50	1975	44
51	1976	43
52	1977	42
53	1978	41
54	1979	40
55	1980	39
56	1981	38
57	1982	37
58	1983	36

和暦	西暦	年齢
昭和 59	1984	35
60	1985	34
61	1986	33
62	1987	32
63	1988	31
昭和64 平成元	1989	30
2	1990	29
3	1991	28
4	1992	27
5	1993	26
6	1994	25
7	1995	24
8	1996	23
9	1997	22
10	1998	21
11	1999	20
12	2000	19
13	2001	18
14	2002	17
15	2003	16
16	2004	15
17	2005	14
18	2006	13
19	2007	12
20	2008	11
21	2009	10
22	2010	9
23	2011	8
24	2012	7
25	2013	6
26	2014	5
27	2015	4
28	2016	3
29	2017	2
30	2018	1
平成31 令和元	2019	0

事項索引

＊太字は項目ごとの見出し語を表す。
キーワードが用語の頭にないものは、（　）付きで該当箇所にも表示した。
該当頁が見出しのみで明らかな参照先があるものは頁を（　）で併記した。

著者略歴

渡　邊　岳（わたなべ　がく）

渡邊岳法律事務所　弁護士

〈略歴〉

1990年３月　明治大学法学部法律学科　卒業
1991年10月　司法試験　合格
1994年４月　弁護士登録（第一東京弁護士会）
　安西法律事務所入所
2017年４月　渡邊岳法律事務所開設（所長）
現在に至る

2007年度～2016年度（2012年度以降は隔年）　一橋大学大学院国際企業戦略研究科経営法務専攻課程非常勤講師（労働紛争処理法担当）
2014年度　明治学院大学法科大学院非常勤講師（労働法）
2018年度　一橋大学大学院法学研究科非常勤講師（ビジネスロー専攻担当）

日本労働法学会会員

〈著書〉

『最新の法令・判例に基づく「解雇ルール」のすべて』、『雇止めルールのすべて』、『法令・裁判例に基づく懲戒権行使の完全実務』（共著）（以上、日本法令）

『募集・採用・退職・再雇用Ｑ＆Ａ　第２版』、『休職・復職 適正な対応と実務』、『社員の不祥事・トラブル対応マニュアル』（共著）（以上、労務行政）

『労働者派遣をめぐる裁判例50』（労働調査会）、『改訂版　労使協定・労働協約　完全実務ハンドブック』（日本法令）

ほか多数

加　藤　純　子（かとう　じゅんこ）

渡邊岳法律事務所　弁護士

〈略歴〉

上智大学法学部国際関係法学科卒業後、民間企業での勤務を経て、2004年東京大学法科大学院入学。2007年同大学院卒業。同年９月司法試験合格。2008年12月 弁護士登録（第一東京弁護士会）、安西法律事務所入所。

2017年より渡邊岳法律事務所にて勤務。

〈著書〉

『ビジネス法体系 労働法』（共著）（第一法規）、『社員の不祥事・トラブル対応マニュアル』（共著）（労務行政）、『法令・裁判例に基づく懲戒権行使の完全実務』（共著）（日本法令）など

本書の内容に関するご質問は、ファクシミリ等、文書で編集部宛にお願いいたします。(Fax 03-6777-3483)

＜第２版＞
労務インデックス

平成28年12月15日　初版第１刷発行　　（著者承認検印省略）
令和元年９月15日　第２版第１刷印刷
令和元年９月24日　第２版第１刷発行

編著者　渡　邊　岳
加　藤　純　子

発行所　税務研究会出版局
週刊「税務通信」「経営財務」発行所
代表者　山　根　毅
郵便番号100－0005
東京都千代田区丸の内１－８－２（鉄鋼ビルディング）
振替00160－３－76223
電話〔書籍編集〕03(6777)3463
〔書店専用〕03(6777)3466
〔書籍注文〕〈お客さまサービスセンター〉03(6777)3450

●各事業所　電話番号一覧●

北海道 011(221)8348　関信 048(647)5544　中国 082(243)3720
東北 022(222)3858　中部 052(261)0381　九州 092(721)0644
神奈川 045(263)2822　関西 06(6943)2251

当社 HP ⇒ https://www.zeiken.co.jp

乱丁・落丁の場合は、お取替えします。　印刷・製本　奥村印刷㈱

ISBN978-4-7931-2460-0